唐碧霞 2026 丙午年運程

目錄

馬年簡易風水陣

第三章・丙午馬年犯太歲化解方法

犯太歲的化解方法

第四章・丙午馬年十二生肖運程

第七章‧丙午馬年吉時吉日

重溫準確預測

預測★ 金融股票發展波幅較大，龍年為飄浮之年。龍年先跌後升，上半年為「地雷復」股票投資容易出現損手的情況，下半年為「風雷益」相對較為理想。美股表現較好。

☆中 2024年年頭港股經歷最低點14,794點，下半年10月升至全年最高位23,241點，全年收市上漲17.67%，結束連續四年跌勢。

☆中 2024年美國股市表現強勁，標普500指數全上漲23.1%，連續兩年漲幅超過20%。

☆中 2024年美國納斯達克指數暴漲28.64%，史上首破20,000點。

☆中 2024年道瓊斯工業平均指數全年上漲12.88%，更首次突破40,000點，並在24年年尾高達45,000點，創歷史新高。全年共創47次收盤新高。

預測★ 龍年五行最旺——土，代表基建、房地產、建築材料等行業。

☆中 2024年全年土地註冊登記量為67,979宗，較2023年增長17.1%，創三年新高。

☆中 2024年一手住宅成交16,861宗（上升57.8%），二手住宅成交33,794宗（上升13.8%）。

☆中 內地買家激增佔比從14.7%升至23.7%，註冊量增長130%。

☆中 2024年2月28日，香港政府全面撤銷樓市辣招，包括 SSD 額外印花稅、BSD 買家印花稅及 NRSD 新住宅印花稅。

☆中 2024 年 10 月，放寬按揭成數，住宅及非住宅物業按揭統一調整至上調七成，取消首次及自用等限制。

預測★ 疾病方面，人們之間容易出現疾病、病毒傳播，例如狂犬病、霍亂等問題。

☆中 中國 2024 年 7 月流感病例達 30 萬例。

☆中 根據世界衛生組織（WHO）及各國官方通報，2024 年霍亂疫情在全球多國持續流行。

☆中 剛果民主共和國，2024 年持續爆發大規模霍亂疫情，社區死亡比例高，病死率（CFR）超警戒線。

☆中 蘇丹霍亂相關死亡率居全球首位，衝突導致醫療系統癱瘓。

☆中 阿富汗爆發霍亂，2024 年第三季（7-9 月）病例達 112,689。

☆中 巴基斯坦 2024 年第四季霍亂病例數達年度高峰。

預測★ 甲辰年天災人禍頻繁，國家之間競爭不斷、容易發生地理戰爭，火味甚濃，當中正西、西南、正南及正東地區容易出現旱災、山泥傾瀉、工業意外、地盤意外、森林大火、能源災難、火山爆發、大型爆炸、燃料意外等天災人禍。

☆中 2024 年 2 月智利大規模森林火災，焚毀 1.4 萬棟房屋，383 人死亡，經濟損失 43.9 億美元。

☆中 2024 年 5 月，巴布亞新畿內亞恩加山泥傾瀉，導致掩埋六個村莊，670 人死亡，1,650 人流離失所。

☆中 2024 年 9 月尼泊爾洪水氾濫，並引發山泥傾瀉，遭遇 1970 年以來最強降雨，268 人死亡，259 萬人受災。

☆中 2024 年 6 月 24 日，位於韓國京畿道華城市發生火災事故，事故造成 23 人遇難。此次事故也是自利川物流中心火災事故以來韓國死亡人數最多的一場火災。

☆中 2024 年黎巴嫩再次發生傳呼機大規模爆炸事件，至少造成 14 人死亡，超過 450 人受傷。

☆中 2025 年 1 月 11 日，也門貝達省的燃氣站爆炸造成 15 人死亡，至少 67 人受傷，其中 50 人傷勢嚴重。

預測★ 最凶的五黃災星位飛臨正西方，容易有天災人禍發生，例如災難、鬥爭、打仗、疾病、經濟動盪、大型交通事故等等。由此可見正西地區，例如英國、美加東岸、西歐等地區，流年局勢不穩，容易產生政治變數。

☆中 2025 年 1 月 7 日起（農曆 12 月），加州山火影響了美國加利福尼亞州洛杉磯都會區及周邊地區。這些火災包括帕利塞茲火災、伊頓火災、赫斯特火災和日落火災，火勢已造成 29 人死亡，超過 1.8 萬棟建築物受損，並迫使超過 20 萬人撤離，經濟損失 2,500 億 -2,750 億美元，或成美國史上損失最重自然災害。

☆中 2024 年 10 月美國受到颶風「彌爾頓」影響，導致 310 萬用戶斷電，加劇東南部災後重建壓力。

☆中 2024年3月26日，美國巴爾的摩基伊大橋坍塌，導致6名維修工人喪生，巴爾的摩港關閉11週，日均經濟損失1,500萬美元，重建費用預估17億-19億美元。

☆中 伊奧文風暴席捲愛爾蘭島和英國多個地區，風速高達每小時100英里，大約每小時161公里。風暴造成嚴重破壞，導致超過100萬房屋斷電，至少兩人死亡。

☆中 2025年1月29日，美國華盛頓特區一架飛機與美國陸軍直升機在空中相撞，造成至少67人死亡。

☆中 2024年9月颶風「海倫妮」襲擊美國東部，四級颶風造成233人死亡，經濟損失892億美元，為50年來第二大致命颶風。

☆中 2024年10月位於正西的西班牙發生極端暴雨洪災，瓦倫西亞為重災區，226人死亡，經濟損失38億美元，為西班牙現代最嚴重洪災。

預測★ 龍年三碧是非星入中宮，主全球均容易發生動亂、紛爭、鬥爭、國家主權爭端、國際紛爭、地震、山崩、颱風、風災、雪災等。

☆中 日本石川縣能登半島7.6級地震，造成281人死亡、近600人受傷，並引發火災與海嘯。

☆中 2024年9月超強颱風「摩羯」侵襲亞洲多國，登陸菲律賓、中國海南、越南，造成890人死亡、765萬人受災，經濟損失達169億美元。

☆中 2024年廣東暴雨，截至6月9日，南方水浸災害造成廣西、貴州、廣東、江西、湖南、福建等 11 省，262.7 萬人次受災，22.8 萬人次緊急轉移安置，1300 餘間房屋倒塌，農作物受災面積 145.9 千公頃，直接經濟損失 40.4 億元。

預測★

龍年立春八字七殺天透地藏，為破舊立新之意，再加上轉入下元九運，地運交接期間整個社會將會有重大改變，全世界也會出現不同的政權交替，導致全球動盪不安，再加上三碧是非星入中宮，全球局勢不穩，當中西南、正西、東南及正南地區容易出現社會爭議、動亂、紛爭、違反國際公約、鬥爭、國家主權爭端、國際紛爭等。

☆中

位於正西的美國在 2024 年 11 月大選，特朗普以微弱優勢（306 張選舉人票）擊敗拜登，成為二戰後首位兩度非連任的總統。

☆中

拜登拒絕承認敗選，支持者衝擊州議會，1 月 6 日國會暴亂重演；司法部對特朗普的「國會山案」起訴因大選結果中止。

☆中

特朗普就職首日簽署行政令，退出北約、重啟「骨肉分離」移民政策，並對中國課徵 60% 關稅。

☆中

位於正南的泰國政權變動 2024 年 8 月，憲法法院以「違憲」解散前進黨，再以道德爭議罷免賽塔。他信幼女佩通坦隨即當選總理 37 歲，史上最年輕。

☆中

南非 2024 年大選中，執政黨「非洲民族議會」（ANC）得票率首度跌破 50%，失去長達 30 年的議會絕對多數地位，被迫與民主聯盟等反對黨組建聯合政府，標誌著該國一黨獨大時代的終結。

☆中 博茨瓦納反對派聯盟贏得大選，終結執政黨「博茨瓦納民主黨」連續 57 年的統治。

☆中 莫桑比克於 2024 年 10 月選舉結果引發大規模爭議，反對派質疑舞弊並發動抗議，導致至少 278 人死亡。

☆中 敘利亞在 2024 年 12 月，反對派武裝在土耳其、烏克蘭等外部勢力支持下推翻執政 53 年的巴沙爾·阿薩德政權，成立「敘利亞救國政府」。

☆中 以色列哈瑪斯戰爭持續，加沙地帶死亡人數升至 5 萬，包括婦女與兒童，並發生多起平民屠殺事件（如拉法難民營襲擊）。

☆中 伊朗因總統萊希空難身亡，2024 年提前舉行總統選舉。改革派候選人佩澤希齊揚以 55% 得票率勝出。

☆中 2024 年敘利亞阿薩德政權垮台，反對派攻佔大馬士革，終結長年內戰，中東格局重組。

☆中 英國在 2024 年 7 月提前大選中，保守黨遭遇歷史性慘敗，工黨時隔 14 年重新執政。

☆中 朝鮮介入俄烏戰爭，朝鮮向俄羅斯提供武器並派遣 1.2 萬名士兵參戰，加劇東亞緊張。

預測★ 地支寅申相沖為驛馬之象，惟要小心注意大型的海陸空交通災難，例如：空難、海難、公共交通工具意外、大型交通事故，當中特別留意農曆正月、農曆四月、農曆七月及農曆十月。

☆中 2024年12月29日，韓國濟州航空空難，務安機場機腹迫降起火，179人死亡，為韓國史上最嚴重空難。

☆中 2024年伊朗總統萊希空難身亡總統及外交部長等官員全數罹難。

☆中 2024年8月9日沃帕斯航空2283號班機，撞地墜毀於聖保羅州維涅杜。機上58名乘客和4名機組人員共62人全部遇難。繼2007年7月巴西天馬航空3054號班機空難以來，巴西發生最致命的航空事故。

☆中 2024年3月26日巴爾的摩大橋坍塌，貨輪撞擊致6人死亡，港口關閉11周，每日損失1,500萬美元。

預測★ 經濟發展一般，求財困難，企業經營困

難，若遇上危機可得國家、政府資助，惟要符合相應條件。

☆中 2024年香港高等法院下令中國恒大集團即時清盤。

☆中 德鐵集團因債務危機瀕臨崩潰，2024年出售物流子公司德鐵信可（DB Schenker）予DSV，獲148億歐元資金；另裁員3.5萬人並重組業務，避免全面破產。

預測★ 正北為未來20年（2024年至2043年）九運中最凶的方位，正北地區例如：俄羅斯、烏克蘭、蒙古、中國北方等，容易有天災人禍發生，例如災難、鬥爭、打仗、地震、疾病、經濟動盪等。

☆中 2024年俄烏戰爭升級，俄軍全年損失43萬士兵，朝鮮派兵支援；北約警告

核威脅升高。

☆中 2024 年 3 月 22 日莫斯科音樂廳恐襲伊斯蘭武裝分子襲擊造成 145 人死亡。

預測★ 西南地區包括印度、緬甸、不丹、尼泊爾、巴基斯坦及中國西南地區等，由於太陽化忌，再加上六壬神課三轉寅午全火局，需留意火光相會、回祿之災，例如：大火災、旱災、森林大火、火山爆發、熱浪、核輻射洩漏、大型爆炸、燃料意外等天災人禍發生，特別在農曆三月、農曆五月、農曆十二月。

☆中 位於西南的沙地阿拉伯在 2024 年 6 月朝覲極端高温，麥加氣温達 51.8°C，至少 1,301 名朝覲者熱衰竭死亡。

☆中 位於西南的阿富汗與巴基斯坦，在 2024 年 4 月發生暴雨洪災，至少 725 人死亡，5,600 棟房屋被毀，17.8 萬頭牲畜死亡。

第一章

丙午馬年
地運及投資策略

丙午馬年立春八字圖

時	日	月	年
正印	元	傷官	正印
丙 火	己 土	庚 金	丙 火
寅 木	酉	寅 木	午 火
正官 正印 劫財	食神	正官 正印 劫財	偏印 比肩
甲（木） 丙（火） 戊（土）	辛（金）	甲（木） 丙（火） 戊（土）	丁（火） 己（土）

農曆西曆對照表

農曆	干支	西曆
農曆正月	庚寅	新曆2月4日至3月4日
農曆二月	辛卯	新曆3月5日至4月4日
農曆三月	壬辰	新曆4月5日至5月4日
農曆四月	癸巳	新曆5月5日至6月4日
農曆五月	甲午	新曆6月5日至7月6日
農曆六月	乙未	新曆7月7日至8月6日
農曆七月	丙申	新曆8月7日至9月6日
農曆八月	丁酉	新曆9月7日至10月7日
農曆九月	戊戌	新曆10月8日至11月6日
農曆十月	己亥	新曆11月7日至12月6日
農曆十一月	庚子	新曆12月7日至27年1月4日
農曆十二月	辛丑	新曆27年1月5日至2月3日

馬年全球地運預測

今年立春八字為日元己土坐於寅月，地支無力，幸好年柱丙午印星生旺日元，再加上地支兩寅木合午火，得印星相助由弱轉強。日元坐食神無力，食傷不透地藏，為拒絕約束、不服規管之意，再出現「傷官見官，其禍百端」，象徵國際之間容易出現紛爭，經常因為利益而出現衝突，全球地緣政治緊張，嚴重者會演變為戰爭。八字財星無力，身旺無財，國家之間容易出現貿易磨擦，因財失義，馬年經濟發展上落較大，傳統行業經濟發展未如理想，求財困難。國家與國家之間，合作逐漸減少，彼此固執己見容易因經濟貿易而產生衝突，國家債務問題日益嚴重，需要留意容易發生經濟衰退及社會動盪。

年支午火與月支寅木會火局，時支寅木爭合，形成火重缺水之局，在農曆四月、農曆五月、農曆八月、農曆九月、農曆十月及農曆十一月特別嚴重，丙午年容易出現與火、水有關的天災人禍，尤其在正南及西北地區會出現嚴重的災害，例如海嘯、洪災、旱災、暴雨、熱浪、能源危機、海洋生態污染、森林大火、能源災難、火山爆發、大型爆炸、燃料意外等問題。

2026 年及 2027 年為六十年一遇的「赤馬紅羊劫」，容易發生大型天災人禍，再加上為下元九運期間，全球均會受到影響，例如疾病、傳染病肆虐、災難、鬥爭、戰爭、經濟動盪、氣候反常、糧食危機、水資源貧乏等等，未來兩年務必做好充分的心理準備。

下元九運全球局勢不穩，當中正南、正西、西北、東北及西南地區容易出現社會爭議、動亂、紛爭、違反國際公約、鬥爭、國家主權爭端、國際紛爭、戰爭、大型海陸空交通事故，當中以農曆正月、農曆二月、農曆三月、農曆七月、農曆八月及農曆九月問題最為嚴重。

八字金木相剋，同時亦要小心容易出現極端天氣、地震、山泥傾瀉、工業意外、地盤意外、森林大火、能源災難、火山爆發、大型爆炸、燃料意外、蝗災、農業災害、風暴颶風、建築倒塌、呼吸系統疾病、金融體系脆弱等天災人禍。

地支寅木伏吟為驛馬之象，主移民、外出，移民外地或從外地回流，人民走動頻繁，流年六白偏財星飛入正北，對北上發展有利，惟要注意食品安全及傳染病等問題。大灣區急速發展，發展潛力巨大，再加上未來20年北面見水為零神方，對經濟發展有正面幫助，但要注意容易發生大型的海陸空交通災難，例如：空難、海難、公共交通工具意外、大型交通事故，當中特別留意農曆正月、農曆五月、農曆七月、農曆八月及農曆九月。

丙午年受到廉貞化忌影響，人際關係容易有磨擦鬥爭、是非、官非訴訟日益增多，容易因為感情而發生衝突，若未能控制自身則容易發生三角關係，而且社會包容度下降，人心燥動，整體罪案頻生、盜竊、騙案日益增多、犯罪率高企。2024年至2043年為下元九運，為「離卦」，「離中虛」離卦初爻和上爻為陽，中間一個爻為陰爻，是一種外實內虛之象，因此會有很多外表光鮮亮麗，但內在腐朽不堪之人到處行騙，網絡騙子日益猖狂，務必要提高警覺預防騙案。

疾病方面，人們容易出現與眼睛、心臟、血液及血管相關的疾病，與此同時亦要注意精神疾病及呼吸道系統的疾病，哺乳類動物之間容易出現疾病、病毒傳播，當中要特別注意鼠類動物，有機會出現例如鼠疫、瘟疫、禽流感、豬流感、瘋牛症、人畜共同傳染病等問題。

經濟發展

馬年經濟發展欠缺前景，對傳統行業不利，相反屬火的行業發展較為理想，新興行業出現新突破，科技發展迅速，例如：人工智能、直播、銷售、影視、娛樂、保健、身心靈等行業。立春八字身旺無財，財星欠缺，為經濟發展無力之象，傳統行業需要留意資金流問題。大企業經營較為困難，危機重重，容易出現債務問題，受到外來因素影響，包括國際形勢緊張、資金外流、投資者欠缺信心等影響，借貸融資前要仔細衡量風險，切記強行盲目擴張。樓市發展供多於求，樓價進一步下跌，受到外圍因素影響，不宜過分進取投入，若非有自住需要，投資物業前必須謹慎小心，切忌奢望投資物業獲利。若投資物業可留待2028年後再作投資，保留現金等待機會。失業率微升。

金融股票

丙午年處於經濟衰退周期，金融股票發展出現大動盪及變化，馬年先跌後升，太玄數上半年為「山地剝」股票投資容易出現損手的情況，下半年為「地風升」，只要不太貪心便能獲利。投資方面不宜太過進取，只要有收益便要馬上離場，切忌貪心否則到頭來一場空，未來數年現金為王，留待機會。農曆七月、農曆八月、農曆十月、農曆十一月及農曆十二月表現較佳。美股表現一般。1號及6號表現較為理想。

馬年五行強弱

最旺——【火】代表電子、科技、煤氣、石油等行業。

次旺——【金】代表金融、銀行、保險、鋼材等行業。

再次旺——【木】代表教育、成衣、環保、醫療等行業。

較弱——【土】代表基建、房地產、建築材料等行業。

最弱——【水】代表航運、旅遊、貿易、酒店等行業。

世界各地地運

二〇二六丙午馬年九宮飛星圖

九（東南）	五（正南）	七（西南）
八（正東）	一 中宮	三（正西）
四（東北）	六（正北）	二（西北）

九運飛星圖

二〇二六年年月飛星圖

南

九

7	1	4	7
6	9	3	6
5	8	2	5

五

3	6	9	3
2	5	8	2
1	4	7	1

七

5	8	2	5
4	7	1	4
3	6	9	3

（年飛星）

東

八

6	9	3	6
5	8	2	5
4	7	1	4

一

8 十月	2 七月	5 四月	8 一月
7 十一月	1 八月	4 五月	7 二月
6 十二月	9 九月	3 六月	6 三月

三

1	4	7	1
9	3	6	9
8	2	5	8

四

2	5	8	2
1	4	7	1
9	3	6	9

六

4	7	1	4
3	6	9	3
2	5	8	2

二

9	3	6	9
8	2	5	8
7	1	4	7

二〇二六年流月飛星圖

一月

7	3	5
6	8	1
2	4	9

二月

6	2	4
5	7	9
1	3	8

三月

5	1	3
4	6	8
9	2	7

四月

4	9	2
3	5	7
8	1	6

五月

3	8	1
2	4	6
7	9	5

六月

2	7	9
1	3	5
6	8	4

七月

1	6	8
9	2	4
5	7	3

八月

9	5	7
8	1	3
4	6	2

九月

8	4	6
7	9	2
3	5	1

十月

7	3	5
6	8	1
2	4	9

十一月

6	2	4
5	7	9
1	3	8

十二月

5	1	3
4	6	8
9	2	7

【東南】——馬年**九紫喜慶星**飛臨東南，為當運財位，因此整體發展不俗，會有更多喜慶事情發生，例如國際盛事等。位於東南的地區，例如：香港、廣東、台灣、南海、越南、菲律賓、東南亞等地區。

【正東】——今年正東為**八白財星**，因此整體經濟發展較為理想。惟下元九運未來二十年（2024年至2043年）正東方為七赤過氣財星，此星代表盜賊及打鬥，主劫盜、爭鬥、是非、交通意外，故正東地區，要注意疾病爆發、海陸空交通意外、社會爭鬥、金融騙案等問題。因此位於正東的日本、美加西岸、東歐國家（捷克、匈牙利、德國、波蘭、奧地利等）及中國東面等地區，要提前做好預防措施。

【東北】——今年**四綠文昌星**飛入東北，主經濟發展不錯，有利文學及科研發展。惟下元九運期間為三碧爭鬥星，主災禍連連，亦象徵未來二十年爭鬥、紛爭頻繁、民怨、動亂、爭鬥、國家爭議等問題，日益嚴重。因此位於東北方的地區，地點包括温哥華、加拿大、北海道、南北韓、阿拉斯加及中國東北（例如：內蒙古、黑龍江、吉林、遼寧等）等地區，要多加注意農曆正月、農曆五月、農曆九月及農曆十月，凡事做好兩手準備。

【正北】——馬年**六白武曲星**位於正北方，代表偏財、權貴、驛馬，但由於正北為三煞及歲破位再加上下元九運正北方為五黃災星位，為未來 20 年（2024 年至 2043 年）九運中最凶的方位，正北地區例如：俄羅斯、烏克蘭、蒙古、中國北方等，容易有天災人禍發生，例如災難、鬥爭、打仗、地震、疾病、經濟動盪等，當中特別需要留意農曆二月、三月、九月、十一月及十二月。

【西北】——丙午年**二黑病符星**入西北，主容易發生流行性疾病、災禍，要小心疾病、哺乳類動物傳染病、病毒擴散，特別是腸胃、腹部及呼吸系統等疾病。同時亦要注意天災人禍發生，例如災難、鬥爭、動亂、紛爭、國家主權爭端、國際紛爭、地震、山崩、颱風、風災、雪災、經濟動盪、大型海陸空交通意外等。因此西北地區，例如：俄羅斯西部、北極、北歐一帶及中國西北（例如：新疆、寧夏）等地區，要多加注意。

【正西】——馬年**三碧是非星**入正西方，同時下元九運正西方為二黑病符位，「二三交劍煞」代表容易發生動亂、紛爭、鬥爭、戰爭、國家主權爭端、國際紛爭、地震、山崩、颱風、風災、雪災、大型海陸空交通事故等，同時亦容易出現流行性疾病、病毒擴散，特別是腸胃、腹部及呼吸系統等疾病。由此可見正西地區，例如英國、美加東岸、西歐等地區，未來 20 年局勢不穩，容易產生大型疾病傳播、政治變數及出現經濟崩潰，特別需要小心農曆六月、八月及九月，上述問題有機會加劇。

【西南】——今年西南地區受到**七赤破軍星**飛臨，七赤星代表破壞、盜賊的意思，並為過氣財星，故此經濟出現退步，經濟發展放緩，而且下元九運西南方為六白武曲位，形成「六七交劍煞」，代表容易發生動亂、紛爭、鬥爭、國家主權爭端、國際紛爭、地震、山崩、颱風、風災、雪災、大型海陸空交通事故等天災人禍，地點包括印度、緬甸、不丹、尼泊爾、巴基斯坦及中國西南地區（例如：西藏、四川、西安、雲南、重慶）等地區。農曆三月、農曆八月、農曆九月及農曆十二月問題會更嚴重，避免到相關地區旅遊。

【正南】——今年最凶的**五黃災星**及太歲飛臨正南，代表容易有天災人禍發生，例如暴雨、旱災、糧食危機、災難、熱浪、爆炸、恐怖襲擊、地震、鬥爭、打仗、流行性疾病、經濟動盪、大型交通事故等等。下元九運期間為四綠文昌位，「五黃廉貞最忌四綠」，主大破財及災禍，故位於正南方的地區，例如：澳洲、泰國、柬埔寨、新加坡、馬來西亞、南歐國家（葡萄牙、西班牙、義大利及希臘等）及中國南方等地區，宜多加注意，特別是農曆二月、農曆三月、農曆九月、農曆十一月及農曆十二月，宜提前做好心理準備。

【中宮】——**一白桃花星**飛臨中宮，代表人緣及桃花，因此各洲內陸地區、各國的中央位置，發展較為平穩。

第二章

丙午馬年風水佈局

馬年注意方位

太歲位

今年的太歲位於正南，相信大家都聽過「太歲頭上不可動土」，代表每年裝修的時候都要避開太歲的方位，否則容易生病、主耗財及盜匪之禍，故避免在家中、辦公室或商舖的正南方位裝修，若正南位置必須裝修可在東南開始，以免直接觸犯「太歲」。

三煞位

今年的三煞位在正北，三煞位最忌動土，若在正北位置動土，會影響人丁健康，令健康受損。若家中、辦公室或商舖的正北位置必須裝修可在東北方位開始，以免直接在三煞方位動土。

歲破位

今年的歲破位在正北，亦不宜動土，若正北位置必須動土可在東北方位開始。

五黃災星位

今年的五黃位位於正南，主兇災橫禍、破財損身，為今年最兇險的方位，故不宜在家中、辦公室及商舖的正南位置開始動土，會容易引發五黃煞氣，招來凶險意外。

二黑病符位

西北位置為馬年的二黑病符位，故西北位置切忌動土，以免招致家中成員生病。若要在西北位置裝修可選擇從正西開始，以免直接衝撞西北凶位。

二〇二六年丙午馬年九宮飛星圖

喜慶星 九 （東南）	太歲 五黃災星 五 （南）	破軍星 七 （西南）
八白財星 八 （東）	桃花星 / 偏財 一 中宮	是非星 三 （西）
文昌星 四 （東北）	三煞 歲破 武曲星 六 （北）	病符星 二 （西北）

正南

五黃災星

五行屬性：土

主宰範疇：疾病、災禍

化解方法：五黃失運為最嚴重的災星及病星，破壞力驚人。今年五黃災星位於正南，當中五黃災星屬土，紅色代表火，黃色、啡色代表土，火可生土，因此**家中或辦公室的正南位置，切忌放置紅色、紫色、黃色、啡色物品**，並避免動土及長期坐臥。

要化解五黃災星位，可在**正南放置安忍水或六個銅錢及擺放藥師佛吊墜**，有助洩去土氣。

安忍水做法：把大量粗鹽放入闊口玻璃瓶內，在粗鹽上面放六個銅錢（六帝錢效果更佳，順序：順治、康熙、雍正、乾隆、嘉慶、道光），再加上少量自來水（剛蓋過銅錢 1cm 即可），緊記要開蓋讓空氣接觸銅錢並在水中氧化。

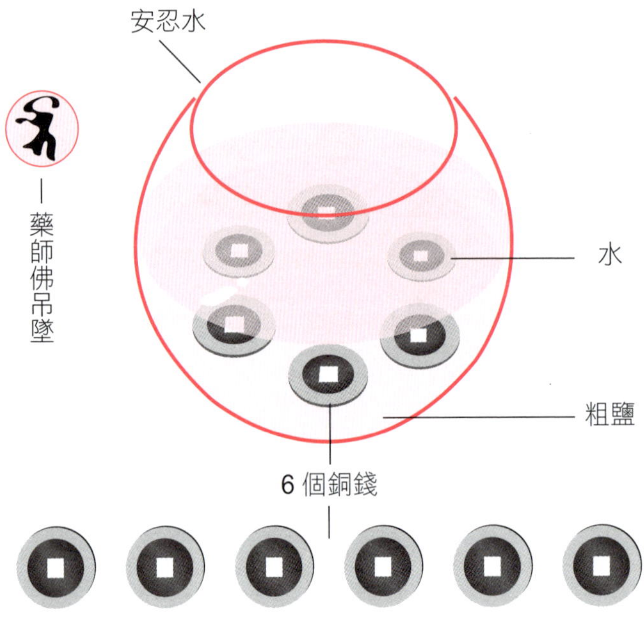

東北

四綠文昌星

五行屬性：木

主宰範疇：升職、讀書、進修、文職工作

催旺方法：今年四綠文昌星位於東北，從事文職的朋友可在**辦公室桌子的東北位置擺放四枝毛筆，並在家中的東北放置四枝水種富貴竹及文殊菩薩星輝塔**，此局有助工作時頭腦清晰、增強工作升遷運，令事業發展更順利。

文殊菩薩星輝塔

四枝毛筆

四枝富貴竹

東南

九紫喜慶星

五行屬性：火

主宰範疇：喜慶事、結婚、添丁

催旺方法：九紫喜慶星位於東南，代表一切喜慶事，即使並非急於嫁娶或添丁的朋友亦可加以催旺，九紫喜慶星亦為下元九運當運財星。**家中、辦公室或商鋪的東南方向，可放置九個紅包，每個紅包內放置一百元港幣。同時可以種植帶紅色果實的泥種植物，例如冬紅果、四季果等植物，或者可以擺放九枝已去刺的玫瑰花，並在花瓶下放置綠色卡紙**，以作催旺喜慶位。

西北
二黑病符星

五行屬性：土

主宰範疇：疾病、小災禍

化解方法：今年二黑病符星飛臨西北位置，當中二黑病符星屬土，紅色、紫色代表火，黃色、啡色代表土，火可生土，因此**家中或辦公室的西北方位一帶，切忌放置紅色、紫色、橙色、黃色、啡色物品**，並避免動土及長期坐臥。

要化解二黑病符位，可**放置安忍水或六個銅錢及藥師佛吊墜**，有助洩去土氣。安忍水做法：把大量粗鹽放入闊口玻璃瓶內，在粗鹽上面放六個銅錢（六帝錢效果更佳，順序：順治、康熙、雍正、乾隆、嘉慶、道光），再加上少量自來水（剛蓋過銅錢 1cm 即可），緊記要開蓋讓空氣接觸銅錢並在水中氧化。

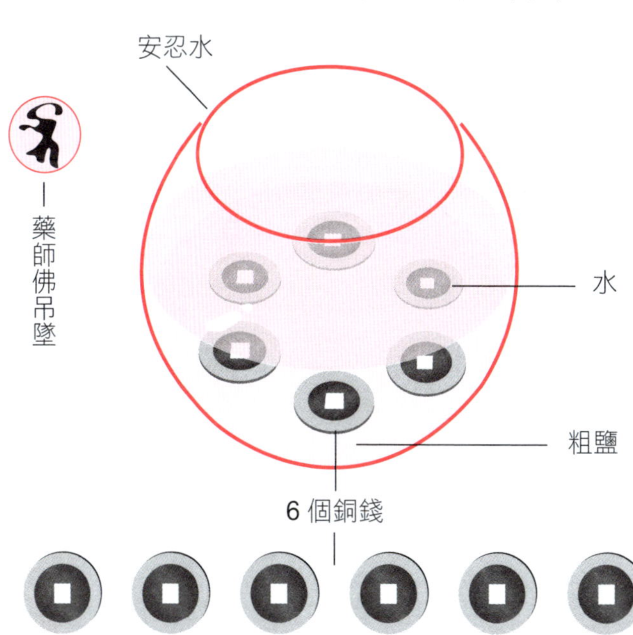

西南

七赤破軍星

五行屬性：金

主宰範疇：盜賊、破壞、失竊

化解方法：七赤破軍星在失運時，代表破壞、失竊之意，故不宜催旺，**切記不要在西南方位放置黃色、啡色物品**，以免土生金生旺七赤星，不妨**放置一杯水在家中、辦公室或商鋪的西南方位**，有助洩其金氣。

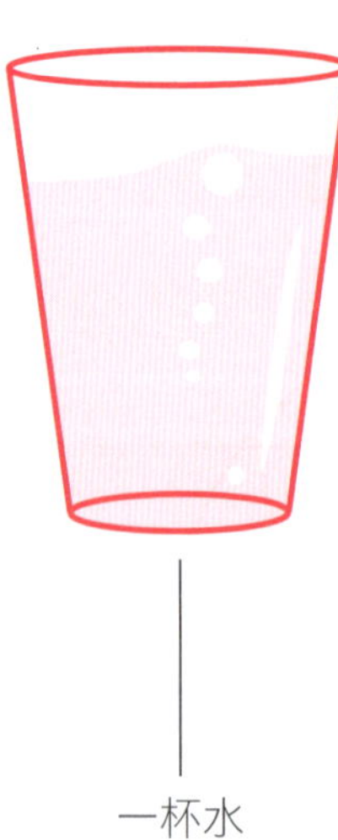

一杯水

正東

八白財星

五行屬性：土

主宰範疇：財運

催旺方法：今年的八白財星位於正東方位，雖然在下元九運中八白財星為退氣星，但八白財星本為三吉星之一，因此可在**辦公室桌面的正東方，放置零錢盆並在底部放紅色卡紙及擺放八粒黑財神旺財金元寶**。家中的**正東方位可擺放大葉植物及錢箱（例如夾萬、聚寶盆），錢箱旁邊可擺放八粒黑財神旺財金元寶，植物可選用水種的萬年青、黃金葛及發財樹等**，此舉有助催旺財運、帶動財氣。此外切記不可在正東方放置雜物，以免阻礙財星之旺氣。

大葉植物

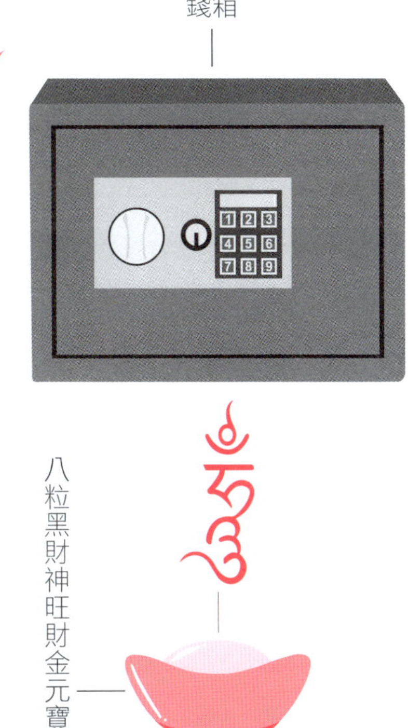

錢箱

八粒黑財神旺財金元寶

正西

三碧是非星

五行屬性：木

主宰範疇：是非、官非、小人、爭鬥

化解方法：今年**家中及辦公室的正西位置，避免放置植物**（不論是水種或是泥種植物），以免催旺三碧是非星之木氣，導致是非纏身。同時亦可在三碧是非星**正西方位擺放粉紅色物品化解，例如粉紅色地氈、粉紅色卡紙、粉紅色海報等。**

——揮春

中宮

一白桃花星

五行屬性：水

主宰範疇：人緣、姻緣、戀愛、貴人、偏財

催旺方法：單身的朋友想加強桃花運可以在家中、**辦公室中宮位置擺放流動水裝置及上鏈金屬製音樂盒**，並每天用音樂盒播放音樂，以達催旺桃花之效果。希望改善人際關係的朋友可在**家裏中宮位置，擺放一杯水即可**（普通自來水）。

一杯水

音樂盒

正北

六白武曲星

五行屬性：金

主宰範疇：武職工作、偏財運、權力

催旺方法：今年六白武曲星位於正北方，有利從事武職工作的朋友，例如軍政界、紀律部隊、運動員等，可在**家中、辦公室或商店的正北位放置八粒圓形白石及六粒黑財神旺財金元寶**，增強升遷運及偏財運。

六粒黑財神旺財金元寶

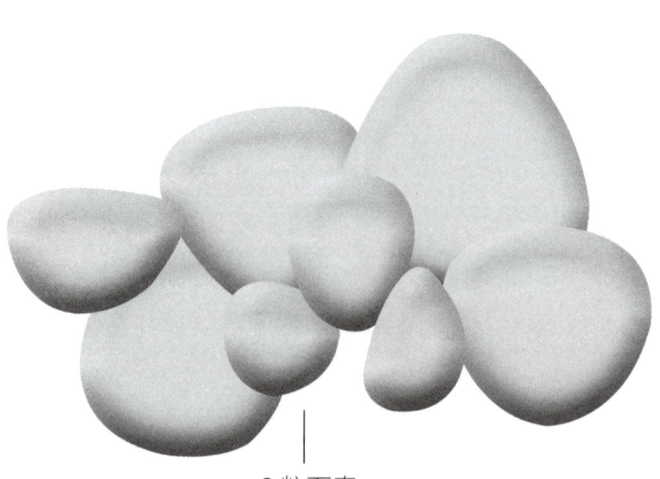

8 粒石春

二〇二六年丙午馬年風水佈陣圖

東

正南（五黃）：安忍水／六個銅錢／藥師佛吊墜

東北（四綠）：四枝文昌筆／富貴竹／文殊菩薩星輝塔

東南（九紫）：紅色物品／九枝去刺玫瑰花

西北（二黑）：安忍水／六個銅錢／藥師佛吊墜

西南（七赤）：一杯水

正東（八白）：大葉植物／聚寶盆／八粒黑財神旺財金元寶

正西（三碧）：粉紅色物品

中宮（一白）：金屬音樂盒及一杯水

正北（六白）：八粒白石／六粒黑財神金元寶

馬年大門方向家宅運預測及地氈顏色

大門向正北

今年正北為六白武曲星，特別有利從事文職以外的人士，**大門宜用黃色或啡色地氈，及在大門旁邊擺放六粒黑財神旺財金元寶**，進一步催旺財運。

大門向正西

今年的三碧是非星位於正西，大門向正西的朋友要小心是非及官非訴訟，**宜在門口位置擺放粉紅色地氈以作化解**。

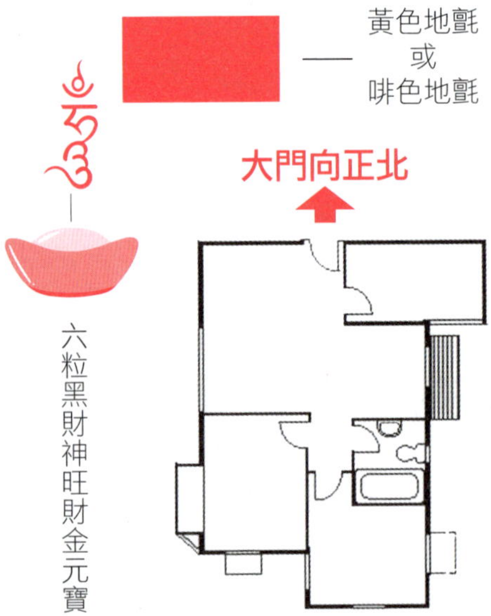

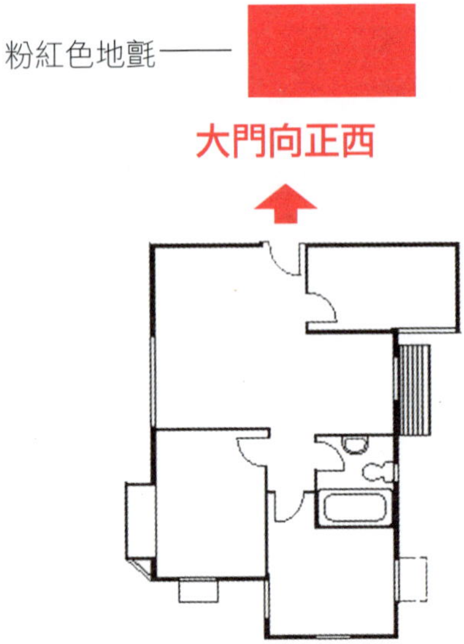

黃色地氈
或
啡色地氈

大門向正北

六粒黑財神旺財金元寶

粉紅色地氈

大門向正西

大門向東南

今年九紫喜慶星位於東南，整體家宅運不錯，有利嫁娶及添丁，**宜門口位置擺放紅色或綠色地氈**，以作催旺九紫喜慶星。

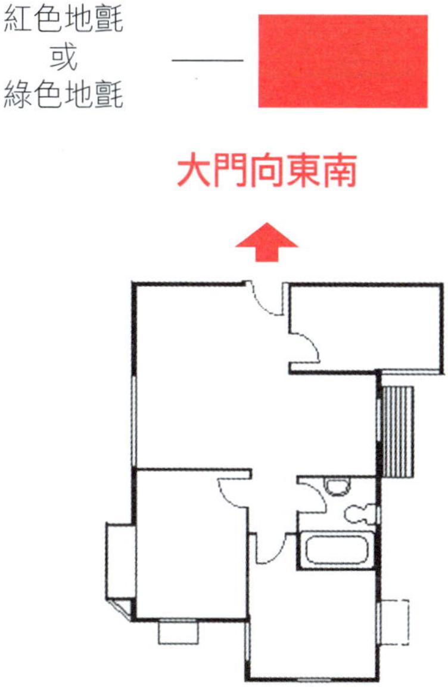

紅色地氈
或
綠色地氈

大門向東南

大門向正南

今年正南為五黃災星位，若大門向正南方或廚房、睡房位於正南方位，健康會受到影響，務必要小心注意，**宜用灰色地氈，並在地氈下擺放六個銅錢，大門旁邊放風鈴化解及藥師佛吊墜**，加強健康運。

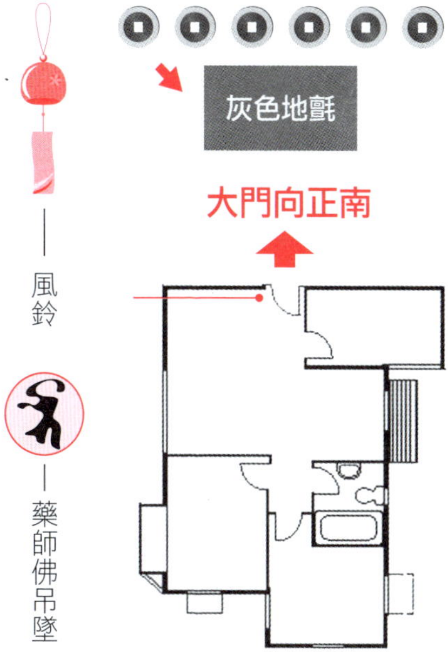

灰色地氈

大門向正南

風鈴

藥師佛吊墜

大門向西南

今年七赤破軍星位於西南，大門向西南的朋友要小心提防盜竊、遺失物品，宜在**門口位置擺放藍色或灰色地氈**以作化解，並可購買家居保險以防萬一。

大門向正東

今年的八白財星位於正東位置，若家中大門向正東，整體財運不俗，家中成員的財運均有所提升，**宜在門口擺放紅色、黃色、啡色地氈，及在大門旁邊擺放八粒黑財神旺財金元寶**，進一步催旺財運。

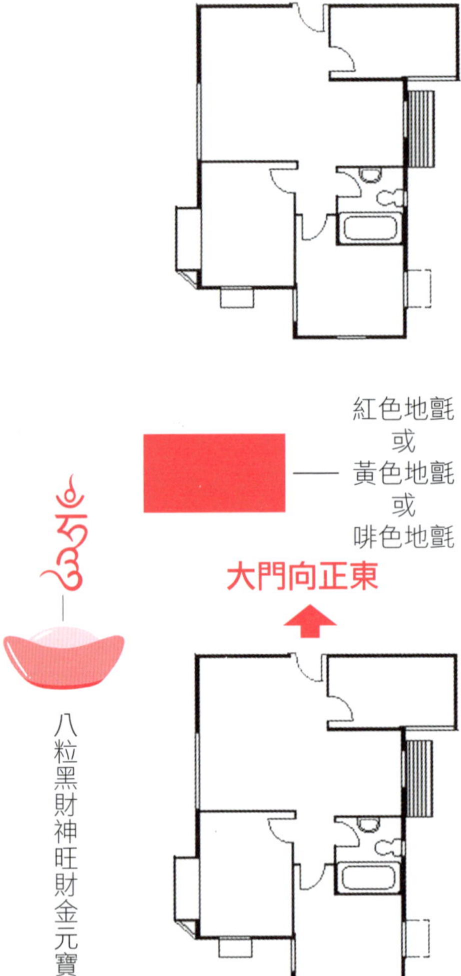

八粒黑財神旺財金元寶

大門向東北

今年四綠文昌星位於東北，因此大門向東北方向，有利從事文職或仍在求學中的朋友，**大門宜用綠色地氈及大門旁邊擺放文殊菩薩星輝塔**，以加強文昌星的力量。

大門向西北

今年西北為二黑病符位，若大門向西北方或廚房、睡房位於西北方位，健康會受到影響，務必要小心注意，**宜用灰色地氈，並在地氈下擺放六個銅錢**，**大門旁邊放風鈴化解及藥師佛吊墜**，加強健康運。

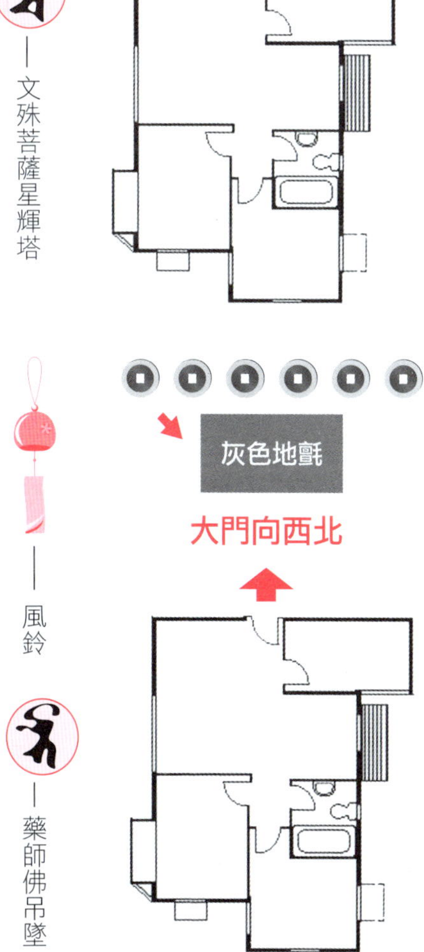

文殊菩薩星輝塔

風鈴

藥師佛吊墜

馬年簡易風水陣

結婚添丁風水陣

若家中或辦公室**大門向東南方向，可以在門口位置擺放紅色或綠色地氈**，以作催旺九紫喜慶星。

家中及辦公室的東南位置，可以種植帶紅色果實的泥種植物，例如冬紅果、四季果等植物，或者可以擺放九枝已去刺的玫瑰花，並在花瓶底下放置綠色卡紙，催旺喜慶位有利結婚、添丁。

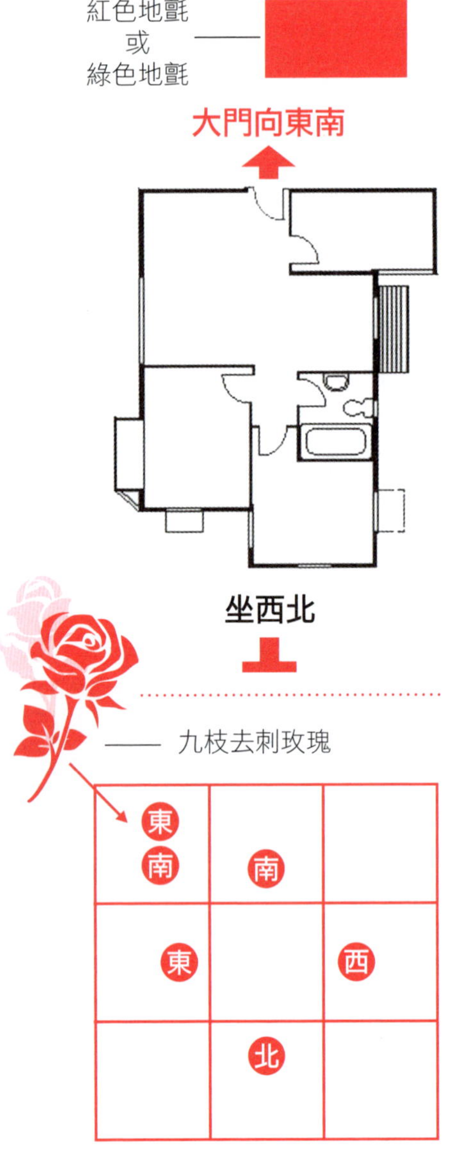

催旺桃花風水陣

想順利談戀愛的朋友，可在**家中、辦公室中宮位置，放流動的水裝置及上鏈金屬製音樂盒**，並每天用音樂盒播放音樂，以達催旺桃花之效果，**平日亦可佩戴時來運轉法輪手鏈**，增強人緣。（桃花除了指異性之外亦代表人緣，適用於工作對外的行業，例如：銷售、保險、幕前、金融等。）

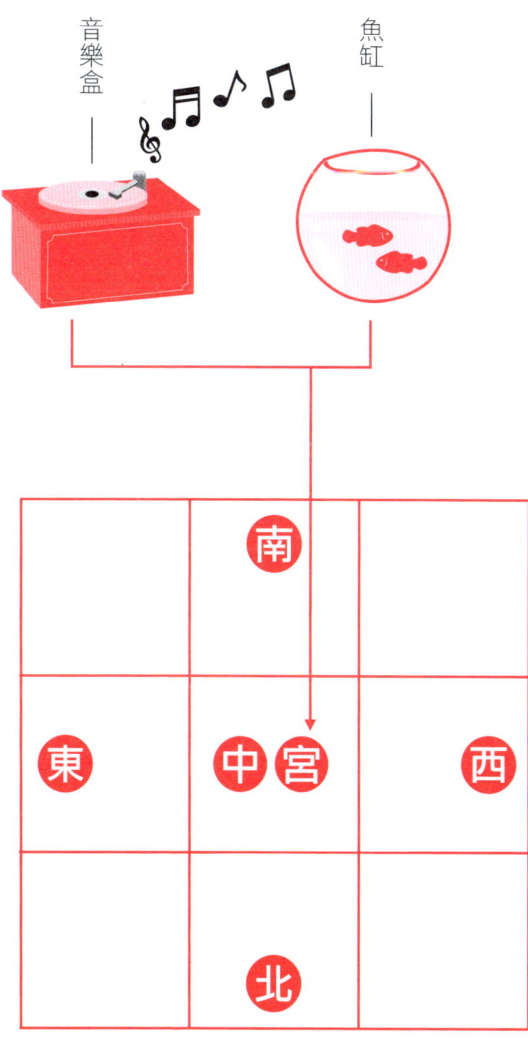

化桃花風水陣

在家中及伴侶的辦公室的**中宮位置，可擺放黃色或啡色地氈**，「以土剋水」剋一白桃花星之水氣。**同時可放置八粒白石**，若想**再加強效果可放木製公雞或木製桃花劍。**

以上方法可以減少伴侶認識及接觸異性的機會，但對伴侶已有第三者之困擾則幫助不大。

（若你或伴侶從事的工作為對外的行業，便要想清楚是否要化桃花，因為桃花除了代表異性之間的情緣之外，亦代表人緣化桃花會影響彼此的工作表現，特別是需要靠佣金為主的工作。）

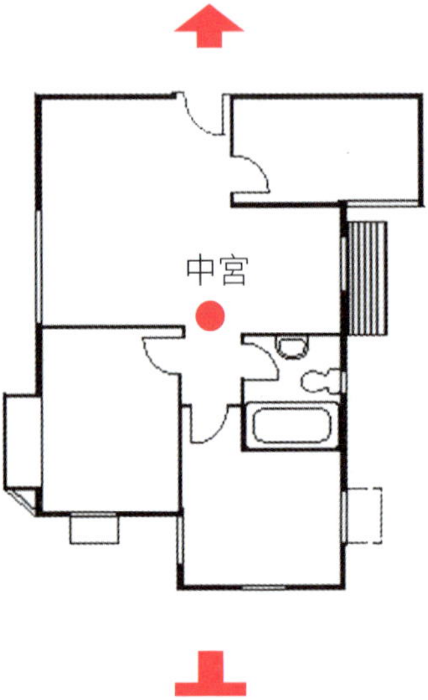

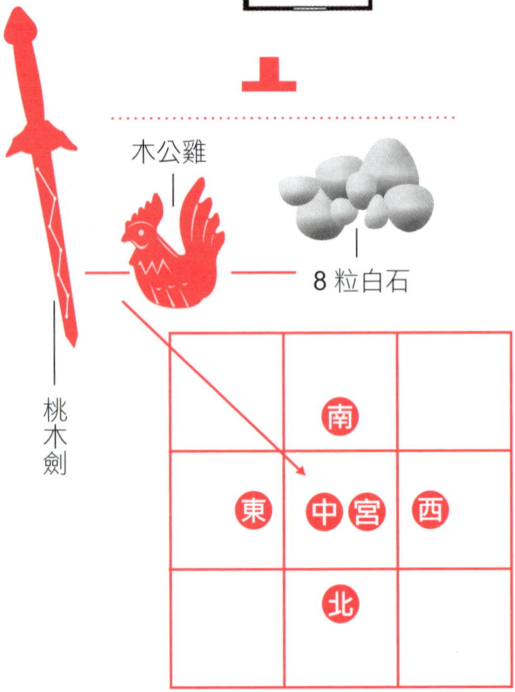

催財風水陣

想加強馬年財運，可在今年九紫喜慶星**東南位置，宜放與自己生肖相應的密宗吊墜及金色的豬形錢箱，並在錢箱內放置九個一元硬幣，**有助改善正偏財、增加收入，短期之內可見成效。

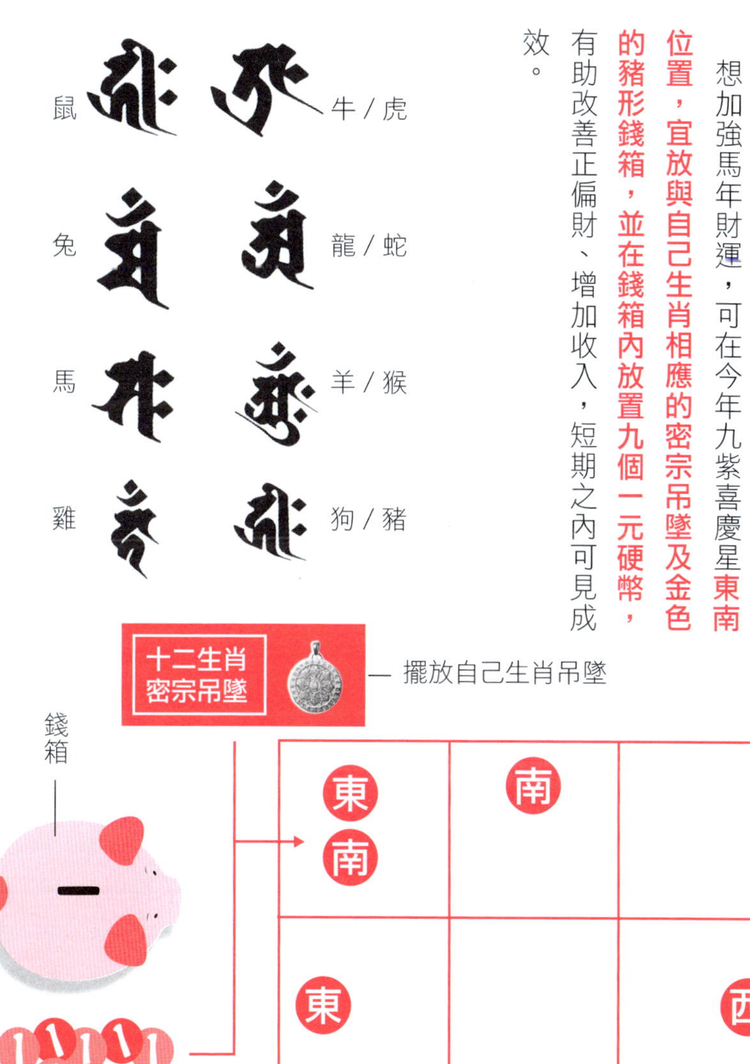

招財風水陣

2026馬年的八白財星位於正東，為三吉星之一，要財運亨通必然要從正東方入手，可在**正東位置擺放瓦錢罌（即有入無出的錢箱），並放六個一元港幣入內**，「六八武科發跡，丁財兩旺」，**再加放八粒黑財神旺財金元寶**，此局特別有利招財，短期之內可快速見效。

八粒黑財神旺財金元寶

貴人加持風水陣

今年的一白桃花星位於中宮，可在中**宮放六枝水種富貴竹**，「一六共宗，金水相生」，**並可配戴密宗吊墜及時來運轉法輪手鏈**，有助加強貴人運，工作時自然事事順利。

升薪加薪風水陣

希望升職的朋友可以催旺家中及辦公室的四綠文昌星位置，馬年的四綠文昌星位於東北，可在家中的**東北位置放四枝水種富貴竹及文殊菩薩星輝塔，並在辦公室東北位置放四枝毛筆及文殊菩薩星輝塔。平日亦可佩戴文殊菩薩手鐲**，增加自身工作及人際關係。加薪方面可從八白財星著手，不妨在**正東位置放水種大葉植物及錢箱及八粒黑財神旺財金元寶**，加強整體財運。

大葉植物

錢箱

八粒黑財神旺財金元寶

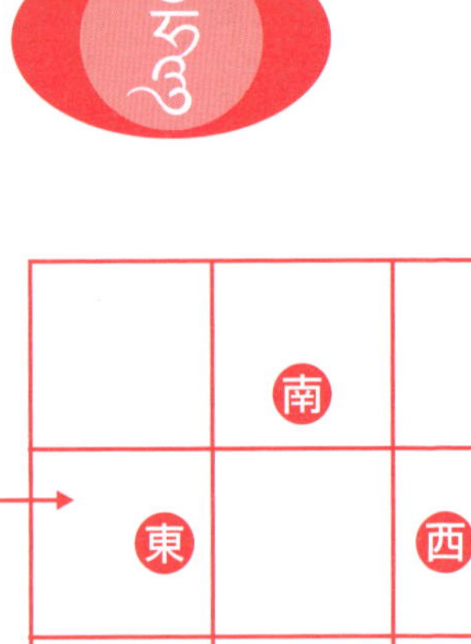

富貴竹

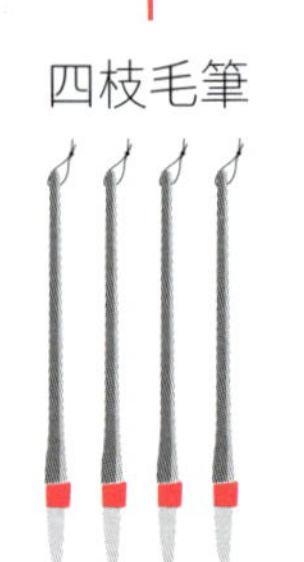

四枝毛筆

文殊菩薩星輝塔

保飯碗風水陣

對於一眾打工族來説，避免被裁員是最重要的事情，因此要為自己在辦公室自製靠山，**宜把黃色或啡色外套掛在椅背上，同時亦可擺放大圓石春或八粒白石**，為自己自製靠山，**平日亦可佩戴文殊菩薩手鐲**，有助加強事業運。

辦公桌

黃色外套
或
啡色外套

大圓石春／八粒白石春

文殊菩薩手鐲

遠離是非風水陣

要避開是非及小人困擾，不妨在今年的三碧是非位，即**正西位置擺放粉紅色物品，例如粉紅色卡紙、粉紅色地氈等，同時可佩戴文殊菩薩手鐲**，能抵禦是非、小人、麻煩事，從而減弱是非星的力量。

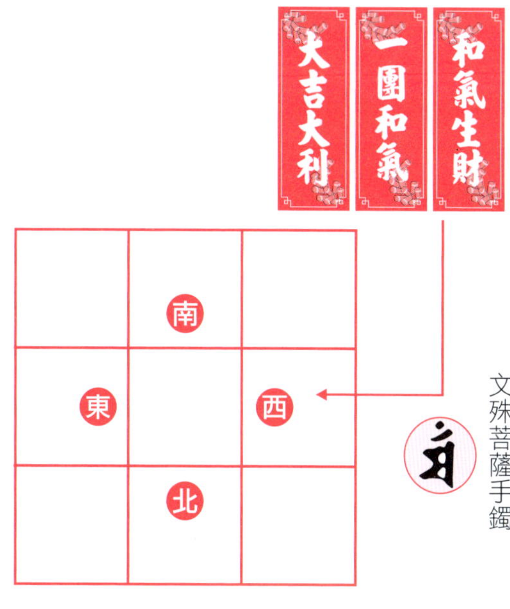

文殊菩薩手鐲

身體健康風水陣

今年的西北及正南位置，分別為二黑病符星及五黃災星位，若家中的大門坐向、睡床或辦公室坐位方向，**位於西北或正南**，則會對健康不利，容易引發疾病。因此在上述**位置宜放安忍水或六個銅錢及藥師佛吊墜**，並避免動土及**切勿擺放紅色、紫色、橙色、啡色及黃色物品。**

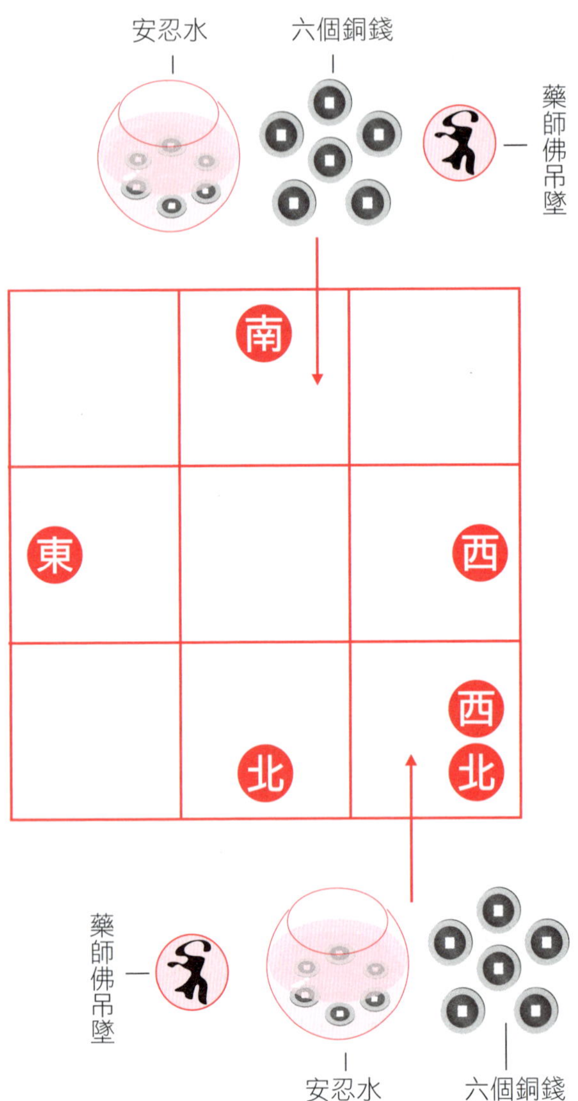

第三章

丙午馬年犯太歲化解方法

丙午馬年犯太歲化解秘笈

傳統習俗來說，每一年都會有一位神明掌管當年的凡間事務，這位神明便是「太歲」。太歲一共有六十位，每一位太歲都有姓名、會順序值年，輪流掌管人間一年的禍福，即所謂「六十甲子」。

正所謂：「太歲當頭坐，無喜恐有禍」。每年犯太歲的生肖會有不同程度的運勢起伏，一般來說，犯太歲的年份會出現不同的變動，輕則會出現工作變動、搬遷，重則更會招致官司口舌、破財、生病、發生意外等，故不少犯太歲的朋友會在立春後到廟宇「攝太歲」祈求新一年事事順利。

犯太歲生肖：馬、鼠、兔、牛

肖【馬】值太歲及刑太歲

肖馬者為「值太歲」及「刑太歲」的生肖，正所謂「太歲當頭坐，無喜恐有禍」，值太歲的年份人生會出現不少變化，如能進行傳統喜事沖喜，例如結婚、添丁、置業或創業，則能主動應驗犯太歲的變化以作沖喜之用，減少因犯太歲而造成的影響。

無法進行喜事沖喜者，則容易經歷在感情、事業、財運、住屋或健康方面的變化，同時受到「午午自刑」的影響下，心態上會較為封閉，同時自我內耗的情況會比較嚴重，人際關係較為緊張，容易因為誤會而與他人發生爭執。

肖馬者宜於農曆五月及農曆十一月進行捐血或洗牙，主動應驗血光之災，而且可多做善事積福，幫助有需要的人士，會有助化解本命年健康運不佳的不利因素。

肖【鼠】沖太歲

今年為「沖太歲」的年份，因受到「子午相沖」的影響，整年的運勢變化會較為頻繁。如果能夠「一喜擋三災」，以喜事來迎接沖太歲的年份，則能夠平安順遂。由於新一年「宜動不宜靜」，適合進行各種喜事，例如結婚、置業、添丁、創業等，能夠化解沖太歲的變化。

若無法進行喜事，新一年的運勢則會起伏不定，面對是非及小人問題時，務必要特別謹慎行事。馬年需做好心理準備，因為將會面臨較大的動盪和各種變化，運勢起伏不定，容易遭遇挫折，保持小心謹慎是至關重要。

肖【兔】破太歲

新一年受到地支「卯午相破」的影響，肖兔者成為了犯太歲的生肖之一。雖然「破太歲」帶來的影響相對較輕微，但「破」有破壞、損害人際關係的意思，因此今年在人際關係和情緒方面可能會受到一些波及。

馬年不需要刻意舉辦喜事，只需多參與親朋好友的喜事，多沾喜氣便能加強運勢。此外，今年儘量減少參與探病問喪，否則容易招來災禍及疾病。

肖【牛】害太歲

丙午年為肖牛者的「害太歲」之年，代表今年的人際關係平平。所幸「害太歲」的影響力相對較小，只要謹慎言行，避免因無心的話語而得罪他人，並秉持「少說話、多做事」的處事原則，便能有效減輕犯太歲所帶來的不利影響。

犯太歲的化解方法

一、沖喜

犯太歲的生肖若能「一喜擋三災」，以喜事來迎合犯太歲的年份，則可平安大吉。特別是「值太歲」及「刑太歲」的肖馬者及「沖太歲」的肖鼠者在新一年很適合進行喜事，例如：結婚、置業、添丁及創業等，以喜事來應驗犯太歲的變化。

二、攝太歲

攝太歲日期

立春後（新曆2月4日）至農曆正月十五日前完成攝太歲的程序。（可參考書中「吉時吉日」部分，以得知適宜攝太歲的日子）

攝太歲方法

1. 準備攝太歲專用的衣紙一套，包括長祿馬、百解符、平安衣、圓祿馬、太歲衣。
2. 在太歲衣上，寫上自己姓名和出生資料（包括出生的年、月、日、時）。
3. 在殿外請香及上香。
4. 進入殿內後，先向六十太歲的統領「斗姆元君」上香。
5. 再向當年太歲（2026丙午年的太歲為「文哲」將軍）上香誠心說：「文哲大將軍，信男／信女XXX（自己姓名）今年命犯煞星，現向太歲星君誠心祈求平安，保佑逢凶化吉，信男／信女XXX誠心請文哲大將軍保佑。」說完後拜三拜，誠心上香。
6. 再向自己出生年所屬的太歲參拜上香。
7. 然後向其餘的58位太歲逐一參拜上香。（現今不少廟宇為環保都不可逐一向太歲

上香，可以雙手合十向前鞠躬代替）

8. 將壽金攝入太歲神像的腳底位置。

9. 最後把太歲衣帶往化寶爐焚化，整個儀式完畢。

香港攝太歲的地點：

香港島

1. 筲箕灣東大街天后廟
2. 銅鑼灣蓮花宮
3. 灣仔玉虛宮
4. 上環水月宮
5. 皇后大道中洪聖古廟
6. 荷李活道文武廟
7. 鴨脷洲洪聖廟

九龍

8. 旺角水月宮
9. 油麻地榕樹頭天后廟
10. 深水埗三太子及北帝廟
11. 嗇色園黃大仙祠
12. 紅磡觀音廟
13. 廟街觀音廟

新界

14. 荃灣圓玄學院
15. 屯門青松觀
16. 粉嶺蓬瀛仙館
17. 沙田車公廟

離島

18. 長洲玉虛宮宮
19. 大澳關帝廟

三、捐血或洗牙

每逢犯太歲的年份，流年的健康運勢會較差，容易出現血光之災，不妨在相應的月份主動捐血、洗牙或到醫院進行詳細的身體檢查，以化解血光之災。平日可多做善事幫助有需要人士，亦要避免參與高危險性的活動，例如潛水、滑水、滑雪等。

犯太歲生肖適宜進行捐血、洗牙的月份

馬・農曆五月及農曆十一月

鼠・農曆五月及農曆十一月

兔・農曆二月及農曆八月

牛・農曆六月及農曆十二月

四、配戴生肖本命佛密宗吊墜

犯太歲的生肖不妨佩戴十二生肖本命佛密宗吊墜及十二生肖佛佑護身卡來化煞。不屬於犯太歲生肖的朋友，若想加強自身運氣，亦可佩戴相應的本命佛密宗吊墜及十二生肖佛佑護身卡。

2026 馬年十二生肖密宗吊墜

虛空藏菩薩 牛／虎

普賢菩薩 龍／蛇

大日如來 羊／猴

阿彌陀如來 狗／豬

十二生肖密宗吊墜

千手觀音菩薩 鼠

文殊菩薩 兔

大勢至菩薩 馬

不動明王 雞

鼠・宜貼身佩戴千手觀音菩薩　密宗吊墜

牛・宜貼身佩戴虛空藏菩薩　密宗吊墜

虎・宜貼身佩戴虛空藏菩薩　密宗吊墜
兔・宜貼身佩戴文殊菩薩　密宗吊墜
龍・宜貼身佩戴普賢菩薩　密宗吊墜
蛇・宜貼身佩戴普賢菩薩　密宗吊墜
馬・宜貼身佩戴大勢至菩薩　密宗吊墜
羊・宜貼身佩戴大日如來　密宗吊墜
猴・宜貼身佩戴大日如來　密宗吊墜
雞・宜貼身佩戴不動明王　密宗吊墜
狗・宜貼身佩戴阿彌陀如來　密宗吊墜
豬・宜貼身佩戴阿彌陀如來　密宗吊墜

*註：千手觀音菩薩及阿彌陀如來梵文寫法相同。

五、做善事

犯太歲的年份可多做善事，為有需要的人士贈醫施藥及捐款到慈善機構，平日亦可主動做義工幫助有需要人士，並定期茹素減少殺生（例如每逢初一、十五），自然能增加自身福報，為自己及家人行善積德。

六、保持良好心情

犯太歲之年盡量令自己每天都能保持良好心情，持樂觀正面態度面對所有事物，遇到任何事情要告訴自己「凡事發生一切皆有利於我」，相信自己能面對一切困難，所有的事情必定對自身有利，化難為易，強烈的正面、樂觀及快樂的信念會為自己帶來好運。

七、唸經或抄經

當自己或親人得病時可念誦**《藥師琉璃光如來本願功德經》**，念經前可放一杯水在跟前，念完經後並可迴向功德利益給患病者，可說：「願弟子（自己姓名）今日所受持**《藥師琉璃光如來本願功德經》**所有功德，全數迴向給（對方姓名），願（對方姓名）早日痊愈，身體健康，免受疾病之苦。」，最後可讓患病者飲下前面的清水。平日亦可多唸誦或抄寫此經多累積福德與功德，則可無病延年，常保健康。若有自己喜歡的經文，例如《**心經**》、《**金剛經**》、《**大悲咒**》等等，也可以經常唸誦或抄寫，只要誠心唸經就能消除業障，增加福報。

抄寫佛經或誦經一直被視為消災祈福的方便法，任何人只要誠心誠意地抄寫佛經，便能斷除雜念，為自己「增添福慧，莊嚴內心」，亦可將我們寫經的功德作回向，以達到自利利人，消業增福。

【藥師琉璃光如來本願功德經】手抄本

唐三藏法師玄奘奉詔譯

如是我聞：一時薄伽梵，遊化諸國，至廣嚴城，住樂音樹下。與大苾芻眾八千人俱，菩薩摩訶薩三萬六千，及國王、大臣，婆羅門、居士，天龍八部，人非人等，無量大眾，恭敬圍繞，而為說法。

爾時、曼殊室利法王子，承佛威神，從座而起，偏袒一肩，右膝著地，向薄伽梵，曲躬合掌。白言：「世尊！惟願演說如是相類諸佛名號，及本大願殊勝功德，令諸聞者業障銷除，為欲利樂像法轉時諸有情故」。

爾時、世尊讚曼殊室利童子言：「善哉！善哉！曼殊室利！汝以大悲，勸請我說諸佛名號，本願功德，為拔業障所纏有情，利益安樂像法轉時諸有情故。汝今諦聽！極善思惟！當為汝說」。

曼殊室利言：「唯然，願說！我等樂聞！」

佛告曼殊師利：「東方去此，過十殑伽沙等佛土，有世界名淨琉璃，佛號藥師琉璃光如來、應、正等覺，明行圓滿、善逝、世間解、無上士、調御丈夫、天人師、佛、薄伽梵。」

「曼殊室利！彼世尊藥師琉璃光如來本行菩薩道時，發十二大願，令諸有情，所求皆得」。

「第一大願：願我來世，得阿耨多羅三藐三菩提時，自身光明熾然照耀無量無數無邊世界，以三十二大丈夫相，八十隨形莊嚴其身；令一切有情如我無異」。

「第二大願：願我來世得菩提時，身如琉璃，內外明徹，淨無瑕穢；光明廣大，功德巍巍，身善安住，燄網莊嚴過於日月；幽冥眾生，悉蒙開曉，隨意所趣，作諸事業」。

「第三大願：願我來世得菩提時，以無量無邊智慧方便，令諸有情皆得無盡所受用物，莫令眾生，有所乏少」。

「第四大願：願我來世得菩提時，若諸有情行邪道者，悉令安住菩提道中；若行聲聞獨覺乘者，皆以大乘而安立之」。

「第五大願：願我來世得菩提時，若有無量無邊有情，於我法中修行梵行，一切皆令得不缺戒、具三聚戒；設有毀犯，聞我名已還得清淨，不墮惡趣！」

「第六大願：願我來世得菩提時，若諸有情，其身下劣，諸根不具，醜陋、頑愚、盲、聾、瘖、啞、攣躄、背僂、白癩、顛狂、種種病苦；聞我名已，一切皆得端正黠慧，諸根完具，無諸疾苦」。

「第七大願：願我來世得菩提時，若諸有情眾病逼切，無救無歸，無醫無藥，無親無家，貧窮多苦；我之名號一經其耳，眾病悉除，身心安樂，家屬資具悉皆豐足，乃至證得無上菩提」。

「第八大願：願我來世得菩提時，若有女人為女百惡之所逼惱，極生厭離，願捨女身；聞我名已，一切皆得轉女成男，具丈夫相，乃至證得無上菩提」。

「第九大願：願我來世得菩提時，令諸有情出魔罥網，解脫一切外道纏縛；若墮種種惡見稠林，皆當引攝置於正見，漸令修習諸菩薩行，速證無上正等菩提！

「第十大願：願我來世得菩提時，若諸有情王法所加，縛錄鞭撻，繫閉牢獄，或當刑戮，及餘無量災難凌辱，悲愁煎逼，身心受苦；若聞我名，以我福德威神力故，皆得解脫一切憂苦！」

「第十一大願：願我來世得菩提時，若諸有情饑渴所惱，為求食故造諸惡業；得聞我名，專念受持，我當先以上妙飲食飽足其身，後以法味畢竟安樂而建立之」。

「第十二大願：願我來世得菩提時，若諸有情貧無衣服，蚊虻寒熱，晝夜逼惱；若聞我名，專念受持，如其所好即得種種上妙衣服，亦得一切寶莊嚴具，華鬘、塗香，鼓樂眾伎，隨心所翫，皆令滿足」。

「曼殊室利！是為彼世尊藥師琉璃光如來、應、正等覺行菩薩道時，所發十二微妙上願」。

「復次、曼殊室利！彼世尊藥師琉璃光如來行菩薩道時，所發大願，及彼佛土功德莊嚴，我若一劫、若一劫餘，說不能盡。然彼佛土，一向清淨，無有女人，亦無惡趣，及苦音聲；琉璃為地，金繩界道，城、闕、宮、閣，軒、窗、羅網，皆七寶成；亦如西方極樂世界，功德莊嚴，等無差別。於其國中，有二菩薩摩訶薩：一名日光遍照，二名月光遍照。是彼無量無數菩薩眾之上首，次補佛處，悉能持彼世尊藥師琉璃光如來正法寶藏。是故曼殊室利！諸有信心善男子、善女人，應當願生彼佛世界」。

爾時、世尊，復告曼殊室利童子言：「曼殊室利！有諸眾生，不識善惡，惟懷貪吝，不知布施及施果報，愚癡無智，闕於信根，多聚財寶，勤加守護。見乞者來，其心不喜，設不獲已而行施時，如割身肉，深生痛惜。

復有無量慳貪有情，積集資財，於其自身尚不受用，何況能與父母、妻子、奴婢作使，及來乞者？彼諸有情，從此命終生餓鬼界，或傍生趣。由昔人間曾得暫聞藥師琉璃光如來名故，今在惡趣，暫得憶念彼如來名，即於念時從彼處沒，還生人中；得宿命念，畏惡趣苦，不樂欲樂，好行惠施，讚歎施者，一切所有悉無貪惜，漸次尚能以頭目手足血肉身分施來求者，況餘財物？」

「復次、曼殊室利！若諸有情，雖於如來受諸學處，而破尸羅；有雖不破尸羅而破軌則；有於尸羅、軌則，雖則不壞，然毀正見；有雖不毀正見而棄多聞，於佛所說契經深義不能解了；有雖多聞而增上慢，由增上慢覆蔽心故，自是非他，嫌謗正法，為魔伴黨。如是愚人，自行邪見，復令無量俱胝有情，墮大險坑。此諸有情，應於地獄、傍生、鬼趣流轉無窮。若得聞此藥師琉璃光如來名號，便捨惡行，修諸善法，不墮惡趣；設有不能捨諸惡行、修行善法，墮惡趣者，以彼如來本願威力令其現前，暫聞名號，從彼命終還生人趣，得正見精進，善調意樂，便能捨家趣於非家，如來法中，受持學處無有毀犯，正見多聞，解甚深義，離增上慢，不謗正法，不為魔伴，漸次修行諸菩薩行，速得圓滿」。

「復次、曼殊室利！若諸有情慳貪、嫉妒，自讚毀他，當墮三惡趣中，無量千歲受諸劇苦！受劇苦已，從彼命終，來生人間，作牛、馬、駝、驢，恆被鞭撻，饑渴逼惱，又常負重隨路而行。或得為人，生居下賤，作人奴婢，受他驅役，恆不自在。若昔人中曾聞世尊藥師琉璃光如來名號，由此善因，今復憶念，至心歸依。以佛神力，眾苦解脫，諸根聰利，智慧多聞，恆求勝法，常遇善友，永斷魔罥，破無明殼，竭煩惱河，解脫一切生老病死憂愁苦惱」。

「復次、曼殊利室！若諸有情好喜乖離，更相鬥訟，惱亂自他，以身語意，造作增長種種惡業，展轉常為不饒益事，互相謀害。告召山林樹塚等神；殺諸眾生，取其血肉祭祀藥叉、羅剎婆等；書怨人名，作其形像，以惡咒術而咒詛之；厭魅蠱道，咒起屍鬼，令斷彼命，及壞其身。是諸有情，若得聞此藥師琉璃光如來名號，彼諸惡事悉不能害，一切展轉皆起慈心，利益安樂，無損惱意及嫌恨心，各各歡悅，於自所受生於喜足，不相侵凌互為饒益」。

「復次、曼殊室利！若有四眾：苾芻、苾芻尼、鄔波索迦、鄔波斯迦，及餘淨信善男子、善女人等，有能受持八分齋戒，或經一年、或復三月受持學處，以此善根，願生西方極樂世界無量壽佛所聽聞正法而未定者，若聞世尊藥師琉璃光如來名號，臨命終時，有八大菩薩，其名曰：文殊師利菩薩，觀世音菩薩，得大勢菩薩，無盡意菩薩，寶檀華菩薩，藥王菩薩，藥上菩薩，彌勒菩薩。是八大菩薩乘空而來，示其道路，即於彼界種種雜色眾寶華中，自然化生」。

「或有因此，生於天上，雖生天上，而本善根，亦未窮盡，不復更生諸餘惡趣。天上壽盡，還生人間，或為輪王，統攝四洲，威德自在，安立無量百千有情於十善道；或生剎帝利、婆羅門、居士大家，多饒財寶，倉庫盈溢，形相端嚴，眷屬具足，聰明智慧，勇健威猛，如大力士。若是女人，得聞世尊藥師琉璃光如來名號，至心受持，於後不復更受女身」。

「復次、曼殊室利！彼藥師琉璃光如來得菩提時，由本願力，觀諸有情，遇眾病苦瘦攣、乾消、黃熱等病；或被厭魅、蠱毒所中；或復短命，或時橫死；欲令是等病苦消除所求願滿」。

「時彼世尊，入三摩地，名曰除滅一切眾生苦惱。既入定已，於肉髻中出大光明，光中演說，大陀羅尼曰：『那謨薄伽筏帝，鞞殺社窶嚕，薜琉璃鉢剌婆喝囉闍也，怛陀揭多耶，阿羅訶帝，三藐三勃陀耶。怛姪陁：唵，鞞殺逝，鞞殺逝，鞞殺社，三沒揭帝娑訶』」。爾時、光中說此咒已，大地震動，放大光明，一切眾生病苦皆除，受安隱樂。

「曼殊室利！若見男子、女人有病苦者，應當一心，為彼病人，常清淨澡漱，或食、或藥、或無蟲水、咒一百八遍，與彼服食，所有病苦悉皆消滅。若有所求，志心念誦，皆得如是無病延年；命終之後，生彼世界，得不退轉，乃至菩提。是故曼殊室利！若有男子、女人，於彼藥師琉璃光如來，至心殷重，恭敬供養者，常持此咒，勿令廢忘」。

「復次、曼殊室利！若有淨信男子女人，得聞藥師琉璃光如來應正等覺所有名號，聞已誦持。晨嚼齒木，澡漱清淨，以諸香花，燒香、塗香，作眾伎樂，供養形象。於此經典，若自書，若教人書，一心受持，聽聞其義。於彼法師，應修供養：一切所有資身之具，悉皆施與，勿令乏少。如是便蒙諸佛護念，所求願滿，乃至菩提」。

爾時、曼殊室利童子白佛言：「世尊！我當誓於像法轉時，以種種方便，令諸淨信善男子、善女人等，得聞世尊藥師琉璃光如來名號，乃至睡中亦以佛名覺悟其耳。世尊！若於此經受持讀誦。或復為他演說開示；若自書、若教人書；恭敬尊重，以種種華香、塗香、末香、燒香、花鬘、瓔珞、幡蓋、伎樂，而為供養；以五色綵，作囊盛之；掃灑淨處，敷設高座，而用安處。爾時、四大天王與其眷屬，及餘無量百千天眾，皆詣其所，供養守護。世尊！若此經寶流行之處，有能受持，以彼世尊藥師琉璃光如來本願功德，及聞名號，當知是處無復橫死；亦復不為諸惡鬼神奪其精氣，設已奪者，還得如故，身心安樂」。

佛告曼殊室利：「如是！如是！如汝所說。曼殊室利！若有淨信善男子、善女人等，欲供養彼世尊藥師琉璃光如來者，應先造立彼佛形像，敷清淨座而安處之。散種種花，燒種種香，以種種幢幡莊嚴其處。七日七夜，受八分齋戒，食清淨食，澡浴香潔，著清淨衣，應生無垢濁心，無怒害心，於一切有情起利益安樂，慈、悲、喜、捨平等之心，鼓樂歌讚，右遶佛像。復應念彼如來本願功德，讀誦此經，思惟其義，演說開示。隨所樂求，一切皆遂：求長壽，得長壽，求富饒，得富饒，求官位得官位，求男女得男女」。

「若復有人，忽得惡夢，見諸惡相；或怪鳥來集；或於住處百怪出現。此人若以眾妙資具，恭敬供養彼世尊藥師琉璃光如來者，惡夢、惡相諸不吉祥，皆悉隱沒，不能為患。或有水、火、刀、毒、懸險、惡象、師子、虎、狼、熊、羆、毒蛇、惡蠍、蜈蚣、蚰蜒、蚊、虻等怖；若能至心憶念彼佛，恭敬供養，一切怖畏皆得解脫。若他國侵擾，盜賊反亂，憶念恭敬彼如來者，亦皆解脫」。

「復次、曼殊室利！若有淨信善男子、善女人等，乃至盡形不事餘天，唯當一心，歸佛法僧，受持禁戒：若五戒、十戒，菩薩四百戒、苾芻二百五十戒，苾芻尼五百戒。於所受中或有毀犯，怖墮惡趣，若能專念彼佛名號，恭敬供養者，必定不受三惡趣生。或有女人，臨當產時，受於極苦；若能志心稱名禮讚，恭敬供養彼如來者，眾苦皆除。所生之子，身分具足，形色端正，見者歡喜，利根聰明，安隱少病，無有非人，奪其精氣」。

爾時、世尊告阿難言：「如我稱揚彼世尊藥師琉璃光如來所有功德，此是諸佛甚深行處，難可解了，汝為信不？」

阿難白言：「大德世尊！我於如來所說契經不生疑惑，所以者何？一切如來身語意業無不清淨。世尊！此日月輪可令墮落，妙高山王可使傾動，諸佛所言無有異也」。

「世尊！有諸眾生，信根不具，聞說諸佛甚深行處，作是思惟：云何但念藥師琉璃光如來一佛名號，便獲爾所功德勝利？由此不信，還生誹謗。彼於長夜失大利樂，墮諸惡趣，流轉無窮！」

佛告阿難：「是諸有情若聞世尊藥師琉璃光如來名號，至心受持，不生疑惑，墮惡趣者無有是處」。

「阿難！此是諸佛甚深所行，難可信解；汝今能受，當知皆是如來威力。阿難！一切聲聞、獨覺，及未登地諸菩薩等，皆悉不能如實信解，唯除一生所繫菩薩。阿難！人身難得；於三寶中，信敬尊重，亦難可得聞世尊藥師琉璃光如來名號，復難於是」。

「阿難！彼藥師琉璃光如來，無量菩薩行，無量善巧方便，無量廣大願；我若一劫，若一劫餘而廣說者，劫可速盡，彼佛行願，善巧方便無有盡也！」

爾時、眾中，有一菩薩摩訶薩，名曰救脫，即從座起，偏袒一肩，右膝著地，曲躬合掌而白佛言：「大德世尊！像法轉時，有諸眾生為種種患之所困厄，長病羸瘦，不能飲食，喉脣乾燥，見諸方暗，死相現前，父母、親屬、朋友、知識啼泣圍繞；然彼自身臥在本處，見琰魔使，引其神識至於琰魔法王之前。然諸有情，有俱生神，隨其所作若罪若福，皆具書之，盡持授與琰魔法王。爾時、彼王推問其人，計算所作，隨其罪福而處斷之。時彼病人，親屬、知識，若能為彼歸依世尊藥師琉璃光如來，請諸眾僧，轉讀此經，然七層之燈，懸五色續命神旛，或有是處彼識得還，如在夢中明了自見。或經七日，或二十一日，或三十五日，或四十九日，彼識還時，如從夢覺，皆自憶知善不善業所得果報；由自證見業果報故，乃至命難，亦不造作諸惡之業。是故淨信善男子善女人等，皆應受持藥師琉璃光如來名號，隨力所能，恭敬供養」。

爾時、阿難問救脫菩薩曰：「善男子！應云何恭敬供養彼世尊藥師琉璃光如來？續命旛燈復云何造」？救脫菩薩言：「大德！若有病人，欲脫病苦，當為其人，七日七夜受持八分齋戒。應以飲食及餘資具，隨力所辦，供養苾芻僧。晝夜六時，禮拜行道，供養彼世尊藥師琉璃光如來。讀誦此經四十九遍，然四十九燈；造彼如來形像七軀，一一像前各置七燈，一一燈量大如車輪，乃至四十九日光明不絕。造五色綵旛，長四十九搩手，應放雜類眾生至四十九，可得過度危厄之難，不為諸橫惡鬼所持」。

「復次、阿難！若剎帝利、灌頂王等，災難起時，所謂：人眾疾疫難，他國侵逼難，自界叛逆難，星宿變怪難，日月薄蝕難，非時風雨難，過時不雨難。彼剎帝利灌頂王等，爾時應於一切有情起慈悲心，赦諸繫閉。依前所說供養之法，供養彼世尊藥師琉璃光如來。由此善根及彼如來本願力故，令其國界即得安隱，風雨順時，穀稼成熟，一切有情無病歡樂。於其國中，無有暴惡藥叉等神惱有情者，一切惡相皆即隱沒；而剎帝利灌頂王等壽命色力，無病自在，皆得增益」。

「阿難！若帝后、妃主，儲君、王子，大臣、輔相，中宮、綵女，百官、黎庶，為病所苦，及餘厄難；亦應造立五色神旛，然燈續明，放諸生命，散雜色花，燒眾名香；病得除愈，眾難解脫」。

爾時，阿難問救脫菩薩言：「善男子！云何已盡之命而可增益」？救脫菩薩言：「大德！汝豈不聞如來說有九橫死耶？是故勸造續命旛燈，修諸福德，以修福故，盡其壽命不經苦患」。阿難問言：「九橫云何」？救脫菩薩言：「若諸有情，得病雖輕，然無醫藥及看病者，設復遇醫，授以非藥，實不應死而便橫死。又信世間邪魔、外道妖孽之師妄說禍福，便生恐動，心不自正，卜問覓禍，殺種種眾生，解奏神明，呼諸魍魎，請乞福祐，欲冀延年，終不能得。愚癡迷惑，信邪倒見，遂令橫死入於地獄，無有出期，是名初橫。二者、橫被王法之所誅戮。三者、畋獵嬉戲，耽淫嗜酒，放逸無度，橫為非人奪其精氣。四者、橫為火焚。五者、橫為水溺。六者、橫為種種惡獸所噉。七者、橫墮山崖。八者、橫為毒藥、厭禱、咒詛、起屍鬼等之所中害。九者、饑渴所困，不得飲食而便橫死。是為如來略說橫死，有此九種，其餘復有無量諸橫，難可具說！

「復次、阿難！彼琰魔王主領世間名籍之記，若諸有情，不孝五逆，破辱三寶，壞君臣法，毀於性戒，琰魔法王隨罪輕重，考而罰之。是故我今勸諸有情，然燈造旛，放生修福，令度苦厄，不遭眾難」。

爾時、眾中有十二藥叉大將，俱在會坐，所謂：宮毘羅大將，伐折羅大將，迷企羅大將，安底羅大將，頞你羅大將，珊底羅大將，因達羅大將，波夷羅大將，摩虎羅大將，真達羅大將，招杜羅大將，毘羯魔大將：此十二藥叉大將，一一各有七千藥叉，以為眷屬。

同時舉聲白佛言：「世尊！我等今者蒙佛威力，得聞世尊藥師琉璃光如來名號，不復更有惡趣之怖。我等相率，皆同一心，乃至盡形歸佛法僧，誓當荷負一切有情，為作義利，饒益安樂。隨於何等村城國邑，空閑林中，若有流布此經，或復受持藥師琉璃光如來名號恭敬供養者，我等眷屬衛護是人，皆使解脫一切苦難，諸有願求悉令滿足。或有疾厄求度脫者，亦應讀誦此經，以五色縷，結我名字，得如願已，然後解結」。

第四章

丙午馬年 十二生肖運程

馬

肖馬開運錦囊

★ 佩戴大勢至菩薩的密宗吊墜，有助提升運勢。

★「午午自刑」導致自我封閉及內耗。

★「金匱」吉星加持下，意味著財源滾滾而來。

★「將星」代表領導才能，主事業發展理想。

★ 可在農曆五月及農曆十一月主動洗牙。

肖馬者出生時間（以西曆計算）		
1930 年 2 月 4 日 20:52 分	至	1931 年 2 月 5 日 02:41 分
1942 年 2 月 4 日 18:49 分	至	1943 年 2 月 5 日 00:41 分
1954 年 2 月 4 日 16:31 分	至	1955 年 2 月 4 日 22:18 分
1966 年 2 月 4 日 14:38 分	至	1967 年 2 月 4 日 20:31 分
1978 年 2 月 4 日 12:27 分	至	1979 年 2 月 4 日 18:13 分
1990 年 2 月 4 日 10:15 分	至	1991 年 2 月 4 日 16:09 分
2002 年 2 月 4 日 08:25 分	至	2003 年 2 月 4 日 14:06 分
2014 年 2 月 4 日 06:04 分	至	2015 年 2 月 4 日 12:00 正

整體運程

馬年為智慧提升的年份，再加上肖馬者為「值太歲」及「刑太歲」的生肖，正所謂「太歲當頭坐，無喜恐有禍」，值太歲的年份人生會出現不少變化，如能進行傳統喜事沖喜，例如結婚、添丁、置業或創業，則能主動應驗犯太歲的變化以作沖喜之用，減少因犯太歲而造成的影響。

若無法進行喜事沖喜者，則容易經歷在感情、事業、財運、住屋或健康方面的變化，同時受到「午午自刑」的影響下，心態上會較為封閉，同時自我內耗的情況會比較嚴重，人際關係較為緊張，容易因為誤會而與他人發生爭執。

幸而肖馬者亦有不少吉星高照，吉星方面有「金匱」、「將星」及「歲駕」，在「金匱」吉星的加持下，意味著財源滾滾而來。同時「將星」代表領導才能，預示著事業發展理想。對於從事武職的朋友，例如：紀律部隊、建築、工程等行業的朋友，特別有利。

然而在本命年及「午午自刑」的影響下，新一年運勢起伏不定，再加上有眾多凶星埋伏，包括：「劍鋒」、「伏屍」及「羊刃」等。「劍鋒」星入主，要小心容易因金屬而受傷，要注意道路安全及避免參與高危險性的活動；「伏屍」凶星則代表家宅運欠佳，建議可在農曆五月及農曆十一月主動洗牙、捐血以應血光之災。

總言之，今年的財運、事業運平穩向上，但健康及家宅運欠佳。建議平日可佩戴大勢至菩薩密宗吊墜，有助化解災禍及減少本命年的不利因素。

【財運】

繁榮昌盛的一年，正財運較去年有所進步，是一個容易致富的年份。在「金匱」及「將星」拱照下，可從捷徑得財，不論是正財還是偏財，都會有所進展。

自僱或從商者，得到眾多客戶的支持下，營業額節節上升，務必要把握時機努力經營業務，能夠獲得豐厚的利潤，大展拳腳，取得好成績。

打工一族，有望得到上司或老闆賞識，為升職加薪的一年，加薪幅度理想。若有轉工打算，亦不妨在蛇年年尾籌備，新一年能找到稱心如意的工作。

但由於健康運相當一般，有機會因為健康或家庭問題而產生較大的開支，建議可購買足夠的醫療保險，將風險轉嫁至保險公司。

【事業】

事業發展順利之年，務必要把握機會。在「將星」的幫助下，權力和地位有望得到提升，尤其是在大型機構的管理層或老闆，以及從事「武職」者，如紀律部隊、建築和工程等行業。此外，「將星」也象徵工作能力及領導才能，對於事業發展非常有幫助。

打工一族，馬年有望晉升，務必要乘機而行，做好職場規劃及深化自身技能。在智慧提升年的幫助下，可報讀與工作相關的短期課程，提升自身工作能力。

自僱及從商者，機會處處的一年，只要做好風險承擔及抗壓問題，則能迎來新的發展，可主動發展新業務或開發新產品，與時並進才能確保不被市場淘汰。

【感情】

馬年在「值太歲」及「刑太歲」的影響下，被視為「感情關口年」，容易經歷感情的變化，面臨離合的情況。受到「午午自刑」的影響下，經常會懷疑自己與伴侶之間是否存在三觀不合的問題，從而產生分開的想法。

戀愛中的情侶應多進行溝通，分享彼此的內心想法，不要鑽牛角尖，以免出現「不結即分」的危機。如果已有結婚的打算，可以在今年著手籌備婚事，以應「一喜擋三災」。

已婚者受到「伏屍」凶星的影響，伴侶的健康運勢較為一般，因此需要多關心伴侶的身體狀況。此外，本命年容易出現感情變化，不妨考慮在今年添丁或一起長途旅行。

單身的朋友則難以結識心儀的對象，建議把精力放在工作上，提升自身能力。

【健康】

家宅運勢欠佳，受到「劍鋒」、「伏屍」及「羊刃」等凶星的影響。「劍鋒」星象徵容易因金屬而受傷，因此需要特別注意道路安全，避免參與危險活動。「伏屍」星則表示家宅運勢不佳，建議可以通過更換家具或進行小型裝修來提升運氣。「羊刃」星則涉及血光之災，特別是夏天出生的朋友，今年可能會面臨與眼睛、心臟或血液有關的健康問題。

在本命年及凶星的影響下，容易面臨開刀或受傷的風險。建議在農曆五月和十月主動進行洗牙或捐血，以應對血光之災。此外，立春後可以到熟悉的廟宇進行攝太歲的儀式，以求平安。建議平日佩戴大勢至菩薩的密宗吊墜，亦有助於提升運勢，避免災禍的發生。

肖馬者運勢

★一九三〇年：庚午年（虛齡九十七歲）

健康運一般，特別出生在春天及夏天的長者，今年務必要注意身體，若有任何不適馬上求醫，切記拖延病情，以免造成影響。長期病患者今年病情有機會惡化，平日可多唸《藥師琉璃光如來本願功德經》，會對健康有所幫助。

★一九四二年：壬午年（虛齡八十五歲）

天剋地刑的一年，再加上受到「劍鋒」凶星影響下，家宅運一般，避免出入陰氣較重的地方，例如殯儀館、墳場、墓地等等。同時可佩戴大勢至菩薩的密宗吊墜，有助化解災厄，同時可在蛇年年尾進行詳細的身體檢查。

★一九五四年：甲午年（虛齡七十三歲）

出生在秋天及冬天者，運勢較好，若遇到合適的投資機會不妨用「以小博大」的方式嘗試，有望獲得意外之財。相反出生在春天及夏天者，財運欠奉，切記胡亂投資及賭博，以免發生破財。與後輩相處關係較為緊張，經常因小事而發生爭執，務必要注意自身的情緒。

★一九六六年：丙午年（虛齡六十一歲）

足齡六十歲為一甲子，在「伏屍」凶星的影響下，出門時容易有意外發生，例如財物損失及手腳受傷，故出發前可購買旅遊保險，減少因意外而造成的財物損失。緊記立春後可到相熟廟宇攝太歲，並在農曆五月及十一月主動捐血或洗牙，有助化解對健康不利的因素。

★一九七八年：戊午年（虛齡四十九歲）

在「將星」吉星拱照下，事業運突飛猛進，工作上發展順利，自僱或做生意的朋友，如有人邀請發展新的業務，可作考慮。打工一族宜在上司或老闆面前展現自我能力，有望升職加薪。鼻頭有肉而且氣息潤澤的朋友，今年的財運亨通，投資上可大膽嘗試。相反鼻頭尖小且長期紅腫或有痣者，容易破財，避免進行任何投資理財的決定，以免造成重大的財務損失。

★一九九〇年：庚午年（虛齡三十七歲）

已踏入眼運，運勢將會出現兩極化發展，眼睛黑白分明、炯炯有神者，天生目標感較為清晰，能在本命年得到重大進展，務必要抓緊良機。相反眼睛無神者，經常無精打采，做事猶豫不決，則容易出現投資失利、運勢欠佳的情況，同時已婚者亦會容易有三角關係，務必要小心處理，才能安然渡過眼運。

★二〇〇二年：壬午年（虛齡二十五歲）

「人生不如意事，十常八九」，經常自尋煩惱，缺乏自信的一年，對人生感到迷惘。只能做好自己目前的事情，同時降低對工作的要求，若人生遇到困難，不妨找肖狗或肖羊的朋友商量，有望得到順利解決的方法。

★二〇一四年：甲午年（虛齡十三歲）

讀書成績平平，上課時經常心不在焉，與朋輩相處感到較大的壓力，開始出現逃避上課的情況，可在家中東北位置擺放文殊菩薩星輝塔，有助提高專注力及學業成績。與此同時，亦可以主動報讀感興趣的興趣班，有望可以發掘自身的天賦。

每月運程

農曆正月（新曆2月4日至3月4日）

今年雖然是犯太歲的生肖，幸好正月為相合財運月。打工一族，靠自身的專業能力奠定事業基礎，可得到上司及老闆的賞識，發揮所長。自僱及從商者，自身的業務能力出色，在行內知名度有所提高，令營業額上升。財運滾滾來，與肖狗及肖羊的朋友一起合作投資，能加強自身財運，有望得到豐厚回報。若喜歡賽馬的朋友亦可小注怡情，增加工作以外的收入。

已有伴侶者，感情甜蜜與伴侶相處融洽，心情愉快，可在本月計劃結婚。單身者，宜多參與社交聚會，穿戴整齊得體便能給人留下良好印象。

家宅平安，心情愉快，自然身體健康，平日多運動即可。

農曆二月（新曆3月5日至4月4日）

犯太歲年的相破月份，幸而本月桃花運旺盛，因此人際關係較為良好。自僱及從商者，可開發新產品，生意更上一層樓。打工一族，進入收成期，宜在上司及老闆面前展現自我，爭取升職加薪的機會。

正偏財運良好，遇到合適的投資機會，不妨看準時機大膽投資，喜歡賽馬或賭博的朋友，不妨小注怡情，增加獲得意外之財的機會。

已婚者不要經常為了小事而跟伴侶爭吵，長久下來會影響雙方感情，在處理感情的時候必須忍讓。單身者桃花朵朵開，新相識異性眾多，要好好選擇對象，否則後患無窮。

家宅運一般，不要到陰氣重的地方，以免影響個人氣場。

農曆三月（新曆4月5日至5月4日）

事業穩步上揚，心情舒暢。本月工作期間即使遇到難題，在貴人的相助下問題仍能迎刃而解，縱使發生突發事件也會有人熱情相助。平日也可多聆聽別人的意見，不要一意孤行。

財運尚可，可考慮投資中長期的理財產品，例如基金及藍籌股票，以作增加額外收入。若喜歡賽馬的朋友，投注心水馬匹，有望可得意外之財。

已婚者感情回復穩定，可抽空在假日與伴侶重遊舊地，重拾昔日甜蜜回憶，以增進感情。單身的女士，可結識條件優秀的對象，不妨主動出擊相約對方外出約會，太過矜持只會讓他人捷足先登。

工作較為繁忙，壓力較大，可以定時按摩舒緩身心疲累。

農曆四月（新曆5月5日至6月4日）

事業發展理想，工作表現得到別人的認可。自僱及從商者，可得到貴人的幫助，令你的生意額蒸蒸日上，不妨藉此機會開拓新的業務範疇。打工一族，工作時可得到同事的幫忙，做事自然事半功倍。

正財運較好，偏財運平平，投資運仍未為最佳時機，若遇到合適的投資產品，只可作小量投資，以免貪字得個貧。

已有伴侶者，可在本月結伴同遊，到不同的地區旅遊，為彼此創造更多甜蜜回憶。單身的女士，可結識合適的伴侶，能進一步發展。

工作繁忙的月份，平日要多抽空休息及放鬆身心，避免缺乏充足的休息時間，而令身體健康變差。

農曆五月（新曆6月5日至7月6日）

犯太歲年的犯太歲月，整月運勢欠佳。職場上容易開罪別人，工作期間遇到小人陷害，建議工作時「少說話多做事」以免因言語而導致人際關係變差，並要保持低調做人。

財運欠奉，不建議進行任何高風險的投資。若有親友向你提出借貸或擔保要求，應該要慎重考慮，避免因財失義。

已婚者，與伴侶爭吵較多，要注意說話方式，否則容易禍從口出影響雙方感情。單身者時機未到繼續等待。

受到「劍鋒」及「羊刃」凶星的影響下，容易出現意外、受傷的情況。本月避免參加任何高危險性的活動，例如笨豬跳、跳傘、潛水、滑雪和攀岩等。

農曆六月（新曆7月7日至8月6日）

遠離太歲月的影響，本月「午未相合」，人際關係較上月明顯進步。工作期間透過貴人的幫忙，能令事業出現轉機。逢凶化吉之月，務必要把握時機，全力以赴，發揮自己的工作才能。若工作上有任何重要決定，不妨落實能取得不錯的成果。

不論是正財還是偏財，均較上月有所好轉。喜歡賽馬運動的朋友，亦可挑選自己心愛的馬匹進行投注，只要不太貪心，仍可獲利。

已婚者感情不穩，不宜對伴侶以外的異性太過熱情，務必把握分寸以免惹出桃花劫。單身者，可結識條件不俗的異性，開展一段新戀情。

家宅運平常，有空可到郊外，呼吸新鮮空氣，令身心靈得以放鬆。

農曆七月（新曆8月7日至9月6日）

多勞多得的月份，宜凡事小心，受到「午午自刑」的影響，心情較為低落。自僱及從商者，在處理帳目時要清晰，不要因粗心而引致金錢上的糾紛，一切與金錢有關的事情，須思慮周全後才作決定。

財運平平，未有太大起色。投資方面，以保守穩健為主，不要參與高風險的投資活動，以免在金錢上有所損失。

已婚者，要注意與伴侶相處時的態度，不要太過沉醉於自我世界而忽略伴侶感受。單身者，可邀請身邊朋友為你介紹對象，能提高開展戀情的成功率。

家宅運平平，建議初一、十五茹素，增強自身福報。長期病患者，若有不適馬上求醫，不要諱疾忌醫。

農曆八月（新曆9月7日至10月7日）

努力才能得到相應回報，工作繁重，運勢有先難後易之象。上半月會感到力不從心，會感到障礙重重。下半月則有明顯改善。建議工作時不要一意孤行，要多聆聽別人意見，處事不能太過武斷。

財運平平，不宜有重大投資，例如創業、業務擴張、買樓、大舉投資買股票等，切勿輕信他人的意見而胡亂投資。

已婚者，與伴侶關係時好時壞，需互相體諒對方，說話前要想清楚，否則把傷人的話一說出口，便會覆水難收。單身的朋友，感興趣的異性已有伴侶，只好放棄。

工作繁忙導致身心疲累。適時放下工作，看一場輕鬆的電影，令心情得以放鬆。

農曆九月（新曆10月8日至11月6日）

相合之月，工作進展順利的月份，整體運勢較上月進步。與公司同事相處融洽，早前遇到的困難亦能迎刃而解，可在本月乘勢追擊。惟工作繁忙令你忙得不可開交，不要怕辛苦，只要努力便能得到回報。

財運順遂的月份，在「金匱」吉星高照下，只要做足準備、看準時機，遇到合適的投資機會，不妨大膽一試，若能夠抓緊機會便能有所進帳。

已有伴侶者，多抽空陪伴對方，不要因工作而忽略伴侶，以免讓他人有機可乘。單身的朋友，會結識年齡相差較大的異性，若大家三觀契合亦可考慮發展。

健康運良好，平日可多做運動，能增強心肺功能，促進血液循環。

農曆十月（新曆11月7日至12月6日）

學習運強勁的月份，可好好把握本月學習新事物，藉此機會擴闊視野，加強在工作中的競爭力。自僱或從商者，可在本月嘗試新的工作方向，發掘更多工作機遇。打工一族與同事相處尚算融洽，平日可多向上司學習。

財運一般，主要以正財為主，偏財運欠奉。必須努力工作才可賺取相應的收入，不要進行高風險的投資或投機決定。

已有伴侶者，感情穩定，可以好好享受兩人甜蜜的時光。單身者主動參加社交活動，藉此機會結識新朋友，同時注意自身的形象。

平日多抽空跟父母一起吃飯，多關心他們的身體狀況，孝順父母能增加自身福報。

農曆十一月（新曆12月7日至27年1月4日）

犯太歲年的沖太歲月，運勢欠順，心情低落。工作發展受阻，一切計劃難以開展，有舉步為艱的感覺。人際關係倒退，唯有專心做事減少出席社交活動。

財運不過不失，收入相同而開支增加，購物前問清楚自己是想要還是需要，學習理財管理，以免造成收支不平衡。

此月最容易產生感情變化，容易出現結婚、產子、分手、離婚、同居等情況。還未找到合適伴侶者，只能繼續等待。

家宅運欠佳，故不宜探病問喪，避免到醫院、墳場、殯儀館等陰氣較重的地方，以免沾染負能量影響個人氣場。同時可以佩戴大勢至菩薩的密宗吊墜，有助增強自身運勢。

農曆十二月（新曆27年1月5日至2月3日）

「午丑相害」之月，容易招惹是非，同事或同行之間鬥爭不斷，導致工作壓力增加。工作場合切記鋒芒太露，凡事要低調，避免向他人訴說自己的工作成果，以免引起他人妒忌而影響工作。

財運不過不失，收入不變但支出增加，出現入不敷出的情況，平日便要積谷防飢，儘量減少不必要的開支。

剛經歷感情變化的朋友，要學會在一段感情結束後，不要急於投入下一段感情，學習獨處亦是人生中必要的課題。

健康運較差，可到醫院進行詳細的身體檢查，若身體不適及早治療便能根治。同時駕駛人士必須遵守交通規則，過馬路時亦要看清楚路面情況。

羊

肖羊開運錦囊

★「午未相合」人際關係變好。

★「太陽」星高照，有利於經營或從事與男性相關的行業。

★「金輿」寓意著財源滾滾而來。

★「扳鞍」入主，代表容易有工作環境的變換。

★佩戴大日如來密宗吊墜，可增強自身運勢。

肖羊者出生時間（以西曆計算）

1931 年 2 月 5 日 02:41 分	至	1932 年 2 月 5 日 08:30 分
1943 年 2 月 5 日 00:41 分	至	1944 年 2 月 5 日 06:23 分
1955 年 2 月 4 日 22:18 分	至	1956 年 2 月 5 日 04:13 分
1967 年 2 月 4 日 20:31 分	至	1968 年 2 月 5 日 02:08 分
1979 年 2 月 4 日 18:13 分	至	1980 年 2 月 5 日 00:10 分
1991 年 2 月 4 日 16:09 分	至	1992 年 2 月 4 日 21:49 分
2003 年 2 月 4 日 14:06 分	至	2004 年 2 月 4 日 19:57 分
2015 年 2 月 4 日 12:00 正	至	2016 年 2 月 4 日 17:47 分

整體運程

去年肖羊者並未受到任何吉星的庇佑，但進入新一年後，因為與太歲「午未相合」，整體運勢明顯向好，人際關係也較去年有了顯著提升。馬年為一個多勞多得的年份，並且得到眾多吉星高照，包括「太陽」、「金輿」和「天空」等星曜的進駐。

新一年事業運和財運都相當不錯，特別是在工作上，可以實施計劃已久的想法，並且能夠得到男性貴人的支持。「太陽」星代表男性貴人，尤其有利於經營或從事與男性相關的行業。自僱或從商的朋友應重點發展男性相關的業務，例如鐘錶、賽馬、音響和汽車等行業，今年將會有不錯的收入。與此同時，在「金輿」吉星的加持下，象徵古代帝王或達官貴人所乘坐的車輛，寓意著財源滾滾而來，再加上「天空」吉星的支持下，這顆星代表著創意和靈感，對於從事創作或設計的朋友來說，將會在工作中靈感不斷，有助於創作發展。

儘管新一年與太歲相合，但由於受到「扳鞍」凶星的影響，可能會有工作環境的變換。在考慮轉職或任職新公司之前，建議仔細評估待遇和工作環境，以免得不償失，造成越轉越差的情況。

總的來說，得益於與太歲的友好關係，肖羊者在馬年的人際關係、事業運和財運均較去年有所進步。新一年機會處處、八方來財，必須把握良機，充分發揮自己的潛力，同時可在家中正北及正東位置，分別擺放六粒及八粒黑財神旺財金元寶，有助提升整體財運及提升正能量。

【財運】

今年為財運亨通之年，正偏財運將會顯著提升。「太陽」吉星的進駐，象徵著男性貴人及遠方的財星，因此屬羊者，若從事與男性相關的行業，例如賽馬、汽車、音響、鐘錶和男士服飾等，有望增加營業額，進而提升正財收入。

此外，在「金輿」財星的加持下，整體財運表現良好。自僱或從商的朋友只需努力工作，就能獲得豐厚的盈利，事業大鵬展翅，成績斐然，因此務必要把握良機，可在今年計劃新的業務發展或研發新產品。打工一族，積極爭取表現自我，也能提高升職加薪的機會。

整體財運表現不俗，無論是經商還是打工一族，財運較去年進步，機不可失。

【事業】

馬年為事業運旺盛的一年。在「合太歲」的幫助下，事業發展穩步上揚。同時「太陽」及「天空」吉星進駐，肖羊者能夠得到男貴人的賞識和支持。

從商或自僱者，若以男性客戶為主，憑藉新舊客戶的支持下，營業額將會有所提升，並在職場上獲得地位的提升。

打工一族，則會與男上司及老闆相處融洽，並將得到他們的提攜。今年也是多勞多得的年份，付出必然會有所收穫。

此外，「天空」星的高照，對於從事創作工作的朋友非常有利，今年將會湧現許多天馬行空的想法，應充分利用這個機會來發揮個人的創造力，提升在行內的知名度。

【感情】

感情運較為平穩，在「合太歲」之年，再加上「太陽」吉星的助力，單身女性有望遇到優秀的對象，因此不妨主動出擊，為未來的幸福而努力。平日可主動參加各類社交活動，增加認識新朋友的機會，吸引潛在的戀愛對象。

單身男性則可以透過朋友的介紹，結識具長遠發展潛力的對象。初次相識時，應適度保持距離，避免對異性表現過於熱情，以免讓對方感到壓力，有助建立良好的關係。

已有伴侶者，主動為伴侶製造驚喜，計劃一些浪漫的約會，能夠增進彼此的感情，讓愛情更加甜蜜。即使一起多年，仍要努力經營感情，令彼此的關係變得更為穩固。

【健康】

新一年在「午未相合」及眾多吉星高照的情況下，健康狀況整體良好。雖然不會有大病困擾，但小病小恙在所難免，特別容易患上傷風、感冒等小毛病，因此平日需保持良好的個人衛生，定期進行運動以提高抵抗力。

忙碌的工作和應酬較多的情況下，應避免過量飲食，保持充足的睡眠，並堅持鍛鍊身體，能進一步增強身體的免疫系統。

平日多做善事積福，幫助有需要的人士，例如主動贈醫施藥、放生、前往廟宇參拜，或多唸《藥師琉璃光如來本願功德經》，均有助提升自身的福報，並能化解厄運。日常佩戴大日如來本命佛的密宗吊墜，也能增強運勢。

肖羊者運勢

★一九三一年：辛未年（虛齡九十六歲）

天合地合的一年，雖然已屆九十六歲虛齡，但身體狀況依然良好，平日需要多着重休息及避免情緒起伏過大。人際關係良好，與後輩相處融洽，不妨主動了解年輕人流行的事情，讓你在退休的時間仍能多姿多彩。

★一九四三年：癸未年（虛齡八十四歲）

天干水火相沖，健康及家宅運欠佳，長期病患者，新一年病情反覆不定容易惡化，若有任何不適馬上求醫，切記諱疾忌醫。同時亦可在家中西北位置擺放六帝錢，有助化解災禍及疾病。平時可佩戴藥師佛的密宗吊墜，有助提升健康，並能得到藥師佛保佑。

★一九五五年：乙未年（虛齡七十二歲）

整體運勢不俗，在「太陽」吉星的幫助下，仍在工作的朋友，今年工作表現較去年進步，可放鬆心態來應對。已退休的長者，馬年人際關係明顯轉好，與後輩相處愉快，不妨與他們分享年輕時的所見所聞，一家人其樂融融。

★一九六七年：丁未年（虛齡五十九歲）

在「金輿」吉星的幫助下，財運有明顯進步，平日可進行少量投資，喜歡賽馬或足球的朋友，可用「二串三」或「三串七」等方式來投注，有望獲得意外之財，增加零用錢。人際關係尚可，平日與朋友相處融洽，可相約外出旅遊，為平淡的生活增添樂趣。

★一九七九年：己未年（虛齡四十八歲）

太歲相合之年，事業發展如日中天。在「太陽」吉星的幫助下，自僱及從商者可以借助男性貴人支持，積極拓展業務，奠定穩固基礎。打工一族，若能在工作中展現出色表現，可得到男性上司的青睞，抓住提升機會，迎接新挑戰。已婚者，與伴侶相處融洽，感情甜蜜。

★一九九一年：辛未年（虛齡三十六歲）

正式踏入眼運，眼睛黑白分明之人，未來六年運勢平穩上揚，天生決斷力強，有任何大額投資決定，亦可在馬年詳細計劃並執行。相反眼睛欠缺神采，並眼白帶粉紅或血絲者，將會出現感情及財務危機，務必要小心處理，切忌大膽投資及借貸給他人，以免造成損失。

★二〇〇三年：癸未年（虛齡二十四歲）

在「太陽」吉星的加持下，若從事與男性相關的行業，例如：賽馬、鐘錶、男士服飾等行業，可在上司或老闆面前表現自己，有望得到升職加薪的機會。若有轉工打算的朋友，今年亦是相當好的時機，同時亦可在家中東北位置擺放文殊菩薩星輝塔，對於工作運、學業運及名氣運有正面提升。

★二〇一五年：乙未年（虛齡十二歲）

學校成績不過不失，未見有太大進步空間。相反可學習與藝術、創作相關的課程，從中可發掘天賦，同時亦可與同學外出，加深彼此的友誼，及培養社交技巧。

每月運程

農曆正月（新曆2月4日至3月4日）

學習運不俗的月份，不妨在本月積極裝備自己，自僱及從商的朋友可以多參與業界講座或研討會，藉此提升自身的知識及認識業內德高望重的前輩。打工一族，可報讀與工作有關的短期課程，才能增加升職加薪的機會。

財運不俗，主要以正財為主。投資運仍未為最佳時機，若遇到合適的投資產品，只可作小量投資，以免貪字得個貧。

已婚的朋友，感情甜蜜。單身的朋友，有望結識價值觀相若的異性，不妨與對方深入了解看看能否發展感情。

保持身體健康和良好心情至關重要。運動有助於釋放壓力，抽出一些時間來休息，便能有效舒緩壓力。

農曆二月（新曆3月5日至4月4日）

相合之月，本月是學習與成長的最佳時機。無論是自僱及從商者，宜積極參加業界的活動，可擴展人脈和增強自己的專業知識。打工一族，利用空閒時間修讀相關的短期課程，能夠提升工作能力，在職場上自然更具優勢。

財運亨通的月份，若遇到合適的投資機會，不妨大膽一試，若與肖豬的朋友一起投資，有助加強財運。平日亦可購買六合彩彩票或3T，可望獲得意外之財。

已婚者與伴侶相處融洽，建議多安排浪漫約會，增進感情。單身者可主動參加社交活動，這樣有助於結識新朋友，增加戀愛機會。

運動能釋放內啡肽，帶來快樂感，身體充滿活力，心情也會因此變得愉快。

農曆三月（新曆4月5日至5月4日）

財運廣進、八方來財，財運及事業運平穩向上。事業上能得到男貴人的扶持及幫助，務必要乘勝追擊，為事業打好根基。自僱及從商者，宜積極拓展事業領域，為客戶提供更優質的服務或產品，有助在行內打響知名度。

財運亨通的月份，運氣佳的時候，不妨主動投資金融產品，平日亦可購買3T、六合彩來增加中獎的機會。

已婚者可透過共同興趣增進與伴侶的感情，讓關係更加穩固。單身者應多參加社交聚會，不妨留意有共同興趣的人，有望快速建立聯繫，增加認識異性的機會。

多抽時間休息，使能讓身體充滿活力，心情也會隨之變得輕鬆愉快。

農曆四月（新曆5月5日至6月4日）

財運亨通，事業蒸蒸日上。自僱及從商者應善用人際網絡，尋找貴人相助，為事業鋪路。打工一族，若能在工作中持之以恆，努力表現，便能獲得相應的回報，提升職的機會。

財運較佳，若本月遇到合適的投資產品，不妨大膽一試。另外也可投注六合彩或3T，有機會得到意外之財。

已婚者與伴侶的關係如魚水之情，應多進行戶外活動來增進感情。單身的男士，提升個人形象，能提升自信心，吸引異性目光。

保持定期做運動的習慣，運動能增強心肺功能，只需多花些時間休息，便能促進身體的恢復，讓心情保持愉快，生活更加美滿。

農曆五月（新曆6月5日至7月6日）

相合之月，人際關係較好，事業蒸蒸日上。自僱及從商者需善於借力，使貴人的幫助成為事業成功的助推器。打工一族，則只需勤奮努力，便能在上司面前展現自己的優勢，爭取更多的晉升機會。

財運表現良好，主要以正財為主。避免高風險的投資方式，例如賭博或短期股票交易，以確保財務狀況的穩定性。

已婚者與伴侶相處融洽，建議透過共度假期增進感情。單身者，宜積極改善個人形象，可主動健身，不僅讓自己更有魅力，還能增加結識異性的機會。

保持良好生活習慣，有助於改善睡眠質量，平日多留些時間休息，能讓身體得到恢復，心情也會變得更好。

農曆六月（新曆7月7日至8月6日）

犯太歲之月，運勢起伏不定，人際關係出現倒退。整體來說，本月的工作量不大，自僱及從商人士運勢回落。打工一族，有小人、是非問題困擾，只好埋首工作。

財運一般，主要以正財為主，偏財運欠奉。必須努力工作才可賺取相應的收入，不要進行高風險的投資或投機決定。

已婚者，本月容易爭吵，內心覺得對方不了解自己，建議以「小聚離多」的方式來相處，少一點見面增加雙方的距離感，以免發生正面衝突。單身者時機未到，繼續等候。

天生腸胃較為敏感，飲食時要小心注意，避免進食太過油膩的食物及過期食品，剩餘的飯菜不要保留，免得細菌滋生，影響健康。

農曆七月（新曆8月7日至9月6日）

貴人運旺盛，在「太陽」吉星照耀下，自僱及從商者應善用人際網絡，尋找男性貴人相助，為事業鋪路。打工一族，只要努力工作，便能得到相應的回報，並在上司面前留下深刻印象，有助升職加薪。

本月財運表現較佳，以正財運為主。偏財運欠奉，減少高風險的投資方式，如賭博或短炒股票，以減少潛在的財務損失。

已婚者與伴侶的關係回復正常，應多進行戶外活動來增進感情。單身者可主動參加社交聚會，擴展人脈，有助認識志同道合的新朋友，增加結識異性的機會。

健康運平穩，平日可定期進行帶氧運動，減少疾病困擾。

農曆八月（新曆9月7日至10月7日）

在「金輿」吉星的幫助下，貴人運良好。自僱及從商者需善用資源，借助貴人的支持，推動業務發展。打工一族只要努力工作，定能迎來相應的回報，並在上司面前留下深刻印象，提升職位的機會接踵而至。

正財運較好，可藉着工作關係而增加正財收入。偏財運一般，避免高風險的投資方式，如賭博或短期股票交易，緊記「現金為王」。

已婚者多與伴侶約會，共度美好時光，促進彼此的感情。單身者，可邀請女性長輩為你介紹對象，能提高開展戀情的成功率。

身體狀況良好，盡量減少出外應酬，放假時抓緊機會休息，舒緩長期累積的工作壓力。

農曆九月（新曆10月8日至11月6日）

「未戌相刑」之月，人際關係明顯退步，宜凡事小心，心情較為低落。自僱及從商者，在處理帳目時要清晰，不要因粗心而引致金錢上的糾紛，一切與金錢有關的事情，須思慮周全後才作決定。

財運一般，需要謹慎處理所有的文件、合約，簽署文件前要了解清楚內容。財運有所下滑，收入不增反降，避免參與任何高風險的投資及避免賭博，以免造成金錢損失。

已婚者，要注意與伴侶相處時的態度，不要太過沉醉於自我世界而忽略伴侶感受。單身者，時機未到繼續等待。

身體容易出現小病小恙，飲食要盡量清淡，不要進食過多生冷及油膩食物。

農曆十月（新曆11月7日至12月6日）

多勞多得之月再加上相合的力量，運勢平穩上揚。自僱及從商者，在客戶的支持下，營業額節節上升，收入大幅增加。打工一族，工作量增加，幸好努力得到相應的回報，有望升職加薪。

正財運表現良好。偏財運欠佳，避免高風險的投資方式，例如賭博或短期股票交易，以免錄得虧損。

已有伴侶者，感情回復穩定，可向對方分享自己內心想法，讓大家更加了解彼此，拉近雙方之間的距離。單身者時機未到，只能等到下月。

健康運尚可，多抽時間運動和休息，運動能增強體力，促進血液循環。令身體更健康，心情也會更加愉快，讓生活更加充實。

農曆十一月（新曆12月7日至27年1月4日）

相害之月，人際關係平平。自僱及從商者可參加一些行業研討會，從中學到新知識。打工一族，宜報名參加短期課程，能夠增加自己的競爭力。

財運逐漸變差，收入與往常一樣，卻出現許多莫名奇妙的開支，只能做好量入為出。不宜參與任何高風險的博彩及投機，以維護資金的穩定性。

已婚者經常與伴侶因小事而爭執，建議可以「小聚離多」的方式相處，自然可安然渡過。單身的女士，本月桃花運旺盛，有望結識條件優秀的異性，宜主動出擊為未來幸福而爭取。

健康永遠排第一位，有空可到醫院進行詳細的身體檢查，切勿諱疾忌醫。

農曆十二月（新曆27年1月5日至2月3日）

「丑未相沖」的月份，人際關係出現倒退。工作場合切記鋒芒太露，凡事要低調，不要主動向他人訴説自己的工作成果，以免引起他人妒忌而影響工作。

財運平平，不宜有重大投資，同時明年便是沖太歲的年份，因此亦要格外小心。

已有伴侶者，要注意收斂自己的脾氣，平日要多包容伴侶，感情才可長久。單身者還未開始一段關係之前，已經開始想東想西，顧慮太多，建議不要對他人太過挑剔。

家宅運欠佳，切忌探病問喪，不宜出入陰氣較重的地方，例如醫院、墳場等地，以免沾染負能量影響個人氣場，同時可佩戴大日如來的密宗吊墜，有助減少負能量的影響。

猴

肖猴開運錦囊

★「驛馬」吉星入命，宜主動製造出門的機會。

★思維變得靈活，靈感強烈，對學習、考試及升職特別有利。

★「喪門」凶星影響下，容易家宅不安及身體欠佳。

★佩戴本命佛大日如來的密宗吊墜，能減少災禍的影響。

★避免探病和問喪，以免影響自身的運勢。

肖猴者出生時間（以西曆計算）		
1932 年 2 月 5 日 08:30 分	至	1933 年 2 月 4 日 14:10 分
1944 年 2 月 5 日 06:23 分	至	1945 年 2 月 4 日 21:20 分
1956 年 2 月 5 日 04:13 分	至	1957 年 2 月 4 日 09:55 分
1968 年 2 月 5 日 02:08 分	至	1969 年 2 月 4 日 07:59 分
1980 年 2 月 5 日 00:10 分	至	1981 年 2 月 4 日 05:56 分
1992 年 2 月 4 日 21:49 分	至	1993 年 2 月 4 日 03:38 分
2004 年 2 月 4 日 19:57 分	至	2005 年 2 月 4 日 01:44 分
2016 年 2 月 4 日 17:47 分	至	2017 年 2 月 3 日 23:35 分

整體運程

去年為肖猴者犯太歲之年，今年運勢較去年平穩。馬年被視為貴人年，並受到兩顆吉星「驛馬」和「文昌」的照耀，這意味事業及財運較蛇年有所進步。

首先，「驛馬」吉星主導出門走動，肖猴者需要主動製造出門的機會，透過「動中生財」的方式來增加整年收入。如果有移民或在外地置業的想法，今年無疑是個不錯的時機，成功的機會較高，可主動尋找出遠門的機會，例如外地出差或開拓海外市場等，尤其對於任職外資公司的朋友來說，這一年特別有利。另一方面，「文昌星」的進駐使肖猴者的思維變得靈活，靈感強烈，對學習、考試及升職特別有利。

然而，丙午年也有多顆凶星入主，對人緣、家宅運和健康運影響甚大。受到「孤辰」和「喪門」凶星的影響，「孤辰」的到來，可能會導致對伴侶的不滿。建議開心見誠地與伴侶溝通，以增進彼此的理解。

同時，「喪門」凶星的影響則意味著家宅不安及身體欠佳，若情況嚴重，甚至可能會有白事。緊記時刻留意自身及家中長輩的健康狀況，若感到不適，應立即尋求醫療幫助。

此外，建議可以為家宅進行小型裝修或更換家具，這有助於提升家宅運。平日多行善積德，幫助他人，亦能改善運勢。日常亦可佩戴本命佛大日如來的密宗吊墜，能夠提升運勢並減少受到災禍的影響。

總而言之，今年宜動不宜靜，應該多爭取出國的機會，避免探病和問喪，以免影響自身的運勢。

【財運】

今年貴人運旺盛，財運以正財為主，並且有顯著的進步。在「驛馬」星的帶動下，外出機會增加，以「動中生財」的方式求財，將更為有利。

對於自僱及從商者，可以主動開拓海外市場，預期會取得不錯的成果。打工一族，在「文昌」吉星的幫助下，從事文職工作者有望升職加薪，同時應主動爭取出差機會，藉此以「動中生財」的形式增加收入。

受到「喪門」凶星的影響，可能會有突如其來的開支，例如：因健康問題引起的醫療費用及家庭開支。因此，建議提前購買醫療保險及家居意外保險，並對家居進行小型裝修或更換家具，以提升家宅運。

【事業】

今年事業運發展順利，在「驛馬」星的帶動下，建議主動製造出遠門的機會，例如：出差或開拓海外市場等。對於自僱及從商者而言，有望成功開拓海外市場，工作效率也會較高，預期能取得重大進展。

從事文職工作的朋友，在「文昌」吉星的幫助下，頭腦清晰、思路敏捷，因此多了不少學習、考試及升職的機會，必須好好把握。打工一族，積極表現自己，有望獲得升職加薪的機會。在外資機構任職的朋友，需要頻繁出外走動，甚至可能被派往國外工作。

想要加強事業運勢，可以在家中或辦公室的東北方位擺放文殊菩薩星輝塔，這有助於提升事業運勢及貴人運，進而令工作發展更加順利。

【感情】

今年感情較為平穩，單身者並沒有桃花星加持。想要順利談戀愛，建議在「驛馬」星動的年份，藉著外地旅遊來放鬆心情，這樣有望在異地結識心儀的對象，開展一段浪漫的異國情緣。

然而，受到「孤辰」星的影響，已婚的朋友可能會感到孤單寂寞，常常覺得伴侶無法理解自己，這可能導致對伴侶以外的異性，產生情感依賴，即使在工作期間結識優秀的異性，務必要好好把持自己，避免因衝動或追求刺激而一腳踏兩船，從而破壞與伴侶建立多年的感情，並對伴侶造成困擾和傷害。

受到「喪門」凶星的影響，伴侶的健康可能會出現問題，要時刻留意。

【健康】

馬年健康運及家宅運欠佳，因此新一年切忌探病問喪，不宜出入陰氣較重的地方，如醫院、殯儀館及墳場等，以免沾染負能量，影響個人氣場，導致情緒低落和運勢下降。

在「喪門」的影響下，會衝擊家宅運及健康運，建議主動為家居進行小型裝修或更換家具，平日也可多做善事，如每逢初一、十五定期茹素，並多唸佛經，以保佑自己及家人身體健康。家中有長輩的朋友，務必要時刻留意他們的身體狀況，若有不適應馬上求醫。

此外，在「驛馬」星動的年份，出門時切忌參與任何高危險性的活動，如潛水、滑雪、滑水或跳降落傘等，以免造成手腳受傷。

肖猴者運勢

★一九三二年：壬申年（虛齡九十五歲）

健康運欠佳，特別出生在春天或夏天的長者，新一年容易患上與眼睛、心臟、血液、血管等等有關的疾病，務必要注意及小心，同時長期病患者亦會出現病情惡化的問題。相反，出生在秋天及冬天的朋友，運氣較去年有所進步，整體尚可。

★一九四四年：甲申年（虛齡八十三歲）

主要以正財運為主的年份，不建議進行任何高風險的投資，例如：牛熊證、期權、賭博等等，以免出現破財。健康運不過不失，長期病患者要注意控制病情，同時亦要留意家居危機，浴室改用防滑地磚或噴塗防滑鍍膜，令浴室地面防滑，提高安全性。

一九五六年：丙申年（虛齡七十一歲）

火重的年份，對於出生在春天及夏天者較為不利，財運欠佳之年，不宜進行高風險的投資及賭博，以免錄得虧損。此外亦要留意身體狀況，若有不適馬上求醫，切勿諱疾忌醫。出生在秋天及冬天者，運勢不俗，若遇到合適機會投資，不妨以小博大，能取得較佳的成果。

★一九六八年：戊申年（虛齡五十九歲）

運勢尚可，打工一族，可透過「動中生財」的方式來增加整年的收入。自僱及從商者，今年務必要開源節流，以免公司出現虧損。已婚者，與伴侶經常發生爭吵，可以「少聚離多」的方式相處，減少正面衝突。健康運平平，建議可在蛇年年尾到醫院進行詳細的身體檢查。

★一九八〇年：庚申年（虛齡四十七歲）

運勢平平，對女性特別不利，當中若顴骨高凸又無肉包裹之人，馬年受到「喪門」凶星入主，須防血光之災，容易發生小意外的年份，駕駛者要遵守交通規則，時刻留意路面情況。相反顴鼻相配、顴骨有肉包裹之人，今年事業運順遂，有望再創高峰。

★一九九二年：壬申年（虛齡三十五歲）

秋天及冬天出生者運勢較佳，再加上眉毛清秀，眉尾有聚再配合雙目有神的朋友，可進行少量投資，有望取得不錯的回報。若眉尾位置較散亂、色淡的朋友，今年容易破財，出現投資失利的情況，不妨主動購買心儀物品，有主動破歡喜財之意。

★二〇〇四年：甲申年（虛齡二十三歲）

「文昌星」進駐，頭腦會變得靈活、靈感強、有利學習、考試及升職，建議可在馬年可以投資更多在學習上，工作時自然能事半功倍。馬年可到不同的地方旅遊，擴闊視野，增進自身的見識，對往後人生有莫大益處。

★二〇一六年：丙申年（虛齡十一歲）

學習運良好，天生較為聰穎，只需要用心學習，便能爭取佳績。平日可把握機會學習課堂以外的知識，不妨主動報名感興趣的興趣班。

每月運程

農曆正月（新曆2月4日至3月4日）

「寅申相沖」之月，運勢欠順，心情低落。工作發展受阻，一切計劃難以順利開展，有舉步為艱的感覺。人際關係倒退，容易出現口舌之爭影響工作表現，唯有專心做事減少出席社交活動。

財運欠奉，出現破財。家中經常出現意外開支，宜量入為出做好理財規劃，以免入不敷支。

已有伴侶者，本月會出現大爭吵，彼此要互相包容及接納對方的優點和缺點。單身者要帶眼識人，提防感情騙子。

本月容易發生小意外，故不宜參與高危險性的活動，例如滑水、潛水、機動遊戲等等。平日可佩戴大日如來的密宗吊墜，有助提升整體運勢、避邪消災、遇難呈祥。

農曆二月（新曆3月5日至4月4日）

脫離相沖之月，本月為多勞多得的月份。工作上必須努力不懈，才能得到相應的回報。自僱及從商者，一直默默耕耘工作，工作的成果始終會被人看見。打工一族，同事之間競爭激烈，只好加倍努力。

財運平平，主要以正財運為主。偏財運欠佳，避免高風險的投資方式，如賭博或短期股票交易，以免造成金錢上的損失。

已有伴侶者，可多抽空陪伴愛人，彼此多作心靈上的交流，了解對方內心感受。單身者，心上人已有伴侶，唯有繼續默默等候。

即使工作繁忙，亦要抽空做運動。運動能增強心肺功能，促進身體的恢復，讓心情保持愉快。

農曆三月（新曆4月5日至5月4日）

相合之月，本月為學習與成長的最佳時機。自僱及從商者，宜積極參加業界的活動，能擴展人脈和增強自己的專業知識。打工一族，不妨利用空閒時間修讀相關的短期課程，有助職場發展。

正財運為主，可看準時機投資中長期的投資產品，例如基金或是藍籌股，有望得到長遠回報。

已有伴侶者，可在本月多點體貼關懷對方，為對方排憂解難作對方的後盾，感情自然變得如膠似漆。單身者宜多重視個人形象，能提升自信心，吸引異性目光。雖然工作繁忙，但仍要抽空做運動，讓身體恢復活力，心情也會隨之變得輕鬆愉快。

農曆四月（新曆5月5日至6月4日）

相合之月，工作發展良好。打工一族，得到上司或老闆的賞識及支持。從商及自僱者，透過熟客的介紹下，可開拓新的客戶群，在新舊客戶的支持下，營業額將會有所提升。

財運尚可，主要以正財為主，遇到合適的投資機會可小試牛刀，只要不太貪心便能有所收穫。

單身者有機會開始一段霧水情緣，易聚易散，不宜投入太多精力。已有伴侶者，可在本月主動體貼及關懷對方，為對方排憂解難成為對方的後盾，感情自然變得如膠似漆。

健康並沒有大礙，放假時可到郊外遊玩，遠離城市煩囂，到郊外呼吸新鮮空氣，對運程也會有所提升。

農曆五月（新曆6月5日至7月6日）

財運亨通之月，事業發展如日中天。自僱及從商者可以借助他人的經驗和支持，積極拓展業務，奠定穩固基礎。打工一族，在工作中表現出色，有望得到上司的青睞，抓住升遷機會。

財運不錯的月份，不妨與肖龍或肖蛇的朋友，一起購買六合彩或投注3T，能增加中獎的機會，有望得到意外之財。

已有伴侶者，可多抽空陪伴愛人，彼此多作心靈上的交流，了解對方內心感受。單身者宜主動擴大社交圈子，不要每天圍繞工作，主動結識新朋友。

健康運良好，工作後可到健身室健身或出外與朋友聚餐，有助紓緩工作壓力，平日亦可學習新事物，有助放鬆身心。

農曆六月（新曆7月7日至8月6日）

金銀滿屋、事業發展如魚得水。自僱及從商者，得到客戶鼎力支持，可展開新的工作計畫，會比以往更積極及忙碌，整體營業額增加。打工一族，工作順利，得到上司或老闆的賞識，有望升職加薪。

求財得財，正偏財運亨通。不妨把握機會進行短炒買賣，有望得到不錯的回報。喜歡賭博的朋友，可用「刀仔鋸大樹」的方式進行，有望獲得意外之財。

已婚者，感情運穩定。單身的男士，可結識外表吸引，性格温柔的女生，惟對方已有伴侶，唯有繼續等待。

應酬較多的月份，推卻非必要的社交聚會。保持作息定時，身體才是最重要。

農曆七月（新曆8月7日至9月6日）

犯太歲之月，人際關係急劇轉差。工作期間，經常有小人在背後指指點點，是非、口舌、麻煩事會較多，建議專注自身不要理會他人的事情。

財來財去的月份，容易出現「三更貧、五更富」的情況。本月不宜投機，只適合投資穩健的理財產品，否則會有「賺頭蝕尾」之象。切忌參與賭博，以免出現金錢損失。

已婚者不要經常為了小事而跟伴侶爭吵，對方只會覺得你無理取鬧，長久下來必定會影響雙方感情。單身者，繼續等待時機未到。

家宅運未如理想，需時刻留意家中長輩的健康，如有不適馬上求醫，以免病情惡化，平日多關心及陪伴長輩，珍惜眼前人。

農曆八月（新曆9月7日至10月7日）

運勢亨通，事業蒸蒸日上。自僱及從商者應善用人際網絡，尋找貴人相助，為事業鋪路。打工一族，若能在工作中持之以恒，努力表現，便能獲得相應的回報。

正財收入穩定上揚，偏財運不錯，不妨進行適量投資及投機，有望增加正財以外的收入。

單身者桃花運旺盛，透過朋友介紹結識心儀對象，切勿太過急進以免嚇怕對方。已婚的女士，遇到外來誘惑特別多，若把持不定會惹上桃花劫、陷於感情糾紛中，必須要刻提醒自己不可做錯事。

工作壓力較大，要學習如何減壓，否則會出現很多亞健康的問題，例如：抵抗力下降、睡眠質素變差、頭痛等。

農曆九月（新曆10月8日至11月6日）

貴人運旺盛，工作發展順利，事業如魚得水。自僱及從商者應該積極尋找貴人相助，為事業打下穩固基礎。打工一族，若能在工作中全力以赴，便能在上司或老闆心中留下良好形象，有望升職加薪。

財運一般，主要以正財為主，偏財運欠奉。必須努力工作才可賺取相應的收入，不要進行高風險的投資或投機決定。

已有伴侶者，感情較為穩定的月份，可向對方分享自己內心想法，讓大家更加了解彼此，拉近雙方之間的距離。單身者時機未到，只能等待。

健康運尚可，保持良好的個人衛生習慣，時常保持雙手清潔，回家後必須馬上洗手。

農曆十月（新曆11月7日至12月6日）

相害的月份，人際關係出現倒退，工作期間由於表現出色而遭到同事或同行的妒忌，導致有許多是非謠言出現，令你煩惱不已。不要理會別人的看法，只管做好自己目前的事情便可以，繼續努力成為出色的人。

正財為主，自僱或從商者可望因工作量上升而增加收入。投資方面，不宜抱有太大期望，不要輕信他人的意見而胡亂投資。

已有伴侶者，本月的感情穩定，可以好好享受兩人甜蜜的時光，可為對方送上驚喜，創造彼此的浪漫回憶。單身者，遇到心儀對象，宜主動出擊相約對方約會。

多抽時間做運動，運動能改善心情，能讓身體充滿活力，心情也會因此變得更好。

農曆十一月（新曆12月7日至27年1月4日）

相合之月，事業發展順利。自僱及從商者要抓住良機，主動尋找貴人指導，為事業注入新活力。打工一族，宜專注於本職工作，長期以來的努力，會得到相應的回報。緊記「金子總是會發亮」。

正財運相當理想，遇到合適的投資產品，不妨大膽一試，同時亦可與肖龍者及肖蛇者一起合作，有望得到不錯的回報。

已有伴侶者，不妨在假日與另一半舊地重遊，重拾昔日甜蜜的回憶。單身者，遇到心儀對象時，要了解清楚對方的背景及感情狀況。

冬天天氣較為乾燥，容易出現氣管問題，平日可多飲滋潤的湯水養生及回家後可泡熱水澡，有助舒緩壓力。

農曆十二月（新曆27年1月5日至2月3日）

多勞多得之月，運勢較為平穩，未有太大進步。本月「宜守不宜攻」，若有任何轉換工作崗位、發展新業務或轉工等想法，先作詳細計劃，半年才付諸實行，否則新不如舊，只會越轉越差得不償失。

財運平平，適量的投資可增加額外收入，惟不可太過進取及貪心，避免參與賭博及投機，以免到頭來得一場空。

感情生活平穩，有伴侶者可享受甜蜜的二人世界。單身者，不要沉迷社交軟件，主動參與社交聚會，才能結識正經的異性。

健康運欠佳，駕駛者要注意交通安全，切勿做任何違反交通規則的行為，平日可隨身攜帶大日如來的密宗吊墜，有助化解災厄。

雞

肖雞開運錦囊

★「玉堂」象徵豐收，預示金玉滿堂，意味新一年財源廣進，求財得財。

★自僱或從商者，馬年顯著增加業績，整體收入也會大幅上升。

★「紅鸞」星動之年，特別有利於桃花運和人緣，象徵著喜事連連。有望有結婚和添丁。

★「貫索」凶星的入主，容易因金錢問題與他人產生糾纏。

肖雞者出生時間（以西曆計算）

1933 年 2 月 4 日 14:10 分	至	1934 年 2 月 4 日 20:04 分
1945 年 2 月 4 日 21:20 分	至	1946 年 2 月 4 日 18:05 分
1957 年 2 月 4 日 09:55 分	至	1958 年 2 月 4 日 15:50 分
1969 年 2 月 4 日 07:59 分	至	1970 年 2 月 4 日 13:46 分
1981 年 2 月 4 日 05:56 分	至	1982 年 2 月 4 日 11:45 分
1993 年 2 月 4 日 03:38 分	至	1994 年 2 月 4 日 09:33 分
2005 年 2 月 4 日 01:44 分	至	2006 年 2 月 4 日 07:28 分
2017 年 2 月 3 日 23:35 分	至	2018 年 2 月 4 日 05:30 分

整體運程

馬年為貴人運旺盛的年份，再加上有多顆強而有力的吉星高照，包括「玉堂」、「太陰」和「紅鸞」，因此財運和事業運顯著提升，工作期間能達到事半功倍的效果，務必把握時機，打好事業的基礎。

「玉堂」吉星象徵著豐收，預示著金玉滿堂，意味著新一年財源廣進，求財得財。對於坐擁「太陰」吉星的肖雞者來說，在女性貴人的支持下迎來更大的機會。自僱或從商者，從事的行業以女性為主，例如美容、女性服飾或珠寶等，則在丙午年有望顯著增加業績，整體收入也將大幅上升。打工一族，肖雞者在新的一年裡，有望得到女性上司或老闆的賞識。

此外，今年為「紅鸞」星動的年份，特別有利於桃花運和人緣，象徵著喜事連連，並具有結婚和添丁的意義。對於單身的朋友來說，將會有機會結識具長遠發展潛力的對象。已婚者則可以將桃花運化作人緣，喜愛小孩的朋友不妨把握機會，成為新手父母。對於已有穩定交往對象的朋友，今年也可能會突然產生結婚的衝動，感情生活將會更加美滿。

然而，肖雞者在面對「貫索」及「勾神」凶星的影響時，仍需小心謹慎地處理工作及人際關係，主金錢苛索和是非謠言，因此要謹言慎行，避免隨意作出承諾。

總言之，馬年對於肖雞者來說，運勢高企，事業發展如破竹之勢，桃花運旺盛，無疑是感情和事業雙得意的年份。

【財運】

貴人運旺盛的年份，特別是在「太陰」和「玉堂」一星的照耀下，對肖雞者的財運有正面幫助，偏財運也隨之提升。在「太陰」吉星的幫助下，自僱及從商者若從事女性為主的行業，例如珠寶、美容化妝、母嬰產品或女性服裝等，能增加營業額，令整體收入上升。打工一族，正財運也相當順暢，將受惠於加薪和獎金。

此外，「玉堂」吉星的進駐象徵著收穫良多，投資方面可望獲利，因此建議嘗試多元化的投資組合，包括股票、債券和基金等，並把握時機在工作以外賺取更多收入。

然而，「貫索」凶星的影響下，容易因金錢問題與他人產生糾纏，務必要注意。

【事業】

肖雞者的事業發展如日中天、一帆風順，並能獲得女貴人的提攜及賞識。在吉星的拱照下，若有轉換工作的想法，可付諸實行，有望找到合適且待遇較好的職位。

「太陰」吉星高照，對自僱及從商者非常有利，建議積極參與業內活動，提升自己的知名度。在女性顧客的支持下，新一年有望令事業更上一層樓，成功拓展業務，務必要把握機會，為未來打下良好的基礎，讓人生上更高的台階。

打工一族，亦能獲得女性上司或老闆的欣賞與提攜，宜積極爭取並努力工作，有望獲得升職加薪的機會，為將來的事業打好基礎。

【感情】

肖雞者天生為四大桃花生肖之一，馬年又是「紅鸞」星動之年，桃花運旺盛。正所謂「男愛紅鸞，女愛天喜」，單身的女士在紅鸞星的助力下，可能會遇到條件優秀、性格相投的異性，建議主動參與社交聚會，以提高結識異性的機會。單身的男士也能藉著正桃花年的助力，結識心儀對象，甚至有機會與前任重燃愛火，發展長遠的關係，期待開花結果。

對於有添丁打算的夫妻，建議看中醫調理身體，為懷孕做好準備，有望成為新手父母。已經有穩定交往對象的朋友，可以考慮在馬年共諧連理，「紅鸞」星象徵著開花結果，馬年是一個合適的年份。

【健康】

在吉星高照下，新一年肖雞者的健康運勢不錯。早前飽受疾病困擾的朋友，進入新一年，終於能找到根治的方法，實在可喜可賀。然而，由於工作繁忙，長期休息時間不足，身體容易出現健康問題，要維持良好的生活習慣。

要加強健康運勢，先要制定合理的作息時間，確保每天有充足的睡眠。其次，保持均衡的飲食，增加水果和蔬菜的攝入，減少高脂肪和高糖食物的攝取，避免過量飲酒和吸煙。定期進行運動，如散步、游泳或健身，增強心肺功能和提高免疫力。

此外，定期進行健康檢查，及時發現潛在的健康問題，對預防疾病亦有一定的幫助。

肖雞者運勢

★一九三三年：癸酉年（虛齡九十四歲）

人際關係良好，與子孫相處融洽，經常與子孫分享年輕時的往事，一家人温馨甜蜜。健康運良好，長期病患者，病情得到控制，平日可多做運動，令身體機能運作更暢順。不妨多到郊外活動，吸收維他命D，能令骨骼更健康。

★一九四五年：乙酉年（虛齡八十二歲）

財運亨通之年，若遇到合適的投資機會，不妨小試牛刀，可獲豐厚回報。平日可主動相約老友一起吃飯、下棋等，晚年的生活亦能過得非常精彩，再加上人際關係較好，會結識更多志同道合的朋友。保持定期做運動的習慣，能令身心更健康。

★一九五七年：丁酉年（虛齡七十歲）

春天及夏天出生的朋友，今年容易出現健康問題，特別容易患上與眼睛、心臟、血液、血管等等相關的疾病，建議可以在蛇年年尾到醫院進行詳細的身體檢查，平日亦要着重飲食，不要進食太過油膩、口味重的食物。出生在秋天及冬天的朋友，則運勢亨通、財運不錯。

★一九六九年：己酉年（虛齡五十八歲）

工作事業運暢順，為得心應手的一年。吉星拱照下，可得貴人提攜，更上一層樓。但受到「貫索」和「勾神」凶星的影響，轉工或與客戶簽署文件、合約時必須格外小心。千萬不要忽略細節，如有需要，應尋求專業人士的協助，以避免不必要的麻煩，確保事業的順利發展。

★一九八一年：辛酉年（虛齡四十六歲）

事業發展平穩向上，工作在女貴人的提攜下，財運和事業運會明顯進步，凡事都能事半功倍。然而已婚者需特別留意，馬年可能存在許多外來誘惑，容易引發桃花劫，甚至可能遭遇第三者介入，陷入感情糾紛。馬年要時刻警惕，避免對異性過於熱情，以免受到「牆外桃花」的影響，切勿因新鮮感而破壞原有的婚姻關係。

★一九九三年：癸酉年（虛齡三十四歲）

今年為感情和事業雙得意的年份，在「玉堂」吉星高照下，預示著金玉滿堂，新一年財源廣進，求財得財。再加上工作發展順利，令事業更上一層樓，成功拓展業務，務必要把握機會，為未來打下良好的基礎，讓人生上更高的台階。單身的女性，能遇到條件優越、專一的異性追求，可考慮與對方更進一步。

★二〇〇五年：乙酉年（虛齡二十二歲）

年紀輕輕已桃花運旺盛，單身的女士，追求者眾多，讓你十分苦惱，在開展一段感情前要三思，考慮清楚是否真的喜歡對方和性格能否合得來。已有伴侶者，若還未有結婚打算，則要做好避孕措施，否則容易成為未婚爸爸媽媽。

★二〇一七年：丁酉年（虛齡十歲）

學習較去年也明顯進步，但由於人際關係較好，因此經常會與朋友外出遊玩，而忽略學業，求學時期宜着重學業成績多於朋輩關係，否則數年後升讀中學的時候，便會後悔莫及。

每月運程

農曆正月（新曆2月4日至3月4日）

多勞多得之月，運勢平穩上揚。自僱及從商者，在客戶的支持下營業額上升，收入大幅增加。打工一族，工作量增加，幸好努力得到相應的回報，有望升職加薪。

在「玉堂」吉星高照下，財運亨通，宜做足準備、看準時機，遇到合適的投資機會，不妨大膽一試，若能夠抓緊機會便能有所進帳。

已有伴侶者，不妨在假日與另一半舊地重遊，重拾昔日甜蜜的回憶，增進彼此之間的感情。單身者，可多參與社交聚會，有望結識背景相同的異性。

多關心自身的健康和心情，做運動能提高注意力，能夠幫助身體恢復，心情也能變得更加輕鬆愉快。

農曆二月（新曆3月5日至4月4日）

「卯酉相沖」之月，幸得到吉星高照，凡事都能逢凶化吉，即使偶爾碰倒上難題亦無需過分憂慮。工作期間若遇到不公平的對待，可以作出適量反擊，公道自在人心，努力讓自己增加本事，即使遇到困難亦能靠一己之力解決。

財運平平，投資運仍未為最佳時機，若遇到合適的投資產品，只可作小量投資，以免貪字得個貧。

已有穩定伴侶者，容易發生感情變化，在「紅鸞」吉星拱照下，可考慮在本月更進一步，不妨計劃結婚、添丁。單身者，結識異性眾多，但仍然未能遇到心儀對象。

健康運平平，偶爾茹素能增加自身的福報，平日亦可抽空做善事。

農曆三月（新曆4月5日至5月4日）

相合之月，事業進展理想。工作期間能藉着貴人的幫助，令業績節節上升。人際關係良好，透過團隊的合作下，工作進展順利，業績可創高峯，有望達到預期中的目標及成果。

正偏財運良好，遇到合適的投資機會，不妨看準時機大膽投資，喜歡賽馬或賭博的朋友，不妨小注怡情，增加獲得意外之財的機會。

單身的朋友，容易遇到心儀對象，可多相約對方外出約會。已婚者，不妨在假日與另一半舊地重遊，重拾昔日甜蜜的回憶，增進彼此之間的感情。

運動能促進新陳代謝，只需抽出時間定期做運動，便能分泌多巴胺，讓心情保持愉快。

農曆四月（新曆5月5日至6月4日）

在相合力量加持下，本月福星高照，事業發展蓬勃。自僱及從商者應善用人脈，尋求有影響力的貴人幫助，為未來鋪平道路。打工一族只需努力不懈，主動展現自我，有望獲得升職加薪的機會。

正偏財運亨通，只要看準時機，可進行短炒買賣，賺取工作以外的收入。

已婚者，不妨放下生活中的瑣碎事，放鬆心情與伴侶一起渡假增進感情。單身者，有望結識年紀較輕的異性，若三觀相同，不妨考慮發展一段新感情。

健康狀況良好，相合之月並沒有太大問題，平日宜多關注自身的健康和情緒。保持定期做運動，能減少焦慮，心情也會因此更為放鬆。

農曆五月（新曆6月5日至7月6日）

桃花朵朵開，再加上今年為重桃花之年。本月人際關係良好，宜積極把握。打工一族，長期的工作表現都被別人看在眼內，可得到貴人賞識，不妨在上司及老闆面前展現自我，爭取升職加薪的機會。自僱及從商人士，可嘗試發展新的業務，會有良好進展。

正偏財運旺盛，做生意及自僱人士亦會因為多人認識而收入增加。若遇到合適的投資產品，不妨大膽一試，有望得到不錯的回報。

已有伴侶者，桃花運旺盛，不要與伴侶以外的異性單獨外出，以免引起誤會。單身的女士，追求者眾多，出現選擇困難症。

交際應酬較多，只好減少出席不必要的社交應酬活動。

農曆六月（新曆7月7日至8月6日）

八方來財、財源滾滾來、事業前景一片光明。自僱及從商者需善用資源，借助貴人的支持，推動業務發展。打工一族只要努力工作，定能迎來相應的回報，升職加薪的機會接踵而至。

財運順暢之月，正財及偏財運亨通，喜歡博彩的朋友，可在本月參與短線投資及投注心水馬匹或球隊，只要不太貪心，便能有所收穫。

已婚者，可與伴侶外出遊玩，增進感情。單身的男士，面對心儀對象，不妨主動出擊為未來幸福而努力。

財運好，自然身心愉快，藉此機會相約好友外出，遠離城市繁囂到郊外呼吸新鮮空氣，讓身心得以徹底放鬆。

農曆七月（新曆8月7日至9月6日）

運勢亨通，事業蒸蒸日上。自僱及從商者，務必要抓住良機，應善用人際網絡，尋找貴人相助，為事業鋪路。打工一族，努力表現便能獲得相應的回報，有望升職加薪。

正財運相當理想，遇到合適的投資產品，不妨大膽一試，同時亦可在家中正東位置擺放八粒黑財神旺財金元寶，有助催旺財運及提升運勢。

已有伴侶者，本月的感情穩定，可以好好享受兩人甜蜜的時光，可為對方送上驚喜，創造彼此的浪漫回憶。單身的女士，透過工作場合，有望結識條件不俗的異性，宜主動了解對方背景，再決定是否開展一段關係。

健康運大致良好，保持三餐定時即可。

農曆八月（新曆9月7日至10月7日）

自刑的月份，經常會自尋煩惱。情緒較為不穩，容易與人起爭執。幸好遇到困難時，在「太陰」吉星幫助下，有女貴人幫忙解決，同時不妨學習從別人角度思考、多諒解他人。

財運較上月有所回落，主要以正財為主。偏財運出現倒退，投資方面不宜太過進取，要以穩健為主。減少參與賭博及投資高風險的金融衍生產品。

已婚者，即使工作繁忙，亦要主動關心伴侶，偶爾發送甜蜜的問候短訊，讓伴侶感受你的愛意，不要為了小事而跟伴侶爭吵。單身的女性，遇見興趣相投的異性，若喜歡對方便要積極爭取。

健康平平，要注意呼吸道問題，平日可多用空氣清新機。

農曆九月（新曆10月8日至11月6日）

「酉戌相害」之月，人際關係平平。打工一族，要小心處理人事關係，儘量少參與社交聚會，並專注於工作上會更好。自僱及從商者，透過女貴人的幫助下，營業額不跌反升，務必要抓緊機會，盡力發展事業。

正財運較好，對收入不穩的從商或自僱者最有幫助，工作量上升而收入增加。偏財運一般，不適宜購買高風險的投資產品。

已有伴侶者，桃花運旺盛，要小心避免與伴侶以外的異性單獨相處，要時刻警惕自己不要對異性太過熱情，免得有三角關係之困擾。單身者，有望展開短暫的感情。

不宜出入陰氣較重的地方，相反可多參與親朋戚友的喜事。

農曆十月（新曆11月7日至12月6日）

貴人運勢及事業運旺盛。打工一族，有機會得到晉升機會，宜積極把握。不論是自僱、從商或打工一族均可靠工作表現，而得到別人的認同，自僱及從商人士可多參加業界聚會，增加行內的知名度。

財運滾滾來的月份，容易有偏財運，遇上抽獎活動，不妨積極參與，平日亦可購買六合彩、3T。喜歡賭博的朋友，可投注心水馬匹及喜愛的球隊。

已有伴侶的朋友，感情更見穩定，若有結婚、添丁的想法，不妨在本月實行。單身者，桃花運旺盛，即使結識的異性再多，仍然未能放下前對象。

健康運不俗，不妨主動到郊外遊玩，使身心舒暢，舒緩壓力。

農曆十一月（新曆12月7日至27年1月4日）

「子酉相破」的月份，凡事只能靠自己。打工一族，辦公室的口舌、是非、小人困擾較多，只能做好自己的工作，不要理會別人的閑話。自僱及從商者，發展理想，不妨趁年尾擴展業務引入新服務或產品。

正財運為主，可看準時機投資中長期的投資產品。但受到「貫索」及「勾神」星影響下，若有親朋好友向你提出借貸要求或擔保，千萬要三思而後行。

已婚的男士，切忌與工作中認識的女性私下聯絡，緊記要保持適當距離，以免出現三角關係影響婚姻。單身者，多參與社交聚會能結識價值觀相近的異性。

平日可進食適量的蔬果，盡量保持飲食清淡。

農曆十二月（新曆27年1月5日至2月3日）

相合之月，工作運勢高漲，事業發展如日中天。自僱及從商者應把握良機，主動尋找貴人相助，為未來打下堅實基礎。打工一族，人際關係回復正常，早前遇到的問題在本月迎刃而解。

財運亨通的月份，若遇到合適的投資機會不妨大膽一試，與肖龍的朋友一起投資，有助加強財運。平日亦可購買六合彩彩票或3T，可望獲得意外之財。

已有伴侶者，本月感情平穩。平日可多讚美對方，有助增進雙方感情。單身者，可結識心儀對象，宜主動出擊，相約對方外出。

健康大致良好，工作應酬較多，長期外出飲食容易造成腸胃不適。平日宜多茹素、飲食盡量清淡。

狗

肖狗開運錦囊

★ 財運和事業運順利，工作表現會事半功倍。

★「三台」吉星，象徵扶搖直上、步步高陞，對事業發展有很大幫助。

★ 藝術與創作才能的得以發揮，能為創意工作者帶來靈感。

★「五鬼」會使肖狗者疑神疑鬼，感到精神緊張。

★「披麻」入主則會影響家宅運及健康運。

肖狗者出生時間（以西曆計算）

1934 年 2 月 4 日 20:04 分	至	1935 年 2 月 5 日 01:49 分
1946 年 2 月 4 日 18:05 分	至	1947 年 2 月 4 日 23:51 分
1958 年 2 月 4 日 15:51 分	至	1959 年 2 月 4 日 21:43 分
1970 年 2 月 4 日 13:46 分	至	1971 年 2 月 4 日 19:26 分
1982 年 2 月 4 日 11:45 分	至	1983 年 2 月 4 日 17:41 分
1994 年 2 月 4 日 09:33 分	至	1995 年 2 月 4 日 15:14 分
2006 年 2 月 4 日 07:28 分	至	2007 年 2 月 4 日 13:19 分
2018 年 2 月 4 日 05:30 分	至	2019 年 2 月 4 日 11:16 分

整體運程

肖虎、肖馬和肖狗為「三合生肖」，組成「寅午戌」三合，意味著穩定與和諧。在眾多吉星的加持下，馬年肖狗者的財運和事業運較為順利，工作表現會事半功倍，若遇到困難，可向肖虎的朋友請教，能輕鬆找到解決方法。

今年為多勞多得之年，工作表現理想，獲得周遭同行的認同和欣賞。在「三台」、「華蓋」及「地解」等多顆吉星的加持下，運勢更顯亨通。「三台」吉星的進駐，象徵扶搖直上、步步高陞，代表思想清晰、目標明確，對事業發展有很大幫助。

「華蓋」星代表古時皇帝出巡所用的紅羅傘，象徵藝術與創作才能的發揮，能為創意工作者帶來靈感。此外，「地解」吉星為消災解難之星，有利於化解一些凶星的影響。

儘管新一年有不少吉星的加持，但也不能忽視凶星的影響。在丙午年，由於「五鬼」、「官符」及「披頭」三顆凶星的入主，會對健康運造成影響，因此必須特別警惕。「五鬼」會使肖狗者疑神疑鬼，感到精神緊張，心理壓力較大，不要將壓力與煩惱藏在心中，應主動與可信賴的朋友分享內心的想法。

「官符」凶星的出現，需注意官非及訴訟等問題，在簽署文件或合約時務必小心，切勿做任何違法之事。「披麻」入主則會影響家宅運及健康運。

總括而言，馬年在人際關係、事業運及財運方面均較去年有所進步。建議在家中正東位置擺放八粒黑財神旺財金元寶，對財運有正面幫助。

【財運】

馬年是多勞多得之年，對於正偏財運及收入不穩定的人士有顯著的幫助。在合太歲及「三台」吉星的照耀下，無論是打工一族，還是自僱或從商者，都有許多進步的機會。丙午年財源茂盛，整體賺錢能力和儲蓄能力均會有所提高，即使以往理財能力較差的朋友，也有機會儲蓄一筆可觀的財富。

新一年只要努力工作，便能增加收入。把握投資高回報的金融產品，能獲得豐厚的回報。此時，嘗試購買彩票或投注3T彩池，也能增加中獎的機會，有機會帶來意外之財，讓財運更加亨通。

然而，在「官符」凶星的影響下，容易出現官非及訴訟問題，可能會影響財運。

【事業】

「寅午戌」太歲相合之年，貴人運旺盛，容易有朋友主動邀請合作做生意或投資，值得認真考慮。經過詳細的研究後，可以付諸實行，以增加整年收入。

「華蓋」吉星特別有利於從事創作、宗教和藝術行業的朋友。在「三台」吉星的拱照下，事業方面能取得良好進展，並且得到貴人的提攜，有助於解決長期困擾的難題。

打工一族，即使在同行或同事之間競爭激烈的情況下，也能借助吉星的力量，在工作上取得突破性進展，而且能得到上司或老闆的賞識，只要把握好機遇，就能不斷向上發展，為未來的事業打下良好基礎。自僱及從商者能順利拓展業務，事業發展順利。

【感情】

新一年雖然沒有桃花星進駐，但幸好流年與太歲「三合」，單身的朋友仍有機會遇上心儀的對象，宜踴躍參加各種社交聚會，例如同學、同事和工作聚會，以擴展個人社交圈子。同時，也可以邀請親朋好友牽橋搭線，在無形中認識更多的異性朋友，有望開展一段新感情。

已婚者，今年可能會出現感情問題，受到「華蓋」及「五鬼」星的影響，工作應酬較多，甚少有相聚時間，內心感到孤單寂寞，夫婦間容易產生間隙，對伴侶有疑神疑鬼、互不信任的情況。建議主動向伴侶分享自己的想法，坦誠相對，不要將對方的付出視為理所當然。

【健康】

健康運和家宅運雖然不過不失，但受到「披頭」凶星的影響，仍需時刻注意身體狀況。馬年切忌探病問喪，不宜出入陰氣較重的地方，例如醫院、殯儀館及墳場，以免沾染負能量，影響個人氣場，導致情緒低落和運勢下降。

與此同時，主動參加親朋戚友的喜事，例如婚宴、百日宴和公司開幕等，有助提升運勢。「行善積德，必有所得」為有需要的人士施藥施醫、施棺贈殮，能獲得福報庇蔭。

平日可佩戴本命佛阿彌陀如來的密宗吊墜，外圈的六字大明咒，能讓身心充滿光明，不僅消除業障與病痛，還可驅逐穢氣、邪氣，避開負能量的干擾。

肖狗者運勢

★一九三四年：甲戌年（虛齡九十三歲）

「披頭」入主會影響家宅運及健康運，代表家宅不安、身體欠佳，故務必要多加留意自身健康，若有不適便馬上求醫。與後輩相處出現代溝，已與他們的生活及想法脫節，只能告訴自己放寬心、少生氣、少計較，平日主動學習新事物，讓退休生活變得更為精彩。

★一九四六年：丙戌年（虛齡八十一歲）

人際關係及健康運平平，會因人際問題造成困擾，建議凡事放鬆，是時候學習站在別人角度思考。出生在農曆四月、五月、六月的長者，務必要注意健康，尤其是與眼睛、心臟，血液，血管有關的疾病，有機會出現惡化，平日可佩戴藥師佛的密宗吊墜，有助減輕疾病困擾。

★一九五八年：戊戌年（虛齡六十九歲）

健康運較為理想的一年，長期病患者病情得到控制。秋天及冬天出生的朋友，運勢穩步上揚，投資運暢旺，若遇到合適的投資機會，不妨大手入市能獲得意外之財。春天及夏天出生的朋友，財運平平，若有親朋好友向你提出借貸要求或擔保，千萬要三思而後行。

★一九七〇年：庚戌年（虛齡五十七歲）

仍在工作的朋友，事業發展平穩向上，馬年思想清晰、目標明確，對事業發展有很大幫助。「華蓋」星入主也會影響與人溝通，總覺得別人難以理解自我的內心想法，建議凡事要多聆聽別人意見，要以禮待人並保持謙卑，以免因人際關係欠佳而多生是非。

★一九八二年：壬戌年（虛齡四十五歲）

天干水火相沖，加上「披頭」入主會影響家宅運及健康運，建議主動為家居進行小型裝修及更換家具，平日可多做善事，為有需要的人士贈醫施藥。幸好工作發展不俗，事業方面能取得良好進展，並且得到貴人的提攜，有助於解決長期困擾的難題。已婚者，夫婦間容易產生間隙，對伴侶有疑神疑鬼、互不信任的情況。

★一九九四年：甲戌年（虛齡三十三歲）

工作發展較去年進步。打工一族，得到上司或老闆的賞識，只要把握好機遇，就能不斷向上發展，為未來的事業打下良好基礎。自僱及從商者則能順利拓展業務，事業發展順利。單身的朋友，有機會遇上心儀的對象，宜踴躍參加各種社交聚會，例如同學、同事和工作聚會，以擴展個人社交圈子。

★二〇〇六年：丙戌年（虛齡二十一歲）

仍在求學階段的朋友，學業成績不過不失並沒有太大的進步，建議可在家中東北方位擺放文殊菩薩星輝塔，有助學業進步及提升自身專注力。已工作的朋友，今年事業運勢較好，若有轉換工作的打算，可在今年付諸實行，有望能找到更好薪酬待遇及福利的工作。

★二〇一八年：戊戌年（虛齡九歲）

健康運一般，容易患上傳染病，若有任何不適，馬上求醫。學習壓力較大的一年，平日可多與父母外出遊玩，有助放鬆心情。

每月運程

農曆正月（新曆2月4日至3月4日）

相合之月，事業運順暢。在「三台」吉星高照下，象徵步步高升，有利大機構工作的管理層及老闆。打工一族，只要努力便會有相應的回報。自僱及從商者，雖然業內競爭激烈，仍能迎難而上，最終得到成功。

正偏財運理想，容易有偏財運，遇上抽獎活動，不妨積極參與，平日亦可購買六合彩、3T，有望得到意外之財。

已有伴侶者，感情甜蜜溫馨，可多抽空陪伴對方，與伴侶多作心靈上的交流，了解對方內心感受。單身者，主動報讀興趣班，有望結識志同道合的異性。

身體狀況良好，放假時抓緊機會休息，舒緩長期累積的工作壓力。

農曆二月（新曆3月5日至4月4日）

相合之月，貴人運強勁，借助相合的力量，整體運勢不俗。自僱及從商者應善用人脈，獲得貴人相助，推動事業再上一層樓。打工一族，只要不懈努力，便能在上司面前展現自己的能力，贏得更多發展機會。

財運不錯，可看準時機投資中長期的投資產品，例如基金或是藍籌股，有望得到長遠回報。

桃花運旺盛的月份，單身的人士，在開展戀情前，建議要先了解對方的背景及感情狀況。已婚者，緊記與伴侶以外的異性保持適當距離，不要單獨與對方外出，以免陷入三角關係，破壞建立已久的感情。

健康運不俗，宜保持定期做運動的習慣。

農曆三月（新曆4月5日至5月4日）

「辰戌相沖」，本月人際關係急轉直下，工作時會出現許多不實的謠言及有小人在背後刻意中傷，令肖狗者煩惱不已。事業進入停滯不前的時期，只能靠自己的能力來解決，事倍功半的月份，經常飽受壓力。

財來財去之月，「三更貧、五更富」避免投資高風險的金融衍生產品及減少參與賭博，減少造成金錢損失的風險。

已婚者與伴侶出現過多爭執，容易引致感情生變，宜一起去長線的旅行，放鬆心情一起渡假增進感情，不要常常因日常瑣事而與伴侶爭吵。單身者，繼續等候。

家宅運欠佳，平日避免出入陰氣較重的地方，宜佩戴阿彌陀如來的密宗吊墜，以保平安。

農曆四月（新曆5月5日至6月4日）

脫離上月相沖月份的影響，本月財運順暢，是全年運勢最好的月份。自僱及從商者，在工作上若遇到新機遇，可積極爭取，不妨主動開拓海外市場。打工一族，努力工作即可得到相應回報。

正偏財運不俗，不妨把握機會進行短炒買賣，有望得到不錯的回報。主動學習理財的知識，培養良好的理財習慣，為未來生活做好打算。

已有伴侶者，本月的感情穩定，可以好好享受兩人甜蜜的時光，可為對方送上驚喜，創造彼此的浪漫回憶。單身者，不妨主動相約心上人外出約會，有望發展新戀情。

運動有助於釋放壓力，抽出一些時間來做運動，便能有效舒緩壓力。

農曆五月（新曆6月5日至7月6日）

相合升遷月，本月財運旺盛，職業生涯蒸蒸日上。自僱及從商者需善於借力，透過貴人的幫助成為事業成功的助推器。打工一族則只需勤奮努力，便能在上司面前展現自己的優勢，爭取更多的晉升機會。

財運順暢之月，正財及偏財運亨通，喜歡博彩的朋友，可在本月參與短線投資及投注心水馬匹或球隊，只要不太貪心，便能有所收穫。

已有伴侶者，可多抽空陪伴對方，與伴侶多作心靈上的交流，了解對方內心感受。單身者的女性，透過工作場合會結識條件不俗異性朋友。

運動可以幫助釋放壓力，平日多抽出一些時間做運動，能讓身體充滿活力。

農曆六月（新曆7月7日至8月6日）

「未戌相破」的月份，人際關係出現倒退。工作期間會出現口舌、是非的問題，平日宜少說話多做事，多聆聽他人的意見改善自身，並要以禮待人並保持謙卑，切忌自以為是。

財運尚可，主要以正財為主，遇到合適的投資機會可小試牛刀，只要不太貪心便能有所收穫。

已有伴侶者，多抽空陪伴對方，不要因工作而忽略伴侶，以免讓他人有機可乘。單身者多參加社交聚會，並提升個人形象，例如設計一個合適自己的髮型，會更容易結識異性。

本月不宜探病問喪，以免影響整體運勢，相反平日可主動做善事，例如主動做義工或捐款到慈善機構，為家人積福。

農曆七月（新曆8月7日至9月6日）

貴人運旺盛，整體運勢較上月進步，人際關係有所緩和。打工一族，與公司同事相處融洽，早前遇到的困難亦能迎刃而解。自僱或從商者，可嘗試新的工作方向，發掘更多工作機遇。

求財得財的月份，再加上貴人運旺盛，有望從朋友身上得到小道消息，只要不太貪心自然能有所進帳。

已婚者感情穩定，即使工作繁忙，仍能抽空與伴侶一起處理家庭瑣事，細節看成敗，長期的相處，令你更確定選擇對方是正確。單身者，積極參加各類社交活動，能接觸到不同的人群，能夠自然地結識異性，提高戀愛的機會率。

主動整理家中雜物，家居環境變得乾淨整齊，自然能提升家宅運。

農曆八月（新曆9月7日至10月7日）

相害之月，人際關係欠佳。本月容易開罪他人，工作期間遇到小人陷害，建議工作時「少説話多做事」，以免因言語而導致人際關係變差，並要保持低調做人。打工一族，工作上經常受到是非、小人困擾，令你煩惱不已，不妨主動放幾天假，令身心得以放鬆。

財運不過不失的月份，以正財為主。打工一族，平平無奇。從商及自僱者，能遇到新的機遇，可藉此機會提高營業額，增加整體收入。

已有伴侶者，經常因小事而發生爭吵，容易對伴侶產生不滿。單身者，時機未到，唯有繼續等待。

本月壓力較大，宜學習如何減壓，否則會出現很多亞健康的問題。

農曆九月（新曆10月8日至11月6日）

犯太歲之月，幸好今年是合太歲的生肖，因此運勢尚可。受到「五鬼」凶星的影響下，經常胡思亂想，把簡單的事情複雜化，與其擔心將來，不如做好現在。即使事業發展未如想像中順利，但在吉星的幫助下，仍能遇難呈祥。

財運欠奉，收入不變但支出增加，出現入不敷支的情況，平日便要積谷防飢，儘量減少不必要的開支。

已婚者與伴侶出現過多爭執，容易引致感情生變，不要常常因日常瑣事而與伴侶爭吵。單身者，繼續等候。

健康運平平，家中西北及正南位置可擺放六帝錢，有助化解疾病及災厄，同時亦可佩戴藥師佛的密宗吊墜。

農曆十月（新曆11月7日至12月6日）

多勞多得的月份，只要親力親為就能有所回報。事業進展順利，工作繁忙令你忙得不可開交，不要怕辛苦，只要努力便能得到回報。工作雖然順利，但偶爾仍會有流言蜚語，與別人相處時宜低調。

正財為主的月份，不要參與賭博及進行高風險的投資決定，切勿進行任何違反法律的行為，以免引起官非訴訟、罰款等問題。

已婚者，經歷上兩個月的爭吵，來到本月感情回復正常，可結伴出遊以增進雙方感情。單身的朋友，平日可利用獨處的時間看書學習，裝備好自己才能等到對的人。

健康運良好，平日多着重休息，以免過度疲勞而對健康造成影響。

農曆十一月（新曆12月7日至27年1月4日）

學習運暢順，本月為學習的好時機。自僱和從商的朋友應多參加行業活動，這有助於提升專業知識和擴展人際網絡。打工一族，利用空閒時間報讀短期課程，能夠提高自身競爭力，有望升職加薪。

財運不俗，只要看準時機，可進行短炒買賣。若能與肖虎者及肖兔者一起合作，可增強財運，賺取工作以外的收入。

單身的朋友，主動參加社交活動，擴闊自己的圈子，認識多一點新朋友。已有伴侶者，本月感情相對穩定，不妨與伴侶外出旅遊，增進雙方感情。

健康運尚可，宜定期攝取營養補充品及進行適量的運動，例如氣功、太極及瑜珈等能放鬆身心的運動。

農曆十二月（新曆27年1月5日至2月3日）

相刑之月，心情較為低落。緊記生活是自己，人情冷暖自知，不用擔心別人的看法，做好自己本分足已。工作壓力較大的月份，有些事急不來，若當下未能取得進展，不用氣餒，只要繼續耕耘便會有所作為。

正財運尚可，偏財運欠佳，不可太過進取，投資時要見好即收，否則「貪字得個貧」到最後出現虧損。

已婚者，多從伴侶角度出發，不要只顧自己的想法，健康的感情關係，是建基於互相尊重及信任的前提下。單身者主動報讀興趣班，不僅能提升個人技能，還能擴大社交圈子。

家宅運一般，懷孕的婦女要加倍小心，切勿粗勞過度，提防跌傷、撞傷。

豬

肖豬開運錦囊

★「月德」貴人星能化解災厄並帶來平安。

★「天乙貴人」代表著凡事能夠逢凶化吉，輕鬆化解各種難題。

★主動為家居進行小型維修或更換家具。

★「小耗」為破財星，容易造成金錢上的損失。

★佩戴本命佛阿彌陀如來的密宗吊墜，有助化解血光之災。

肖豬者出生時間（以西曆計算）

1935 年 2 月 5 日 01:49 分	至	1936 年 2 月 5 日 07:30 分
1947 年 2 月 4 日 23:51 分	至	1948 年 2 月 5 日 05:43 分
1959 年 2 月 4 日 21:43 分	至	1960 年 2 月 5 日 03:23 分
1971 年 2 月 4 日 19:26 分	至	1972 年 2 月 5 日 01:20 分
1983 年 2 月 4 日 17:41 分	至	1984 年 2 月 4 日 23:20 分
1995 年 2 月 4 日 15:14 分	至	1996 年 2 月 4 日 21:09 分
2007 年 2 月 4 日 13:19 分	至	2008 年 2 月 4 日 19:02 分
2019 年 2 月 4 日 11:16 分	至	2020 年 2 月 4 日 17:04 分

整體運程

肖豬者終於脫離了去年「沖太歲」的影響。在「沖太歲」的影響下，無論在事業、財運、感情還是健康各方面，都經歷了不同的變化。進入新的一年，肖豬者與太歲無沖無合，整體運勢顯得較為平穩，人際關係和心情也逐漸恢復正常。新一年中，肖豬者得到了兩顆與事業和財運有關的吉星高照，預示著事業發展良好。「月德」貴人星能化解災厄並帶來平安，有助於改善人際關係，對於自僱或從商者特別有利。今年可積極拓展業務，並有望取得顯著成果。打工一族，能獲得客戶的支持和上司的欣賞，有望升職加薪。

「天乙貴人」代表著凡事能夠逢凶化吉，當遇到困難時，身邊的貴人將自動伸出援手，輕鬆化解各種難題。

然而，雖然吉星眾多，凶星方面卻也不容忽視。其中包括「死符」、「劫煞」、「晦氣」和「小耗」，這些凶星對健康運及家宅運造成負面影響。「死符」主導著家宅運的不利影響，因此建議肖豬者主動為家居進行小型維修或更換家具，有助於提升家宅運。

隨著「劫煞」凶星的入主，代表容易發生災禍和意外。為此，建議肖豬者佩戴本命佛阿彌陀如來的密宗吊墜，有助化解血光之災。

此外，「小耗」作為破財星，容易導致金錢上的損失。因此，建議避免高風險的投機活動和減少賭博，可以轉而投資於風險較低的藍籌股，以免造成金錢上的損失。

總而言之，馬年工作運尚可，但家宅運仍然欠佳，需不斷留意，切不可掉以輕心。

【財運】

丙午年在「月德」及「天乙」兩顆吉星的拱照下，正財收入穩步上揚。肖豬者可以積極尋求新的商機，擴展業務範圍，以及提升自身的專業技能，從而吸引更多客戶的支持。此外，主動與行業內的專業人士建立良好的聯繫，參加各類商業活動或網絡研討會，也有助於增加曝光率和拓展人脈。

自僱及從商者，能得到貴人的相助，更多客戶的支持下能顯著增加營業額，使整體收入高於去年，努力工作自然能提升公司的利潤。打工一族，有望獲得上司或老闆的賞識，升職加薪的機會將隨之而來，進一步增加整年的收入。

惟受到「小耗」星的影響，可能會因突如其來的狀況而面臨破財。

【事業】

脫離沖太歲的年份，馬年肖豬者的事業發展穩步上揚，與去年相比，工作運勢更為穩定，有望打開一個新局面。在「月德」貴人星的幫助下，人際關係將更加順遂。打工一族能夠得到上司或老闆的賞識，工作進展順利。自僱和從商者，得益於吉星和相合的力量，在新舊客戶的支持下，營業額有望顯著提升。

「天乙」星代表逢凶化吉，當工作遇到任何問題時，貴人將會出面幫忙解決，讓一直困擾已久的難題最終得到解決。

然而，受到「死符」凶星的影響，容易引起是非和謠言等問題，因此在工作場合中，應宜低調行事，避免因過於張揚而引起他人的不滿。

【感情】

去年為感情關口年，經歷過感情變化的朋友，在馬年有望結識新伴侶，重新出發。單身女性可以透過工作場合，遇到優秀的對象，不妨主動出擊，為未來的幸福而努力。單身男士則建議主動參加社交聚會，以認識具有長遠發展潛力的對象。

已有伴侶者，在去年若曾有結婚或添丁等喜事，今年仍可延續喜慶運。如果去年沒有任何喜事沖喜，則在與伴侶相處時，應多換位思考，從對方的角度看待事情，並透過理性的溝通來解決問題。

受到「死符」凶星的影響，可能導致家人身體欠佳，因此平日要多關心伴侶，切勿因工作繁忙而忽略對方的感受。

豬

【健康】

丙午年健康運及家宅運欠佳，需時刻注意身體狀況。「劫煞」及「死符」凶星的入主，象徵著家宅運的不佳。建議為家居購買家居保險，並考慮進行小型維修或更換家具，以提升家宅運。

在家宅運欠佳的年份，切忌探病問喪，避免出入陰氣較重的地方，例如殯儀館、墳場等，以免沾染負能量影響個人氣場。平日可佩戴本命佛阿彌陀如來的密宗吊墜，有助於化解災禍及增強自身能量。

患有長期慢性疾病的朋友，今年病情可能會變得嚴重，務必按時服藥。一旦病情惡化，切忌拖延。

此外，平日多做善事，為有需要的人士贈醫施藥，能提升自身福報。

肖豬者運勢

★一九三五年：乙亥年（虛齡九十二歲）

去年受到「沖太歲」的影響，健康運欠佳，今年健康情況仍然未如理想，患有長期病的長者，病情會有所惡化，若有不適馬上求醫，切勿耽誤病情。容易破財的年份，若有親朋好友向你提出借貸要求，切勿輕易答應，以免造成金錢上的損失。

★一九四七年：丁亥年（虛齡八十歲）

運勢不過不失，財運欠奉的一年。受到「小耗」凶星的影響下，財運欠佳，不宜投資高風險、高回報的理財產品，以免到頭來一無所有。健康運平平，如有任何不適，務必馬上求醫，以免拖延病情。可在蛇年年尾，到醫院進行詳細的身體檢查。

★一九五九年：己亥年（虛齡六十八歲）

馬年健康運平平，受到「劫煞」星的影響下，家宅運較為一般，不妨為家居購買家居保險，並考慮為家居進行小型維修或更換家具，有助提升家宅運。人際關係較去年進步，可抽空相約三五知己好友，一起外出用餐或是旅遊，能令心情變得更愉快。

★一九七一年：辛亥年（虛齡五十六歲）

事業發展理想的一年，在「月德」吉星高照下，人際關係順遂，可得到貴人相助。仍在工作中的朋友，有望能藉着吉星的力量，令事業更上一層樓。與伴侶相處融洽，平日宜多抽時間關心對方。

★一九八三年：癸亥年（虛齡四十四歲）

工作發展順利，自僱及從商者，務必要乘勝追擊，開拓新的業務範疇，有望取得更高的成就。打工一族，可主動在上司或老闆面前展現自我能力，有助升職加薪。已婚者，與伴侶關係回復正常，在假日時可以主動為對方製造驚喜，策劃甜蜜的約會來增進感情。

★一九九五年：乙亥年（虛齡三十二歲）

去年曾經歷感情變化的朋友，來到新一年可重新出發。單身者可主動出席社交聚會，有望結識新的異性朋友，但在剛相識時不要對異性過於熱情，以免嚇到對方。財運平平，儘管收入上升，卻仍會出現不少無謂及莫名其妙的開支。因此，建議切忌投資高風險的理財產品或參與賭博。

★二〇〇七年：丁亥年（虛齡二十歲）

學習運不過不失，仍在學習階段的朋友，馬年報讀太多課外活動，令你分身不暇，只能多抽時間追上學習進度。感情發展未如順利，伴侶有機會出現三角關係，與其想盡辦法留住對方，不如把心思花在自己身上，令自身變得優秀才是長遠的做法。

★二〇一九年：己亥年（虛齡八歲）

學習平平未有太大進步。健康運一般，容易患上小疾病及傳染病，回家後做好清潔，平日不要到處亂摸，培養定期洗手的習慣。

每月運程

農曆正月（新曆2月4日至3月4日）

相合貴人月，人際關係能藉此機會得到改善。本月宜多相約朋友、同學、同事聚會，以增進彼此之間的關係。事業方面，務必要勇往直前把握機會。從商或自僱人士，有望提高本月營業額。打工一族，工作表現令人滿意。

財運順暢之月，正財及偏財運亨通，喜歡博彩的朋友，可在本月參與短線投資及投注心水馬匹或球隊，只要不太貪心，便能有所收穫。

已有伴侶者，本月感情甜蜜，可與伴侶結伴出遊，增進雙方感情。單身者，可邀請女性長輩為你介紹年齡相若的異性，擴闊社交圈子。

應酬較多的月份，保持作息定時，身體永遠排第一位。

農曆二月（新曆3月5日至4月4日）

貴人運旺盛的月份，事事順利。工作能力得到別人認同。受薪一族，靠自身的專業能力奠定事業基礎，可得到上司及老闆的賞識，發揮所長。自僱及從商者，自身的業務能力出色，在行內知名度有所提高，令營業額上升。

正偏財運亨通，有望遇到高風險高利潤的投資項目，若能承受相關風險，不妨大膽一試。

已有伴侶者，可在本月結伴同遊，到不同的地區旅遊，為彼此創造更多甜蜜回憶，美好的回憶就像關係存錢罐，將來遇到任何危機，仍能攜手面對。單身者，可結識合適的伴侶，能進一步發展。

心情舒暢，健康自然好，平日着重休息即可。

農曆三月（新曆4月5日至5月4日）

多勞多得的月份，運勢良好。工作表現得到上司的認可，打工一族可藉此機會展現自我能力，有望升職加薪。自僱或從商者，建議可在本月落實未來半年的計畫，為事業打好基礎。

財運尚可，投資方面會出現「三更貧、五更富」的現象，要學會見好就收，不宜參與高風險的投資活動及賭博，以免招致金錢上的損失。

已有伴侶者，感情發展平穩，宜多與伴侶溝通。單身者，心儀對象已有伴侶，只好作罷。盡快收拾心情準備認識新的異性。

保持身體健康和良好心情至關重要，運動有助於釋放壓力，能有效舒緩壓力，令自己心情更舒暢。

農曆四月（新曆5月5日至6月4日）

「巳亥相沖」之月，運勢較為反覆。心情及人際關係會有所退步。經常胡思亂想，把簡單的事情複雜化，與其擔心將來，不如做好現在。同時要注意本月的是非、口舌問題日益嚴重，故處事不宜太過高調，要以謙虛的態度待人，不要自以為是。

容易破財的月份，避免投資高風險的金融衍生產品及減少參與賭博，減少造成金錢損失的風險。

已婚者，與伴侶經常因小事而發生爭執，不妨與伴侶減少見面次數，避免正面衝突。單身者，時機未到只能等待。

健康運欠佳，容易出現意外，可主動捐血或洗牙，能化解血光之災。同時可佩戴阿彌陀如來的密宗吊墜，能增強自身運勢。

農曆五月（新曆6月5日至7月6日）

學習運良好，把握機會充實自身。自僱及從商者，宜多參加行業的講座和研討會，有助擴闊視野及提升專業知識。打工一族，空閒時間報讀與工作相關的短期課程，能夠提升自己的能力，增加晉升的機會。

正財運較好，可藉着工作關係而增加正財收入。偏財運一般，不宜參與賭博及高風險的投機活動。

已有伴侶者，關係有所緩和，可繼續修補雙方關係，多向伴侶表達內心情感，訴説愛意。單身的朋友，可報讀興趣班，增加認識志同道合異性的機會。

運動能促進新陳代謝，只需抽出時間定期做運動，便能促進身體的恢復，讓心情保持愉快。

農曆六月（新曆7月7日至8月6日）

相合之月，人際關係明顯好轉。在「天德」貴人的幫助下，有望在事業上取得進展。自僱及從商者，在客戶的支持下，營業額上升，收入大幅增加。打工一族，工作量增加，幸好努力得到相應的回報，在貴人的幫助下，有望升職加薪。

財運不錯，正財運為主。謹慎對待高風險的投資，如賭博或短期股票交易，以免錄得虧損。

已婚者與伴侶之間的關係如膠似漆，建議多製造驚喜，增進感情。單身者可多參加社交聚會，及報讀興趣班，有助擴闊社交圈子。

身體狀況良好，盡量減少出外應酬，放假時抓緊機會休息。定期運動可以提高免疫力，努力抽出時間來培養運動習慣。

農曆七月（新曆8月7日至9月6日）

受到「申亥相害」的影響下，人際關係急劇轉差。工作期間，經常有小人在背後指指點點，正所謂「明槍易躲，暗箭難防」，是非、口舌、麻煩事會較多，建議專注自身不要理會他人的事情。

財運亨通，正偏財不俗，喜歡博彩的朋友，可以「刀仔鋸大樹」的方式來進行投注，只要不太貪心便能有所收穫。

已有伴侶者，多體諒及包容對方，要注意自己的言行，避免因小事而與伴侶爭執。單身的男士，有結識異性的機會，惟性格不合不宜多想。

家宅運欠佳，容易發生意外及災禍，不宜參與高危險性的活動，例如滑水、潛水、機動遊戲等等。

農曆八月（新曆9月7日至10月7日）

金銀滿屋、財運亨通，事業發展勢如破竹。自僱及從商者應充分利用人脈，尋求貴人的指導，為未來鋪平道路。打工一族，在工作中保持專注及努力，主動在上司面前展現能力，能提高升職加薪的機會。

求財得財，正財收入穩定，偏財運亨通，閒時可投注喜歡的馬匹或球隊，有助增加工作以外的收入。

已婚者感情穩定，可抽空在假日與伴侶重遊舊地，重拾昔日甜蜜回憶，以增進感情。單身者主動參與社交聚會，有望結識條件優秀的異性。

長期使用電子產品，會令眼睛過度疲累，會令近視加深，偶爾放下電話，讓眼睛好好休息一下。

農曆九月（新曆10月8日至11月6日）

運勢亨通，事業蒸蒸日上。自僱及從商者應善用人際網絡，尋找貴人相助，為事業鋪路。打工一族，業務能力出色得到上司及客戶的欣賞，有望升職加薪。

財運亨通的月份，宜做足準備、看準時機，遇到合適的投資機會，不妨大膽一試，若能夠抓緊機會便能有所進帳。

已婚的女性，即使有他人追求亦要保持理智，緊記要保持適當距離，以免出現三角關係，影響維繫多時的婚姻。單身的女性，透過工作而結識價值觀相近的異性，不妨主動向對方示好。

「子欲養而親不在」，抽空跟父母一起吃飯，多關心他們的身體狀況。

農曆十月（新曆11月7日至12月6日）

「亥亥之刑」之月，本月人際關係急轉直下，工作時會出現許多不實的謠言及有小人在背後刻意中傷。事業進入停滯不前的時期，只能靠自己的能力來解決，事倍功半的月份，經常飽受壓力。

求財困難，不宜對財運抱有太大期望，經常會出現莫名其妙的開支，要控制自己不可胡亂消費。

已婚者不要經常為了小事而跟伴侶爭吵，對方只會覺得你無理取鬧，長久下來必定會影響雙方感情，在處理感情的時候必須忍讓。單身者時機未到，等待下月。

若患有慢性疾病的朋友，要注意本月病情會轉趨嚴重，記得要定時服藥。

農曆十一月（新曆12月7日至27年1月4日）

桃花運暢旺，人際關係明顯轉好。在「天乙」貴人星的幫助下，即使工作遇到難題，在貴人相助下問題迎刃而解，縱使發生突發事件也會有人熱情相助。平日也可多聆聽別人的意見，不要一意孤行。

正財運亨通，偏財運欠奉。須努力工作才可賺取相應的收入，不要進行高風險的投資或投機決定。若身邊的親朋戚友向你提出借貸或擔保的要求，要想清楚自己能否承受風險。

已有伴侶者，宜好好把持自己，要時刻提醒自己不能做一些越界的事情。單身者，桃花運旺盛，即使再心急脫離單身，亦要看清楚新相識異性的性格和價值觀。

健康運良好，多注重休息即可。

農曆十二月（新曆27年1月5日至2月3日）

來到年尾，本月可得貴人相助，工作上會得到客戶支持。工作進展順利，能夠取得良好的成績。自僱及從商者，經營的業務會得到舊客戶支持，而令整體營業額上升。打工一族，把握機會在上司或老闆面前展現自身實力。

財運不俗，主要以正財為主。投資運仍未為最佳時機，若遇到合適的投資產品，只可作小量投資，以免貪字得個貧。

已婚者感情甜蜜的月份，多與伴侶溝通，表達內心的愛意。單身者遇上心儀已久的對象，不妨主動出擊相約對方外出。

平日多留些時間運動，能強化心肺功能，心情也會變得輕鬆愉快。

鼠

肖鼠開運錦囊

★「一喜擋三災」以喜事來迎接沖太歲的年份。

★「大耗」象徵破財，丙午年不宜進行高風險的投資或投機。

★建議在立春後前往廟宇攝太歲。

★農曆五月及農曆十一月主動捐血或洗牙，以化解血光之災。

★避免探病問喪，以免受到負能量的影響。

肖鼠者出生時間（以西曆計算）

1936 年 2 月 5 日 07:30 分	至	1937 年 2 月 4 日 13:26 分
1948 年 2 月 5 日 05:43 分	至	1949 年 2 月 4 日 11:23 分
1960 年 2 月 5 日 03:23 分	至	1961 年 2 月 4 日 09:13 分
1972 年 2 月 5 日 01:20 分	至	1973 年 2 月 4 日 07:04 分
1984 年 2 月 4 日 23:20 分	至	1985 年 2 月 4 日 05:13 分
1996 年 2 月 4 日 21:09 分	至	1997 年 2 月 4 日 03:04 分
2008 年 2 月 4 日 19:02 分	至	2009 年 2 月 4 日 00:52 分
2020 年 2 月 4 日 17:04 分	至	2021 年 2 月 3 日 23:00 正

整體運程

今年對於肖鼠者而言，是「沖太歲」的年份，因受到「子午相沖」的影響，整年的運勢變化會較為頻繁。如果能夠「一喜擋三災」，以喜事來迎接沖太歲的年份，則能夠平安順遂。

新的一年雖然沒有吉星高照，但馬年卻是工作升遷的好時機，對事業運特別有利。由於與太歲相沖，因此在這一年「宜動不宜靜」，適合進行各種喜事，例如結婚、置業、添丁、創業等，能夠化解沖太歲的變化。

若無法進行喜事，新一年的運勢則會起伏不定，面對是非及小人問題時，務必要特別謹慎行事。馬年需做好心理準備，因為將會面臨較大的動盪和各種變化，運勢起伏不定，容易遭遇挫折，凡事保持小心謹慎的心態至關重要。

在吉星欠奉的情況下，受到多個凶星的影響，今年將會是一個辛苦的年份，宜提前做好心理準備，令內心變得更為強大，以迎接各種挑戰。

受到「大耗」、「歲破」及「欄杆」的影響，運勢平平。「大耗」象徵破財，丙午年不宜進行高風險的投資或投機，以免因投資失誤而遭受損失。「歲破」代表人際關係一般。「欄杆」則暗示做事困難，一波三折。

總言之，若能在馬年進行喜事沖喜，或多參加喜慶活動，將有助於增強運勢。建議在立春後前往廟宇攝太歲，並在農曆五月及農曆十一月主動捐血或洗牙，以化解血光之災，避免探病問喪，以免受到負能量的影響，進而影響個人的運勢。

【財運】

工作升遷之年，正財運較為可觀，但受到「沖太歲」及其他凶星的影響，偏財運則顯得平平，因此凡事仍需依靠自身的努力。「大耗」凶星的出現，象徵著破財之意，因此不建議進行任何高風險的投資。若有親友向你提出借貸或請求擔保，應謹慎考量，以免因財失義，影響彼此的關係。

對於自僱及從商者而言，整體收入相對穩定且向上發展，千載難逢，宜積極經營業務，爭取更高的營業額，從而提升整體收入，抓住市場機會，加強與客戶的聯繫，將有助於業務的增長。打工一族，收入不變但支出增加，需注意避免隨意花費，應減少日常生活開支。

【事業】

權力提升之年，宜把握機會，積極裝備自己，以迎接未來的挑戰。對於自僱及從商的朋友而言，應積極拓展事業領域，為客戶提供更優質的服務或產品，有助於在行內打響知名度，爭取成為行業的龍頭，提升自身的市場競爭力。

然而，因為相沖之年的影響下，丙午年在職場上可能會感受到諸多阻攔。打工一族無論在工作中付出多少努力，卻往往難以獲得上司或老闆的認可及賞識。「欄杆」凶星入主，主工作中容易遇到困難，常常會出現「事倍功半」的情況。

馬年若考慮轉換工作，必須做好充分的準備，切忌衝動行事，千萬不要「裸辭」。

【感情】

來到沖太歲之年，感情容易出現變化。正所謂「太歲當頭坐、無喜必有禍」，對於已有穩定交往對象的人士，今年可考慮踏入人生的新階段，籌備結婚，以喜事來應驗沖太歲的變化。而對於未能進行喜事者，維繫感情需格外小心，避免對伴侶有過多抱怨。已婚者則可能因生活瑣事而與伴侶頻繁爭吵，建議可以採用「小別勝新婚」的方式，減少見面次數，從而避免正面衝突。

單身的男性，若想順利談戀愛，就需要主動出擊，積極參加社交聚會。單身的女性則可以透過工作場合結識異性，但若對方已有伴侶，則需果斷放手，以免陷入不必要的麻煩。

【健康】

在「沖太歲」之年，健康及家庭運勢受到影響，因此必須時刻留意身體狀況。對於長期病患者，一旦感到不適，務必立即尋求醫療幫助，千萬不要拖延。建議在立春後，前往熟悉的廟宇攝太歲，特別是在農曆五月和農曆十一月期間，可以主動捐血或洗牙，有助化解血光之災。

若能多參與喜事，參加慶祝活動，並多做善事積福，將能增強健康運。平日可佩戴本命佛千手觀音的密宗吊墜，以減輕犯太歲的影響。

另外，「災煞」凶星的入主，特別不利於出門，容易發生意外，例如財物損失和手腳受傷等。旅行前建議購買旅遊保險，以減少因意外而造成的財物損失。

肖鼠者運勢

★一九三六年：丙子年（虛齡九十一歲）

春天及夏天出生的長者，若本身已患上與眼睛、心臟、血液及血管等疾病，今年病情會出現明顯惡化，而提前做好心理準備，並可在蛇年年尾到醫院進行詳細的身體檢查。同時今年財運欠佳，不宜進行任何投資理財活動，以免錄得重大虧損。

★一九四八年：戊子年（虛齡七十九歲）

運勢欠佳的一年，人際關係明顯出現退步，與後輩相處經常力不從心。健康運尚可，平日需要注意飲食，切記進食過於肥膩、高糖份的食物，以免引起健康問題。財運不俗，早前投資的理財產品，來到馬年終於得到相應的回報。

★一九六〇年：庚子年（虛齡六十七歲）

受到「災煞」凶星的影響下，家宅運欠佳，應避免探病和問喪，以免受到負能量的影響，進而影響個人運勢。破財的年份，避免投資任何高風險的理財產品，例如牛熊証、期權及賭博等，以免錄得虧損。與伴侶經常因小事而發生爭執，宜多包容對方，否則雙方感情只會越來越差。

★一九七二年：壬子年（虛齡五十五歲）

天干「丙壬相沖」，財運及健康運明顯轉差。馬年吉星欠奉，受到多顆凶星的影響，今年運勢起伏不定，宜應提前做好心理準備，令自身變得更強大，以迎接各種挑戰。此外，財運欠佳，不宜進行任何投資決定，以免錄得虧損。

若有人向你提出借貸或擔保要求，要衡量自身是否能承擔損失金錢的風險。

★一九八四年：甲子年（虛齡四十三歲）

自僱及從商者，事業迎來轉機，可在馬年考慮開拓新業務，整體收入平穩向上，務必要把握機會積極經營業務，爭取更高的營業額，提升整體收入。打工一族，不宜轉工，以免越轉越差。已婚者，與伴侶關係時好時壞，經常因為生活瑣事而出現爭執。

★一九九六年：丙子年（虛齡三十一歲）

已有穩定交往對象者，可在今年考慮踏入人生新階段，籌備結婚，以喜事來應驗沖太歲的變化。至於未能進行喜事的朋友，必須小心維繫感情，不要對伴侶有太多抱怨，互相包容、體諒，吵架前多想想對方優點，以免出現感情變化。工作發展平平，並沒有太大的升遷運。

★二〇〇八年：戊子年（虛齡十九歲）

求學階段的朋友，在「欄杆」凶星的影響下，代表做事困難，容易產生「事倍功半」的感覺，難以進入心儀學府，只能自己加倍努力。已有工作者，事業運勢欠佳，不宜轉換崗位或轉工，以免新不如舊。感情運勢不過不失，尚未穩定者，今年有機會面臨分手。

★二〇二〇年：庚子年（虛齡七歲）

家宅運欠佳，外出旅遊時要時刻留意子女，以免造成手腳損傷。同時亦要著重家居衛生，避免感染生病。外出期間可戴口罩，有助防止傳染病。

每月運程

農曆正月（新曆2月4日至3月4日）

雖然今年是沖太歲的生肖，但正月仍未完全受到太歲影響。本月貴人運旺盛，自僱及從商者，事業會出現很多新的發展機遇，務必要把握機遇，開展新的業務範疇。打工一族，可多參與社交活動及工作聚會，能結識更多潛在的客戶，為事業打好基礎。

財運尚可，主要以正財為主，遇到合適的投資機會可小試牛刀，只要不太貪心便能有所收穫。

已有伴侶者，可多抽空陪伴愛人，多花時間了解對方內心感受。單身者宜主動擴大人際交往圈，不要每天圍繞工作。

健康運大致良好，惟工作繁忙要注重休息，盡量保持早睡早起的習慣。

農曆二月（新曆3月5日至4月4日）

「子卯相刑」的月份，人際關係倒退。整月情緒較為不穩，容易與人起爭執。幸好遇到困難時，有貴人出面幫忙解決，緊記凡事都能解決，不妨學習從別人角度思考、多諒解他人。

財運較上月有所回落，主要以正財為主。偏財運倒退，投資方面不宜進取，要以穩健為主。減少參與賭博及投資高風險的金融衍生產品。

單身者，不宜把自己的姿態放得太高，以免遲遲未能脫離單身，你在挑選別人時，別人也在挑選你。已有伴侶者，經常因為小事而與伴侶爭執不斷，建議彼此放下心中成見，好好坐下來傾談。

已患有慢性疾病的朋友，要格外注意身體，緊記嚴遵醫囑服藥。

農曆三月（新曆4月5日至5月4日）

相合之月，可得貴人相助，事業發展平穩向上。工作只要努力，便能得到相應的回報。自僱及從商者，一直默默耕耘地工作，工作的成果始終會被人看見。打工一族，同事之間競爭激烈，只好加倍努力。

財運不俗，主要以正財為主。投資運仍未為最佳時機，若遇到合適的投資產品，只可作小量投資，以免貪字得個貧。

已有伴侶的朋友，感情更見穩定，若有結婚、添丁的想法，不妨在本月實行。單身的男士，把握機會主動參加社交活動，有望遇到合適的另一半。

應酬較多的月份，推卻非必要的社交聚會。保持作息定時，身體才是最重要。

農曆四月（新曆5月5日至6月4日）

多勞多得的月份，努力便可得到相應成果。自僱及從商者，本月事業運暢順，做事得心應手，宜好好把握時機，並藉此機會開展新業務或推出新產品，在新舊客戶的支持下，營業額定能節節上升，得到不錯的成果。打工一族，避免太高調而引起別人的妒忌心。

財運不過不失的月份，以正財為主。打工一族，平平無奇。從商及自僱者，能遇到新的機遇，可藉此機會提高營業額，增加整體收入。

已婚者感情穩定，可抽空在假日與伴侶重遊舊地，重拾昔日甜蜜回憶。單身者繼續等待。

健康方面並無大礙，平日可因應身體需要來服用合適的營養補充品。

農曆五月（新曆6月5日至7月6日）

沖太歲之年的相沖月，心情及人際關係會有所退步。不要經常胡思亂想，把簡單的事情複雜化，與其擔心將來，不如做好現在。

財運欠佳，本月開支較大，故要學習妥善理財，否則會收支不平衡，不宜參與高風險的投資活動，例如：牛熊證、賭博等，以免破財。

已婚者本月感情不穩，內心總認為對方對自己關心不足，建議可把內心的想法與對方分享。單身者，有些事急不來，只能繼續等待。

家宅運一般，切忌參與任何高危險性的活動，例如：潛水、滑水、跳降落傘等等，以免出現手腳受傷。平日可佩戴千手觀音的密宗吊墜以保平安。

農曆六月（新曆7月7日至8月6日）

相害之月，幸好財運未有受到影響，事業進展順利。自僱及從商者，經營的業務能得到舊客戶支持，整體營業額上升。打工一族，在公司要注意言行舉止，避免引起上司或老闆不滿。

財運不過不失的月份，以正財為主。打工一族，平平無奇。從商及自僱者，能遇到新的機遇，可藉此機會提高營業額，增加整體收入。

已有伴侶者，感情發展平穩，宜多與伴侶溝通。單身者，可透過身邊朋友介紹，認識年齡差距較大的異性，不妨與對方約會，了解對方是否有感覺。

家宅運一般，避免在本月外出旅遊，若必須外遊出發前可購買旅遊保險，減少因意外而造成的財物損失。

農曆七月（新曆8月7日至9月6日）

財運廣進、八方來財，財運及事業運平穩向上。事業上能獲得眾人的認可，得到貴人的扶持及幫助，務必要乘勝追擊，為事業打好根基。

財源滾滾來，整年財運最好的月份。自僱及從商者，在男性客戶的支持下，營業額上升，收入大幅增加。打工一族，工作量增加的同時收入亦有所增加，在貴人的幫助下，工作更上一層樓。

已有伴侶者，感情甜蜜與伴侶相處融洽，心情愉快，希望成為新手父母者，可好好把握本月。單身者，宜多參與社交聚會，穿戴整齊得體便能給人留下良好印象。

心情愉快，自然身體健康，定期做運動，保持良好生活習慣。

農曆八月（新曆9月7日至10月7日）

桃花運旺盛，對人際關係有正面幫助，自僱及從商者，在客戶的支持下，只要努力工作便能得到相應的回報。打工一族，能得到貴人賞識，可在上司及老闆面前展現自我能力，爭取升職加薪的機會。

財運亨通之月，可與他人一起合作投資，能加強自身運勢。喜歡賭博的朋友，可用「刀仔鋸大樹」的方式進行，有望獲得意外之財。

即使已婚，桃花運依然暢旺，與伴侶以外的異性相處時，要保持足夠定力。單身者，可主動出席社交聚會結識異性，有望開展一段新姻緣。

隨著年齡增長要保持活力，健康的生活方式必不可少，可看中醫調理身體。

農曆九月（新曆10月8日至11月6日）

事業運順遂，只要努力就能得到相應的回報。自僱及從商者，事業會出現很多新的發展機遇，務必要把握機遇，開展新的業務範疇。打工一族，可多參與社交活動及工作聚會，能結識更多潛在的客戶，為事業打好基礎。

正財運為主，可看準時機投資中長期的投資產品，例如基金或是藍籌股，有望得到長遠回報。

已婚者感情穩定，即使工作繁忙，仍能抽空與伴侶一起處理家庭瑣事。單身的女士，在工作期間有望結識條件優秀的男士，但要留意對方是否單身。

交際應酬過多造成腸胃不適，平日多茹素、並保持清淡飲酒，不要經常進食煎炸、生冷、油膩的食物。

農曆十月（新曆11月7日至12月6日）

事業發展順遂，一直計劃已久的工作方案，可藉著本月運勢而提上日程，將會得到別人的認可及幫忙，能輕鬆完成工作目標。

財運方面，收入不穩者有望增加正財收入，固定薪酬者，會有輕微的加薪幅度，雖然未能符合預期。

單身的女士，透過工作場合遇上心儀對象，切勿太過急進以免嚇怕對方，一切循序漸進。已有伴侶者，感情平穩可藉此機會增進感情，為對方製造驚喜，來一個浪漫的約會。

健康運平常，注意飲食及休息，不要太過操勞，培養良好的生活習慣。平日可到郊外呼吸新鮮空氣，在繁忙的工作中找到喘息的空間。

農曆十一月（新曆12月7日至27年1月4日）

沖太歲之年，犯太歲之月，本月運勢欠順，心情低落。工作發展受阻，一切計劃難以順利開展，有舉步為艱的感覺。做好自己本分已經足夠，命運早已為你安排好一切。

財運相當一般，容易因心急而做錯投資決定，導致金錢上的損失，不宜太過進取。

已婚者，與伴侶爭吵不休，需互相體諒對方，說話前要想清楚，否則把傷人的話一說出口，便會覆水難收。單身的朋友缺少認識異性的機會。

本月切忌探病問喪，不宜出入陰氣較重的地方，例如醫院、火葬場、墳場等地，以免沾染負能量影響個人氣場。相反宜多參與喜事，例如婚宴、壽宴、百日宴等，有助增強運勢。

農曆十二月（新曆27年1月5日至2月3日）

本月為「子丑相合」的月份，終於脫離上月犯太歲的影響，心情及人際關係會較為穩定。工作方面有望得到貴人相助，例如一些久未聯絡的長輩。從商及自僱者工作機會增加，可多嘗試不同的工作範疇。

財運亨通的月份，運氣佳的時候不妨主動投資金融產品，平日亦可購買3T、六合彩來增加中獎的機會。打工一族，可主動在上司或老闆面前表現自己，爭取升職加薪的機會。

單身者有望結識新朋友，平日可多參與社交聚會，以增加遇上心儀對象的機會。已婚者本月關係有所改善，不妨與伴侶來一場約會，重拾昔日的甜蜜時光。

健康運大致良好，平日多注重休息即可。

牛

肖牛開運錦囊

★「害太歲」之年，代表人際關係平平。

★「紫微」及「龍德」吉星高照，馬年事業發展順利。

★在「國印」吉星的加持下，主手執帥印、大權在握。

★受到「暴敗」凶星的入主，財運上可能會出現較大的波動。

★「天厄」凶星主不利出門，出門在外時容易遇到意外或財物損失。

肖牛者出生時間（以西曆計算）

1937 年 2 月 4 日 13:26 分	至	1938 年 2 月 4 日 19:15 分
1949 年 2 月 4 日 11:23 分	至	1950 年 2 月 4 日 17:21 分
1961 年 2 月 4 日 09:23 分	至	1962 年 2 月 4 日 15:18 分
1973 年 2 月 4 日 07:04 分	至	1974 年 2 月 4 日 13:00 正
1985 年 2 月 4 日 05:13 分	至	1986 年 2 月 4 日 11:09 分
1997 年 2 月 4 日 03:04 分	至	1998 年 2 月 4 日 08:58 分
2009 年 2 月 4 日 00:52 分	至	2010 年 2 月 4 日 06:49 分
2021 年 2 月 3 日 23:00 正	至	2022 年 2 月 4 日 04:50 分

整體運程

丙午年為肖牛者的「害太歲」之年，代表今年的人際關係平平。所幸「害太歲」的影響力相對較小，只要謹慎言行，避免因無心的話語而得罪他人，並秉持「少說話、多做事」的處事原則，便能有效減輕犯太歲所帶來的不利影響。馬年為多勞多得的年份，加上有多顆與事業、財運息息相關的吉星高照，整體運勢相較於過去兩年有顯著提升，可謂事業發展順遂、財源廣進的一年。

在「紫微」及「龍德」兩顆強而有力的貴人星拱照之下，新一年事業發展十分順利，容易獲得貴人的提攜與賞識。不妨主動展現自身的工作能力，爭取表現機會，相信能獲得眾人的認可。即使在工作上遇到困難或挑戰，也不必過於憂慮，因為貴人總會在適時出現為你排憂解難、渡過難關。

馬年還有「國印」吉星加持，這顆吉星主管手執帥印、大權在握，預示著有升職加薪的機會。如果一直有轉換工作的想法，今年不妨付諸實行，或許能順利覓得一份更適合的工作。

惟受到一些凶星的影響下，各方面都務必要謹慎小心。「暴敗」星的入主，代表財運上可能會出現較大的波動。「天厄」凶星主不利出門，意味著出門在外時容易遇到意外或財物損失。

總體而言，雖然今年是「害太歲」的年份，但在眾多吉星的鼎力相助之下，即使遇到困難，最終都能逢凶化吉，化險為夷。

【財運】

在「紫微」和「龍德」這兩顆強而有力的貴人星的加持下，新一年財運亨通，為容易得財的年份。從商或自僱者，在客戶的支持下，營業額有望節節上升，努力經營業務，積極爭取更高的營業額，從而提升整體收入水平。

打工一族，「國印」吉星高照，有望得到上司或老闆的賞識，有望升職加薪。

然而，受到「暴敗」凶星的影響，代表財運上可能會出現較大的波動，容易招致金錢損失。例如，可能因為投資失敗、遭人欺騙等突發狀況而導致破財。因此，在與他人合作投資之前，務必要將雙方利益寫清楚，以免引起金錢上的糾紛。

【事業】

丙午年在「紫微」、「龍德」及「國印」等多顆強而有力的貴人星拱照下，事業發展可謂十分理想，容易獲得貴人的提攜與賞識。

自僱人士及從商者，事業運勢發展理想，做起事來得心應手，藉此機會積極開拓新業務或推出新產品，相信在新舊客戶的大力支持下，營業額必定能節節上升，最終取得令人滿意的成果。

打工一族，一直以來的默默耕耘，終於得到了貴人的提攜。在工作期間所提出的意見及建議，有望獲得上司或老闆的接納。

若是一直以來都有轉工或更換工作崗位想法的朋友，不妨在這個事業運勢順遂之年，將自己的想法付諸實踐。

【感情】

「害太歲」之年，人際關係較為平平。已婚者，今年需要特別小心維繫與伴侶之間的感情，切記不要對伴侶有過多的抱怨，而是要學會互相包容和體諒。在爭吵之前，不妨多想想對方的優點，並且可以試著用「小別勝新婚」的方式相處，適當減少見面次數，以避免正面衝突的發生。

單身人士，今年並沒有任何桃花星的眷顧。如果想要順利談戀愛，就需要主動出擊，積極參與各種社交聚會，增加認識異性的機會。不過，即使順利開展戀情，也要注意這段感情可能只是短暫的情緣，不宜抱持過大的期望。馬年建議將注意力放在工作上。

【健康】

馬年在多顆吉星的照耀下，整體健康運勢相當不錯。然而，受到「天厄」凶星的影響，意味著出門在外時容易遇到意外，或是發生手腳受傷的情況。因此，不建議在今年進行任何高危活動，例如笨豬跳、跳傘、潛水、滑雪等。建議在出門前預先購買旅遊平安險，以便應對旅途中可能發生的突發狀況。

惟家宅運勢平平，應盡量減少探病問喪的次數，以免招來災禍及疾病。不妨在家中西北及正南方位，分別擺放六帝錢，有助於化解災禍、疾病等負面影響。

此外，今年工作應酬的機會較多，休息時間也明顯減少。若身體感到任何不適，應立即尋求醫療協助，切勿延誤病情。

肖牛者運勢

★一九三七年：丁丑年（虛齡九十歲）

財運平平，年齡越大可承受的風險越低，今年不宜草率投資，要謹慎選擇投資項目，避免盲目跟風或聽信他人意見，而投資自己不熟悉的股票或基金。建議可以考慮將資金轉換為實物資產，以降低潛在的投資風險。健康運良好，平日可適量運動。

★一九四九年：己丑年（虛齡七十八歲）

健康運及家宅運良好，一直困擾已久的健康問題來到馬年，終於得到根治。平日可以定期看中醫調理身體，調整身體失衡的部分，達到固本培元的效果。同時飲食方面，建議以清淡為主，並可在每月的初一、十五茹素，可增添福報。

★一九六一年：辛丑年（虛齡六十六歲）

天干「丙辛相合」，人際關係良好，仍在工作中的朋友，貴人力量強勁，容易得到上司或老闆的賞識。在工作上，與客戶之間的相處也會十分融洽，工作成果也能獲得大家的認同。與伴侶相處溫馨甜蜜，平日可多抽空與對方外出遊玩，增進雙方感情。

★一九七三年：癸丑年（虛齡五十三歲）

在「紫微」及「龍德」吉星的幫助下，對於從事管理階層，或是在大型機構任職的朋友來說，將會特別有利。自僱人士或從商者，也能充分受益於吉星所帶來的力量。在新舊客戶的大力支持下，營業額有望獲得顯著提升。可以藉此機會積極開展新的業務範疇，同時也要不斷保持自身產品或服務的優勢，才能確保生意能夠長久經營，持續發展。

★一九八五年：乙丑年（虛齡四十二歲）

鼻樑高挺而光澤明潤者，新一年事業發展良好，而且能得到貴人提拔，容易得到上司或老闆的賞識。在工作期間，與客戶之間的相處也會十分融洽，工作成果也能獲得大家的認同，因此升職加薪的可能性相當高。但鼻樑有鼻節或較扁平者，則要注意健康問題，可在蛇年年尾進行詳細身體檢查。

★一九九七年：丁丑年（虛齡三十歲）

春天及夏天出生的朋友，新一年人際關係欠佳，容易因無心之失得罪他人。與伴侶相處時，經常因小事而發生爭執，建議互相包容及多對方角度思考。再加上家宅運平平，減少探病問喪，以免招來災禍及疾病。秋天及冬天出生者，則工作發展順利。

★二〇〇九年：己丑年（虛齡十八歲）

受到「害太歲」的影響下，人際關係一般。單身者，今年並沒有任何桃花星，如果想順利談戀愛，就需要主動出擊，多參與社交聚會，增加認識異性的機會。不過即使順利開展戀情，也要注意短暫情緣居多，不宜抱太大期望。倒不如把心思都放在學業上，提升自身價值，便能提高找到合適的伴侶的機會。

★二〇二一年：辛丑年（虛齡六歲）

受到「天厄」凶星的影響下，代表出門容易遇到意外、手腳受傷。家長帶小朋友外出遊玩，務必要注意小心，時刻留意小孩的情況。

每月運程

農曆正月（新曆2月4日至3月4日）

學習運強勁的月份，本月運勢較為平穩。自僱及從商者，可投資更多在學習上，並可以參加不同的比賽提升自己在行業內的知名度，只要多了別人認識便可以增加收入。打工一族，下班後可主動報讀與工作相關的課程，增強自身競爭力。

財運尚可，投資方面會出現「三更貧、五更富」的現象，要學會見好就收，不要太過貪心。平日可主動學習與理財相關的課程，打好根基。

已有伴侶者，感情發展平穩，宜多與伴侶溝通。單身者尚未有機會認識新的異性朋友，只好繼續等待合適時機。

注意個人衛生，不要進食生冷、太過油膩的食物，避免留下健康隱患。

農曆二月（新曆3月5日至4月4日）

有利學習的月份，肖牛者宜把握機會，報讀與工作相關的課程，增加自身的競爭力，以配合不同階段的事業發展。

正財運較好，可藉着工作關係而增加正財收入。打工一族，宜主動在上司或老闆面前表現自己，爭取升職加薪的機會。偏財運一般，不宜參與賭博及高風險的投機活動。

單身的朋友，會在工作場合結識年輕相差較大的新朋友，若彼此性格一拍即合，年齡絕對不是問題，可放膽一試。已有伴侶者感情甜蜜，不妨與愛人出外遊玩，增進彼此感情。

心情良好，趁春天天氣較好，宜多參與戶外活動，例如郊外旅行、行山等有益身心活動。

農曆三月（新曆4月5日至5月4日）

「丑辰相破」的月份，人際關係出現倒退。工作期間，經常有小人在背後指指點點，正所謂「明槍易躲，暗箭難防」，整月的是非、口舌會較多，建議凡事莫理，以免因無心之失而開罪別人。

財運順暢的月份，可購買中長期的理財產品，為日後的財富打好基礎。喜歡賽馬的朋友可以投注心水馬匹及購買六合彩彩票，增加中獎機會。

已有伴侶者，內心認為伴侶並不了解自己，容易對伴侶產生不滿，不妨找時間坐下來與伴侶詳談雙方之間的問題。單身的男士，遇到條件不錯的異性，不過可惜對方對你並沒有興趣。

健康狀況尚可，偶爾會出現小毛病，平日要多着重休息。

農曆四月（新曆5月5日至6月4日）

相合財運月，事業運蒸蒸日上，務必要好好把握機會。打工一族，宜在上司或老闆面前，主動提出及分享你的想法，有望得到他人賞識。自僱及從商者，可嘗試發展新的業務，會有良好進展。

全年財運最好的月份，務必要把握機會。與他人一起合作投資，可加強自己的運勢。喜歡賭博的朋友，可用「刀仔鋸大樹」的方式進行，有望獲得意外之財。

已有伴侶者，感情甜蜜與伴侶相處融洽，心情愉快，有望更進一步。單身者，宜多參與社交聚會，穿戴整齊得體便能給人留下良好印象。

健康狀況良好，相合之月並沒有太大問題，只要保持作息定時即可。

農曆五月（新曆6月5日至7月6日）

相害之月，人際關係出現倒退。工作期間會出現口舌、是非的問題，平日宜少說話多做事，多聆聽他人的意見改善自身，並要以禮待人並保持謙卑，切忌自以為是。

財運尚可，主要以正財為主，遇到合適的投資機會可小試牛刀，只要不太貪心便能有所收穫。

已有伴侶者，宜好好把持自己，所以要避免對異性太過熱情，否則容易出現三角關係，要時刻提醒自己不能做一些越界的事情。單身者，桃花運旺盛，即使再心急脫離單身，亦要看清楚新相識異性的背景，不要急於開展一段新感情。

交際應酬較多，令休息時間減少，避免暴飲暴食，以免腸胃不適。

農曆六月（新曆7月7日至8月6日）

害太歲之年的相沖月，本月運勢相當不穩定，會出現許多變化。工作上會出現突如其來的改變，要提前做好心理準備。

財運欠奉，出現破財。家中經常出現意外開支，宜量入為出做好理財規劃，以免入不敷支。

已婚者，與伴侶的磨擦增加，經常出現小吵小鬧，不過兩人很快便能和好如初。單身的朋友，透過工作場合可結識條件相若的異性，可惜對方已有伴侶。

家宅運欠佳，故不宜探病問喪，避免到醫院、墳場、殯儀館等陰氣較重的地方，以免沾染負能量影響個人氣場。平日可佩戴虛空藏菩薩的密宗吊墜，可保護自身能量。

農曆七月（新曆8月7日至9月6日）

脫離上月沖太歲影響，本月運勢回復平常，可得貴人相助。工作期間透過貴人的幫忙，能令事業出現轉機。逢凶化吉之月，個人思路清晰、想法通透，務必要把握時機，全力以赴，發揮自己的工作才能。若工作上有重要決定不妨在本月落實，能取得不錯的成果。

財運較上月有所進步，可看準時機投資中長期的投資產品，例如基金或是藍籌股，有望得到長遠回報。

已有伴侶者，雙方感情回復正常，宜多體貼關懷對方，為對方排憂解難作對方的後盾，感情自然變得如膠似漆。單身的朋友，可以多參加社交聚會。

心情不錯的月份，不妨偶爾茹素，增加自身的福報。

農曆八月（新曆9月7日至10月7日）

本月透過相合的力量，工作進展順利。一直計劃已久的工作方案，可藉着本月運勢而提上日程，得到別人的認可及幫忙，讓你輕鬆完成工作目標。

財運亨通之月，機會一瞬即逝，若遇到合適的投資機會，可大膽嘗試。喜歡賽馬運動的朋友，建議可以嘗試以「刀仔鋸大樹」的形式進行，有望獲得意外之財的機會。

感情因相合月的關係較為穩定，已有伴侶者可與伴侶外出約會，培養感情。單身女士，透過工作關係認識新的異性，建議好好把握機會，主動約對方出外散心，增加脫單的機會。

健康運良好，平日可多着重營養配搭，避免進食過多油膩、生冷食物。

農曆九月（新曆10月8日至11月6日）

「丑戌相刑」之月，人際關係欠佳。事業方面必須親力親為，整體工作量增加，對從商及自僱人士較為有利，營業額上升。打工一族，工作量增加之餘，是非、小人、麻煩事亦會增加。

財運欠佳的月份，不宜有重大投資，例如創業，業務擴張，買樓，大舉投資買股票等，容易招致損失，要小心注意財政，切勿輕信他人的意見而胡亂投資。

感情容易出現變化，感情未穩定者在本月可能分開。已婚者因壓力問題而情緒低落，容易把自己的情緒問題發洩在伴侶身上，導致雙方感情變差。單身者，時機未到。

健康運一般，務必要着重飲食，切記暴飲暴食。

農曆十月（新曆11月7日至12月6日）

在「紫微」及「龍德」吉星拱照下，肖牛者在貴人幫助下事業蒸蒸日上。打工一族可藉此機會展現自我能力，有望升職加薪。自僱或從商者，建議可在本月落實未來數月的計畫，為事業打好基礎。

財運較上月進步，主要以正財為主。偏財方面可作小量投資，惟不可太過貪心，以免最後錄得虧損。

脫離相刑月的影響，已婚者感情穩定，可抽空在假日與伴侶重遊舊地，重拾昔日甜蜜回憶，以增進感情。單身者，宜把握機會多出席社交聚會，有望結識新的異性朋友。

應酬較多的月份，推卻非必要的社交聚會。保持作息定時，身體才是最重要。

農曆十一月（新曆12月7日至27年1月4日）

「子丑相合」之月，運勢勢如破竹。打工一族，可得到上司或老闆的賞識及支持。從商及自僱人士，透過熟客的介紹下，可開拓新的客戶群，在新舊客戶的支持下，營業額將會有所提升。

正偏財運暢旺，可嘗試多元化的投資組合，例如：股票、債券、基金等。若有他人邀請合作做生意或投資，不妨認真考慮，有機會得到意外之財。

單身者，透過報讀興趣班，可遇上心儀的對象，從朋友關係互相了解，打好雙方感情根基，不要隨便開始一段新關係。已婚者，彼此感情穩定，平日可主動為對方送上驚喜，有助維繫雙方感情。

健康運大致良好，平日要注重保暖。

農曆十二月（新曆27年1月5日至2月3日）

犯太歲之月，人際關係出現倒退。工作壓力較大的月份，有些事急不來，若當下未能取得進展，不用氣餒，只要繼續耕耘便會有所作為。

財運欠佳，為破財的月份，所有與金錢有關的一切必須保持警惕，切勿進行任何投資決定。若有朋友邀請你一起合作投資，想清楚才作決定，有機會血本無歸。

已有伴侶的朋友，會對伴侶產生不滿，發現對象未如理想，建議可以停下腳步重新考慮一下伴侶是否適合自己。單身的朋友，宜把精神都放在工作上，不要為感情事而自尋煩惱。

明年便是沖太歲的年份，健康運一般，不妨做一個詳細的身體檢查，及定期茹素減少殺生，以求心安。

虎

肖虎開運錦囊

★「寅午戌」之年，人際關係理想，可得到貴人扶持。

★吉星欠奉，凡事未能如願以償，事業運及健康運平平。

★馬年容易遇到性格強勢、野蠻無理的女性。

★「指背」凶星入主，背後易遭人指指點點。

★在「大煞」及「飛廉」影響下，不宜進行任何高危險性的活動。

肖虎者出生時間（以西曆計算）

1938 年 2 月 4 日 19:15 分	至	1939 年 2 月 5 日 01:11 分
1950 年 2 月 4 日 17:21 分	至	1951 年 2 月 4 日 23:14 分
1962 年 2 月 4 日 04:15 分	至	1963 年 2 月 4 日 21:08 分
1974 年 2 月 4 日 13:00 正	至	1975 年 2 月 4 日 18:59 分
1986 年 2 月 4 日 11:09 分	至	1987 年 2 月 4 日 16:53 分
1998 年 2 月 4 日 08:58 分	至	1999 年 2 月 4 日 14:58 分
2010 年 2 月 4 日 06:49 分	至	2011 年 2 月 4 日 12:34 分
2022 年 2 月 4 日 04:43 分	至	2023 年 2 月 4 日 10:33 分

整體運程

去年為肖虎者犯太歲的年份，運勢平平。新一年為「寅午戌」三合的生肖之一，代表與太歲關係友好，代表運勢平穩向上，人際關係理想，可得到貴人扶持及有望與他人一起合作取得顯著成果。

惟馬年吉星欠奉，卻有眾多凶星潛伏，凡事未能如願以償，事業運及健康運平平。但好在今年是財運年，正財收入較為理想，整體運勢還算不錯，可主動爭取機會，只有不斷努力和自我提升，才能在競爭激烈的社會中立足。

凶星方面，有「白虎」、「指背」、「飛廉」及「大煞」入主。「白虎」代表容易遇到性格強勢、野蠻無理的女性，因此要控制好個人情緒，避免和人發生正面衝突。

「指背」凶星則代表背後易遭人指指點點，徒生事端，故須時刻謹記「事不關己，己不勞心」，盡量避免捲入他人紛爭與麻煩之中，以免造成事端。畢竟，「清者自清、濁者自濁」，人生發生的事情本質只佔百分之十，其餘的百分九十是視乎自身的心態及處理方法，讓自己變得強大，才是一生都需要學習的事情。

此外，受到凶星「大煞」及「飛廉」影響健康運，主意外受傷，故新一年要打醒十二分精神，不宜進行任何高危險性的活動，例如笨豬跳、跳傘、潛水、滑雪、攀石等。平日可多做善事，能增加自身福報。

總言之，馬年雖然沒有吉星幫助而且凶星重重，肖虎者宜審時度勢，趨吉避凶，方能安穩度過。切記，凡事謹慎，步步為營，便能於逆境中求勝。

【財運】

馬年財運亨通，加之與太歲關係友好，財運較去年有所提升，宜把握良機。新一年或有朋友主動邀約合作經商或投資，建議審慎評估，詳加研究後再作決定，有望增加全年收入。

自僱人士或從商者，勤勉工作，可獲豐厚盈利，取得佳績。打工一族，即便竭盡全力，也難以得到上司或老闆的提攜，只能繼續默默地耕耘。

受到「飛廉」及「大煞」凶星影響，馬年健康運及家宅運欠佳，易有突發性開支。新一年或需耗費較多於家宅或醫療方面，故建議主動購買家居保險、醫療保險或進行詳細身體檢查，以破財擋災之方式，把風險轉嫁給保險公司。

【事業】

丙午年事業運勢下滑，工作易遇阻滯，為重重難關之象。今年宜靜不宜動，若有轉換工作崗位、發展新業務或轉工等想法，皆不宜於今年實行，以免每況愈下。

自僱及從商者，受到「白虎」凶星入主，工作期間易遇處處針對你的女性小人，呈現先難後易之象。需注意平日言行舉止，慎防得罪他人而不自知。

打工一族，工作表現欠佳之年，易招致老闆及上司不滿。加之「指背」凶星，代表有小人在暗中造謠生事。職場上的小人，可視為令自身進步的推動力。人生不需要鶴立雞群，而是需要遠離雞群，努力讓自己變得更優秀，遠離層次低的人，才是一生需要追求的事情。

【感情】

新一年桃花星欠奉，幸好在合太歲的幫助下，人際關係尚可。單身男性受「白虎」星影響下，易遇性格強悍且以自我為中心之女性。若向來傾心於具主見之異性，則馬年可望結識幹練且獨立之女性，不妨把握機緣，積極追求。反之，若偏愛溫柔大方之類型，則需耐心靜候佳音。

單身女性，建議踴躍參與社交場合，主動結識年齡相仿之異性朋友，遇到合適對象，相約對方外出互相了解。

已婚人士，夫妻情感趨於穩定，相處和諧融洽。日常相處宜多設身處地，從對方視角出發，並以理性方式溝通交流。平日亦可精心策劃驚喜，為伴侶營造浪漫約會，增添生活情趣。

【健康】

馬年健康運及家宅運勢平平，受「飛廉」及「大煞」凶星影響，肖虎者務必要時刻關注自身健康狀況。建議於蛇年年尾到醫院進行詳細身體檢查，以求心安。

馬年容易發生小意外，故不宜參與任何高危險性活動。過馬路及駕駛時，務必留意道路安全，恪守交通規則，以防意外發生。平日可佩戴本命佛虛空藏菩薩的密宗吊墜，其外圈的六字大明咒，能消除業障與病痛，減少負能量之干擾。

患有長期慢性疾病者，今年病情或趨嚴重，務必按時服藥，病情若有惡化，即刻就醫，切忌延誤，以免病情難以控制。可主動為家居進行小型裝修及更換家具，有助提升整體家宅運。

肖虎者運勢

★一九三八年：戊寅年（虛齡八十九歲）

家宅運欠佳，患有長期慢性疾病的朋友，今年的病情會變得嚴重，緊記要按時服藥，病情一旦惡化，便要求醫切忌拖延病情，令病情一發不可收拾。財運尚可，若遇到合適的投資機會，可用「以小博大」的方式投注，有望得到意外之財。

★一九五〇年：庚寅年（虛齡七十七歲）

人際關係平平，與家人相處期間經常因小事而發生爭執。經常覺得與後輩相處力不從心，只能從對方的角度出發，主動了解新時代發展，不妨報讀操作智能手機課程。健康運勢未如理想，必要時刻留意身體狀況，建議在蛇年年尾可到醫院作詳細的身體檢查。

★一九六二年：壬寅年（虛齡六十五歲）

仍在工作的朋友，受到「白虎」凶星入主，工作期間會容易遇到處處針對你的女性小人，出現先難後易之象，注意平日的言行舉止，以免得罪人而不自知，是時候考慮退休。財運一般，未見有太大的進步，若遇到合適的投資機會，如太高風險則要考慮清楚，以免錄得虧損。

★一九七四年：甲寅年（虛齡五十三歲）

受到「飛廉」及「大煞」的影響下，馬年健康運及家宅運欠佳，可主動購買家居保險、醫療保險或作詳細的身體檢查，主動破財擋災。同時患有長期慢性疾病的朋友，今年的病情會變得嚴重，緊記要按時服藥，病情一旦惡化，便要求醫切忌拖延病情，令病情一發不可收拾。

★一九八六年：丙寅年（虛齡四十一歲）

眼睛有神，黑白分明者，運勢較好，若遇到合適的投資機會，不妨大膽一試，有望得到意外之財，工作進展順利，可嘗試多方面發展。相反眼睛無神者，馬年財運欠佳，不宜進行高風險的投資。已婚者，要小心處理與伴侶以外的異性關係，以免造成婚姻危機。

★一九九八年：戊寅年（虛齡二十九歲）

馬年吉星欠奉，凡事需仰賴自身實力。唯有更努力工作，勤能補拙，莫理會閒言閒語，專注自身發展。受到凶星的影響，容易發生小意外，故不宜在今年進行任何高危活動。過馬路及駕駛時，要時刻注意道路安全，遵守交通規則，以免意外發生。

★二〇一〇年：庚寅年（虛齡十七歲）

情緒起伏較大，特別出生在春天及夏天者，成績出現明顯退步，即使怎樣努力仍未如理想。家長的壓迫令你喘不過氣，與父母意見不合、經常發生爭執。只能自行找一些放鬆身心的活動，要注意避免誤交損友。

★二〇二二年：壬寅年（虛齡五歲）

人際關係良好，與家人關係密切，平日外出遊玩時能結識不少新朋友，家長可主動帶子女到郊外遊玩，從小接觸大自然能令身心更健康。

每月運程

農曆正月（新曆2月4日至3月4日）

去年為犯太歲生肖之一，來到馬年雖然不是犯太歲的生肖，但正月仍為傳統犯太歲之月，整體運勢欠順，心情低落。工作發展受阻，一切計劃難以順利開展，有舉步為艱的感覺。做好自己本分已經足夠，不要理會別人的事情，自作聰明只會招致失敗。

財運欠佳，破財之月，若有親朋好友向你提出借貸要求，凡事量力而為，不要只顧面子而輕易答應別人請求。

已婚者與伴侶出現過多爭執，不要常常因日常瑣事而與伴侶爭吵。單身者，繼續等候。

家宅運欠佳，已懷孕的婦女要加倍小心，靜心安胎，切勿粗勞過度，提防跌傷、撞傷，以防小產。

農曆二月（新曆3月5日至4月4日）

工作運強勁的月份，運勢不俗。工作期間透過貴人的幫忙，能令事業出現轉機。逢凶化吉之月，個人思路清晰、想法通透，務必要把握時機，全力以赴，發揮自己工作才能。若工作上有重要的決定不妨落實，能取得不錯的成果。

財運不俗，整體財運較上月進步，若遇到合適的投資機會，不妨以小試牛刀的方式進行，只要不太貪心便能有所收穫。

感情生活回復平穩，有伴侶者可享受甜蜜的二人世界。單身者桃花運旺盛，不妨主動相約心儀對象外出，多接觸才能知道對方的性格是否合適自己。

雖然工作繁忙，但仍要抽空做運動，才能維持健康體魄。

農曆三月（新曆4月5日至5月4日）

貴人相助之月，事業發展順利，打工一族可獲上司或老闆賞識，有望升職加薪，可多展現自我才能。自僱或從商者，在客戶支持下有望提升整體營業額，而增加本月收入，不妨考慮研發新業務或新產品，始終「逆水行舟、不進則退」。

正財運較好，可藉着工作關係而增加正財收入。偏財運一般，不宜參與賭博及高風險的投機活動。

已婚者，要注意與伴侶相處時的態度，不要太過沉醉於自我世界而忽略伴侶感受。單身者，可邀請長輩為你介紹對象，能提高開展戀情的成功率。

狀況良好，盡量減少出外應酬，放假時抓緊機會休息，舒緩長期累積的工作壓力。

農曆四月（新曆5月5日至6月4日）

「寅巳相刑」之月，運勢一般。工作上會遇到障礙，凡事小心為上，同時馬年受到「白虎」凶星的影響，工作期間會遇到性格強勢的女性，務必要忍讓，以免影響工作。

財運不過不失，家庭開支較大，只好量入為出，盡量避免購買不必要的物品，切忌投資高風險的理財產品。

已婚者本月感情不穩，內心總認為對方對自己關心不足，建議可把內心的想法與對方分享。單身者，你在挑選別人時，別人也在考慮你的條件，不要對愛情抱有太多幻想。

家宅運未如理想，需時刻留意家中長輩的健康，如有不適馬上求醫，以免病情惡化，平日多關心及陪伴長輩，珍惜眼前人。

農曆五月（新曆6月5日至7月6日）

相合之月，整體運勢良好。工作運順暢，可得貴人相助，打工一族，開會時提出的意見會得到上司或老闆的賞識，建議可在本月落實未來數月的計畫，為事業打好基礎。自僱及從商者，透過舊客戶介紹下，整體營業額增加。

財運不俗，不妨把握機會投資中長期理財產品，有望得到不錯的回報。主動學習理財的知識，培養良好的理財習慣，為未來生活做好打算。

已婚者感情穩定，可抽空在假日與伴侶重遊舊地，重拾昔日甜蜜回憶，以增進感情。單身者主動參與社交聚會，有望結識條件優秀的異性。

健康運大致良好，惟工作繁忙要注重休息，盡量保持早睡早起的習慣。

農曆六月（新曆7月7日至8月6日）

多勞多得的月份，受到「指背」凶星的影響下，宜凡事小心，自僱及從商者，在處理帳目時要清晰，不要因粗心而引致金錢上的糾紛，一切與金錢有關的事情，須思慮周全後才作決定。

財運一般，整月開支會較大，駕駛者不要違例泊車、超速，容易被罰款，記緊遵守交通規則。偏財運欠佳，不宜進行任何高風險投資項目，例如：賭博、牛熊證、期權等。

已有伴侶者本月感情較為穩定，可結伴出遊以增進雙方感情。單身的朋友，平日可利用獨處的時間看書學習或到健身房健身，裝備好自己才能等到對的人。

健康運大致良好，只需多休息便可。

農曆七月（新曆8月7日至9月6日）

「寅申相沖」之月，本月運勢相當不穩定，會出現許多變化。工作上會出現突如其來的改變，要提前做好心理準備。

財運欠佳，不宜有重大投資，例如創業、業務擴張、買樓、大舉投資買股票等，切勿輕信他人的意見而胡亂投資。

已婚者，情緒起伏較大，經常與伴侶發生爭執，可減少見面次數以免發生正面衝突。單身者可多參與社交活動，增加結識異性的機會。

健康運欠佳，再加上「飛廉」及「大煞」星入主易有血光之災，可抽時間捐血或洗牙，主動化解血光之災。同時不宜參與高危險性的活動，例如滑水、潛水、機動遊戲等等。

農曆八月（新曆9月7日至10月7日）

學習運強勁的月份，可好好把握本月學習新事物，藉此機會擴闊視野，加強在工作中的競爭力。自僱或從商者，可在本月嘗試新的工作方向，發掘更多工作機遇。打工一族，人際關係較上月好，工作時得到同事及上司的肯定。

財運一般，主要以正財為主，偏財運欠奉。必須努力工作才可賺取相應的收入，不要進行高風險的投資或投機決定。

已有伴侶者，感情非常穩定，可以好好享受兩人甜蜜的時光。單身者不妨用空閒時間，主動參加社交活動，藉此機會結識新朋友。

健康運不俗，可定期為家中進行大掃除，不要經常累積大量沒有用的物品，要學習「斷捨離」，運氣自然好。

農曆九月（新曆10月8日至11月6日）

財運亨通再配合相合的力量，工作進展順利。一直計劃已久的工作方案，可藉着本月運勢而提上日程，將會得到別人的認可及幫忙，讓你輕鬆完成工作目標。

不論是正財還是偏財，均較上月有所好轉。喜歡賽馬運動的朋友，亦可挑選自己心愛的馬匹進行投注，有望以「小試牛刀」的方式，獲得意外之財。

已有伴侶者，感情較為穩定的月份，可向對方分享自己內心想法，讓大家更加了解彼此，拉近雙方之間的距離。單身的男士，有望結識外表不錯的異性，宜主動出擊，有望抱得美人歸。

工作繁忙而導致作息不定時，壓力太大時，不妨放幾天大假。

農曆十月（新曆11月7日至12月6日）

全年財運最好的月份，再加上相合的力量，人際關係明顯得到改善。自僱及從商者，經營的業務會得到舊客戶支持，整體營業額上升。打工一族，平日可多與同事、客戶溝通，直接向對方表達自己的想法。

財運亨通的月份，再配合相合的力量，運勢旺盛。事業上能獲得眾人的認可，得到貴人的扶持及幫助，務必要乘勝追擊，為事業打好根基。

單身的朋友，多參加社交聚會，有助結識異性，遇到心儀對象時切勿太過心急，把對方嚇怕。已有伴侶者，本月與伴侶關係穩定，可多陪伴對方。

身體狀況良好，平日保持做運動的習慣，能保持身心健康及舒緩壓力。

農曆十一月（新曆12月7日至27年1月4日）

人際關係倒退，事業發展有限。受到「白虎」及「指背」凶星的影響下，工作時遭到小人從中作梗，令你寸步難行。不妨請幾天大假多加休息，減少與同事接觸，不要理會別人的想法，要知道只有父母才會真心想你好。

財運逐漸變差，收入與往常一樣，卻出現許多莫名奇妙的開支。不宜參與任何高風險的博彩及投機，以免造成金錢損失。

已婚者，與伴侶相處時要互相尊重及信任，凡事放輕鬆，不要太過執著。單身的女士，有望開展一段霧水情緣，易聚易散，提前做好心理準備。

容易受到失眠困擾，建議可在每晚固定時間睡覺，養成良好的生活習慣。

農曆十二月（新曆27年1月5日至2月3日）

事業運順遂，工作進展順利。一直計劃已久的工作方案，可藉着本月運勢而提上日程，將會得到別人的認可及幫忙，讓你輕鬆完成工作目標。

財運尚可，主要以正財為主，遇到合適的投資機會可與肖狗及肖豬者一起合作，用小試牛刀的方式投資，只要不太貪心便能有所收穫。

已有伴侶者，感情甜蜜溫馨，可多抽空陪伴對方，與伴侶多作心靈上的交流，了解對方內心感受，令雙方感情變得更為穩定。單身的女士，在工作場合可結識條件優越的男士，可惜對方已有伴侶。

平日要學會放鬆心情，偶爾放幾天大假，重新回到工作崗位，工作自然更加得手。

肖兔開運錦囊

★「破太歲」之年，人際關係平平。

★「天喜」正桃花星的進駐，代表容易有結婚、添丁等喜慶之事發生。

★「天乙貴人」代表凡事都能逢凶化吉，遇難呈祥。

★「捲舌」凶星主口舌之爭和官非訴訟。

★已婚人士容易捲入三角關係，務必小心處理感情問題。

肖兔者出生時間（以西曆計算）		
1939 年 2 月 5 日 01:11 分	至	1940 年 2 月 5 日 07:08 分
1951 年 2 月 4 日 23:14 分	至	1952 年 2 月 5 日 04:54 分
1963 年 2 月 4 日 21:08 分	至	1964 年 2 月 5 日 03:05 分
1975 年 2 月 4 日 18:59 分	至	1976 年 2 月 5 日 00:40 分
1987 年 2 月 4 日 16:53 分	至	1988 年 2 月 4 日 22:44 分
1999 年 2 月 4 日 14:58 分	至	2000 年 2 月 4 日 20:42 分
2011 年 2 月 4 日 12:34 分	至	2012 年 2 月 4 日 18:24 分
2023 年 2 月 4 日 10:33 分	至	2024 年 2 月 4 日 16:24 分

整體運程

新一年受到地支「卯午相破」的影響，肖兔者成為了犯太歲的生肖之一。雖然「破太歲」帶來的影響相對較輕微，但「破」有破壞、損害人際關係的意思，因此今年在人際關係和情緒方面可能會受到影響。幸好馬年整體運勢不錯，可以減輕「破太歲」的影響。

今年為財運滾滾的一年，只要付出便能有所回報。再加上在多顆力量強勁的吉星拱照下，包括「天喜」、「天德」及「福星」，令肖兔者在事業和財運方面均有顯著進步。

「天喜」正桃花星的進駐，預示著喜事連連，很可能會有結婚、添丁等喜慶之事發生。「天乙貴人」的出現，代表著凡事都能逢凶化吉，遇難呈祥。「天德」則象徵著上天之德，意味著能得到貴人的鼎力相助。與此同時，「福星」則代表著福氣臨門，即使今年為犯太歲的生肖，也能夠化險為夷，得到貴人的幫助，所有困難都能迎刃而解。

儘管有眾多吉星的加持，但今年始終為犯太歲的生肖，再加上「捲舌」、「披麻」和「咸池」等凶星的影響，可能會導致人際關係和家宅運勢有所欠佳。「捲舌」凶星主口舌之爭和官非訴訟，因此要盡量避免與他人發生正面衝突。「披麻」凶星入主則會衝擊家宅運和健康運。

此外，「咸池」的出現，代表著牆外桃花，已婚人士容易捲入三角關係，務必小心處理感情問題。

總而言之，今年雖然是「破太歲」的生肖，但在眾多吉星的幫助下，事業運和財運均有所進步。

【財運】

在眾多吉星拱照下，馬年財運將顯著提升，正財與偏財皆有所進步。對收入不穩定的自僱人士及從商者而言，今年為財運亨通之年。在「天德」與「福星」兩大吉星高照下，預示著貴人相助，客戶鼎力支持，生意額有望節節攀升，整體收入大幅增加。

打工一族，尤其是在大型機構任職者，今年將大有作為 職場上可盡情發揮才華，主動在上司或老闆面前展現自我才能，能獲得上司或老闆的賞識，升職加薪指日可待。

然而，受到「破太歲」影響，需警惕因財失義的情況發生。與他人合作經商或投資前，務必明確雙方利益，以避免產生不必要的爭議。

【事業】

事業發展方面，今年可謂順風順水。在「天德」與「福星」兩大吉星加持下，自僱及從商者在工作上如魚得水，總能提出獨到見解，輕鬆解決難題，不妨把握機會擴大業務範圍，開拓更廣闊的事業版圖。

打工一族，在貴人相助下，不僅能獲得更多學習和成長的機會，還能在關鍵時刻得到提攜，事業有望更上一層樓，取得令人矚目的成就。若有意轉換工作或尋求突破，今年將是個不錯的時機，很可能覓得薪資更高、待遇更優的新職位。

然而，受到「破太歲」及「捲舌」凶星的影響，工作時需提防同行或同事的妒忌，可能因此面臨較多的流言蜚語和是非紛擾。

【感情】

桃花朵朵開之年，肖兔者本就屬於四大桃花生肖之一，馬年更有「天喜」正桃花星高照。對於已有穩定交往對象的朋友來說，今年可能會突然湧現結婚的念頭，不妨把握良機，與心愛之人攜手步入婚姻的殿堂，共築美好未來。

然而，「咸池」霧水桃花星的出現，也暗示著桃花過於旺盛，可能會對已婚人士的婚姻造成潛在威脅。建議與伴侶以外的異性保持適當的距離，避免陷入複雜的三角關係，以免經營多年的婚姻因此破裂，追悔莫及。

單身男士，有機會邂逅外貌出眾、性格相投的異性，展開一段浪漫的戀情。單身女士，追求者眾多。

【健康】

受到「破太歲」及「披麻」凶星的影響，馬年健康運及家宅運欠佳，需要格外留意身體狀況。新一年避免探病問喪，也不要出入陰氣較重的地方，如醫院、殯儀館、墳場等，以免沾染負面能量。

平日可多行善事，積累福報，例如主動贈醫施藥、參與放生活動、前往廟宇參拜祈福，或經常誦讀《藥師琉璃光如來本願功德經》，並佩戴本命佛文殊菩薩的密宗吊墜，有助於化解厄運，趨吉避凶。

對於患有長期慢性疾病的朋友，今年的病情可能會出現加重的情況，務必按時服藥，定期複診，一旦發現病情惡化，應立即就醫，切勿拖延，以免延誤治療。

肖兔者運勢

★一九三九年：己卯年（虛齡八十八歲）

家宅運欠佳，避免在家中的西北方和正南方擺放紅色、黃色、啡色、紫色和橙色等屬火、屬土的物品，可以在這些方位擺放六個銅錢，以金化洩土氣，有助於化解災病位帶來的負面影響。同時可在洗手間安裝安全扶手及防滑地磚，避免因地板濕滑跌倒。

★一九五一年：辛卯年（虛齡七十六歲）

天干相合，人際關係較為理想的一年，與家人相處開心愉快，不妨一家人到外地旅遊，有助增長家庭凝聚力及令家庭關係更和諧。家宅運平平，建議主動為家居進行小型裝修或更換傢俱，以改善家宅運勢。

★一九六三年：癸卯年（虛齡六十四歲）

受到「披麻」凶星的影響下，今年容易感到心情低落，情緒也較為敏感。平時可以多做善事，為有需要的人士提供醫療幫助，助人為快樂之本，能令身心更快樂。今年容易有較多意外支出，建議提前購買足夠保額的保險，將風險轉移至保險公司。

★一九七五年：乙卯年（虛齡五十二歲）

木火通明之年，工作發展順利，執行力大幅提升，每個項目都能按時甚至超額完成，表現出色而受讚賞，為大展拳腳、充分發揮個人才能的一年。已婚者，桃花運旺盛，可以將桃花運轉化為良好的人緣，要注意與異性相處的尺度，以免造成三角關係，影響經營多年的婚姻。

★一九八七年：丁卯年（虛齡四十歲）

在「天喜」桃花星的高照下，喜歡小孩的朋友，更要好好把握機會，說不定能一舉成為新手父母。工作發展穩步上揚，想轉換工作環境的朋友，能覓得薪資更高、待遇更優的新職位。已轉工的朋友，能輕鬆融入新團隊，憑藉過往的經驗和積極的態度，迅速上手新工作，並在新的領域中取得突破。健康運良好，平日多注重休息即可。

★一九九九年：己卯年（虛齡二十八歲）

桃花運旺盛，單身女士受到眾多追求者的青睞，在決定是否與對方發展關係之前，務必充分了解對方的背景和性格，切勿操之過急，以免錯失良緣。「寶物沉歸底」，用心觀察，才能找到真正適合自己的人。單身的男性，選擇太多，令你目不暇給，只要每一段感情開始及結束都是認真就沒有問題，切忌一腳踏多船，否則會造成桃花劫。

★二〇一一年：辛卯年（虛齡十六歲）

仍在求學階段的朋友，今年對異性的興趣大增，務必要保護好自己，以免受到傷害。年輕時受到的挫折，是人生寶貴的一課。努力學習，才是現階段該做的事情，不要經常單獨與異性外出。

★二〇二三年：癸卯年（虛齡四歲）

盡量培養幼兒良好的生活習慣，規律的生活作息會對小孩的未來有莫大好處。外出遊玩時要多注意，以免出現手腳受傷等情況，同時家中不要擺放任何尖銳的物品。

每月運程

農曆正月（新曆2月4日至3月4日）

工作升遷月，人際關係如魚得水。務必要勇往直前把握機會，靠自己的努力累積財富。從商或自僱人士，有望提高本月營業額。打工一族，工作表現令人滿意。

正財運較偏財運好，主要收入以正財為主，偏財未如理想，不適宜參與高風險的投資活動及賭博，以免招致金錢上的損失。

已有固定伴侶者，感情運穩定。單身的女性，透過工作場合而認識條件不俗的異性，不妨主動出擊，互相了解過後慢慢發展。

心情舒暢的月份，記得每天回家後要馬上洗手，能有效防止感染及傳播傳染病，平日亦要保持定期運動的習慣。

農曆二月（新曆3月5日至4月4日）

犯太歲年的犯太歲月，容易有是非、小人等問題困擾。工作期間會遇到小人的阻撓及針對，出現困難重重、舉步維艱的情況，只能硬着頭皮撐下去。

本月正財運一般，偏財運欠奉，避免進行任何投資決定，學習從生活中開源節流，不能像過往一樣胡亂花費，多花時間學習理財知識。

已婚者，彼此之間容易出現第三者，建議界定清楚，與伴侶以外的異性相處時的底線。單身者，桃花雖旺，但身邊的競爭卻不少，自身條件足夠優秀才能尋覓理想的伴侶。

健康及家宅運欠佳，容易受傷、發生小意外，可主動捐血或洗牙，以化解血光之災。

農曆三月（新曆4月5日至5月4日）

「辰卯相害」的月份，運勢欠順，心情低落。工作發展受阻，一切計劃難以順利開展，有困難重重的感覺。人際關係倒退，容易出現口舌之爭影響工作表現。

財運未如理想，駕駛者不要違例泊車、超速，容易被罰款，緊記遵守交通規則。偏財運欠佳，不宜進行任何高風險的投資項目，例如：賭博、牛熊證、期權等。

已婚者心情低落，容易因生活上的瑣事而對伴侶產生不滿，與伴侶的爭執較多，建議要好好控制自己的情緒，不要把自身的情緒發洩在伴侶身上。單身者時機未到，只能繼續等待。

家宅運平平，宜多做善事，減低犯太歲及凶星的影響力。

農曆四月（新曆5月5日至6月4日）

貴人運旺盛，工作進展順利，整體運勢較上月進步。人際關係有所緩和，與公司同事相處融洽，早前遇到的困難亦能迎刃而解，可在本月乘勢追擊，只要努力工作便能得到相應的成果。

財運較穩定，主要以正財為主。偏財方面可作小量投資，緊記財不入急門，不宜作短線的投資，可選擇中長線的投資產品，切忌太過貪心而錄得虧損。

已有伴侶的朋友，感情更見穩定，若有結婚、添丁的想法，不妨在本月落實。單身者，把握機會主動參加社交活動，有望遇到合適的另一半。

健康運平常，宜定期看中醫調理身體，春天可多喝養肝的湯水，心情舒暢才能健康。

農曆五月（新曆6月5日至7月6日）

相破之月，受到相破的影響下，是非、口舌問題日益嚴重，故處事不宜太過高調，要以謙虛的態度待人，不要自以為是。幸好在「天德」及「福星」貴人相助下，即使遇到困難，仍能順利解決。

財運反覆不定，出現破財之象，不宜作出任何投資決定。若有親朋好友向你提出借貸要求或擔保，千萬要三思而後行，不要輕易答應。

已有伴侶者，要注意收斂自己的脾氣，平日要多包容伴侶，感情才可長久。單身者還未展開一段關係之前，已經顧慮太多，建議不妨看清楚自身的問題，不要對他人太過挑剔。

家宅運一般，切忌探病問喪，不宜出入陰氣較重的地方。

農曆六月（新曆7月7日至8月6日）

相合之月，再加上學習運強勁，可好好把握本月學習新事物，藉此機會擴闊視野。自僱或從商者，可嘗試新的工作方向，發掘更多工作機遇。打工一族，工作時得到同事及上司的肯定，平日亦要增值自己，才能時刻保持競爭力。

財運較上月進步，正財運較好，自僱或從商者可望因工作量上升而增加收入。投資方面，不宜抱有太大期望，不要輕信他人的意見而胡亂投資。

單身的朋友，可主動相約心儀對象外出，主動爭取未來幸福。已有伴侶者，感情穩定的月份，可抽空與伴侶約會，維繫雙方感情。

平日要多抽空休息，避免缺乏充足的休息時間，而令身體健康變差。

農曆七月（新曆8月7日至9月6日）

學習運仍然強勁，本月思想清晰，分析力強。可積極裝備自己，自僱及從商的朋友可主動參與業界講座或研討會，有助了解清楚行業發展趨勢，並從中學習別人成功的經驗。打工一族，不妨在空餘時間，報讀與工作有關的短期課程，裝備好自己。

財運平常，要學習從生活中開源節流，不能像過往一樣胡亂花費，多花時間學習理財知識，不要胡亂跟「貼士」投資。

感情生活平穩，有伴侶者可享受甜蜜的二人世界。單身者，不要沉迷網上交友，主動參與社交聚會，才能結識靠譜的異性。

健康運平常，注意飲食及休息，不要太過操勞，培養良好的生活習慣。

農曆八月（新曆9月7日至10月7日）

犯太歲年的沖太歲月，本月容易開罪別人，工作期間遇到小人陷害，建議工作時「少說話多做事」以免因言語而導致人際關係變差，並要保持低調做人。

財運欠奉，一切與金錢有關的事情，須思慮周全後才作決定，避免參與賭博投機，以免破財。

已有伴侶者，桃花運旺盛，要小心避免與伴侶以外的異性單獨相處，要時刻警惕自己不要對異性太過熱情，免得有三角關係之困擾。單身者，有望展開短暫的感情。

健康方面，容易受到疾病困擾及發生災禍，可在本月捐血或洗牙，主動化解血光之災。同時出門時要多加小心，預先購買旅遊保險，做好充分準備。

農曆九月（新曆10月8日至11月6日）

時來運轉、八方來財，為全年財運最好的月份。自僱及從商者，得到客戶鼎力支持，可展開新的工作計畫，會比以往更積極及忙碌，整體營業額增加。打工一族，工作順利，得到上司或老闆的賞識，有望升職加薪。

求財得財，可嘗試短炒買賣，有望得到不錯的回報。喜歡賭博的朋友，可用「刀仔鋸大樹」的方式進行，有望獲得意外之財。

已婚者，雙方關係回復正常，不妨主動為伴侶準備浪漫的約會，增進雙方感情。單身者，可結識心儀對象，宜主動出擊，相約對方外出。學會平衡工作與生活，適時放下工作，享受 me time 令心情得以放鬆。

農曆十月（新曆11月7日至12月6日）

相合財運月，整體的運勢及事業運旺盛。打工一族，有機會得到晉升機會，宜積極把握。不論是自僱、從商或打工一族均可靠工作表現，而得到別人的認同。

財運滾滾來的月份，容易有偏財運，遇上抽獎活動，不妨積極參與，想增加財運可在家中正東位置擺放八粒黑財神旺財金元寶。平日亦可購買六合彩、3T。喜歡賭博的朋友，可投注心水馬匹及喜愛的球隊。

已婚者切忌與工作中認識的異性私下聯絡，緊記要保持適當距離，以免出現三角關係。單身者，桃花運旺盛，有望結識價值觀相近的異性，不妨主動向對方示好。

平日多做善事，自然能增加福報。

農曆十一月（新曆12月7日至27年1月4日）

「子卯相刑」之月，人際關係急劇惡化，工作上會遇到障礙，令你停滯不前。受到「捲舌」凶星的影響，工作期間容易遇到小人、是非的困擾，緊記清者自清不用理會他人，以免影響工作。

財運一般，收入相同但支出增加。平日要注意理財，家庭開支增加，要量入為出，不要胡亂消費，減少購買不必要的物品。

桃花運旺盛，已婚者與伴侶出現分歧時，切忌與其他異性訴苦，以免出現三角關係。單身的朋友，桃花朵朵開，主動出擊便能開展新的戀情。

交際應酬較多的月份，平日宜注意飲食，保持三餐定時及飲食清淡。切忌胡亂飲食及經常大魚大肉。

農曆十二月（新曆27年1月5日至2月3日）

事業發展平穩向上，工作上必須努力不懈，才能得到相應的回報。自僱及從商者，一直默默耕耘地工作，工作的成果始終會被人看見。打工一族，同事之間競爭激烈，只好加倍努力。

正財收入為主，把精力放在工作上，自然會得到相應的回報。偏財運一般，抱有太大期望只會換來失望，不要進行高風險的投資或投機決定。

已婚者，感情較上月好，與伴侶相處融洽，心情愉快。單身的女士，透過工作場合可結識條件較好的異性，可主動爭取，為未來的幸福而奮鬥。

身體健康的月份，平日可到健身房做運動，能保持身心健康及舒緩工作壓力。

龍

肖龍開運錦囊

★ 多勞多得之年，努力就能得到相應回報。

★「天解」吉星，具有逢凶化吉之意。

★「八座」主貴人的扶持、遇難呈祥。

★「吊客」凶星代表著生病、損傷、車禍、開刀等災禍。

★ 容易有金錢上的損失，與他人合作前，宜釐清雙方利益。

肖龍者出生時間（以西曆計算）

1940 年 2 月 5 日 07:08 分	至	1941 年 2 月 4 日 12:50 分
1952 年 2 月 5 日 04:54 分	至	1953 年 2 月 4 日 10:46 分
1964 年 2 月 5 日 03:05 分	至	1965 年 2 月 4 日 08:46 分
1976 年 2 月 5 日 00:40 分	至	1977 年 2 月 5 日 06:34 分
1988 年 2 月 4 日 22:44 分	至	1989 年 2 月 4 日 04:28 分
2000 年 2 月 4 日 20:42 分	至	2001 年 2 月 4 日 02:30 分
2012 年 2 月 4 日 18:24 分	至	2013 年 2 月 4 日 00:14 分
2024 年 2 月 4 日 16:25 分	至	2025 年 2 月 3 日 22:09 分

整體運程

今年為肖龍者多勞多得之年，只要努力就能得到相應回報，再加上馬年在「八座」及「天解」吉星的幫助下，事業能取得良好進展。打工一族，能大權在握、扶搖直上，獲得期待已久的升職加薪機會，為事業發展順利的一年。自僱及從商者，事業打拼多年，今年能取得重大成果，實在可喜可賀。

「天解」吉星的到來，具有逢凶化吉之意，能夠化解災禍、官司、是非以及疾病，同時也能夠排解煩惱、解除困難，有助於處理複雜的人際關係。「八座」吉星則象徵貴人相助，當遇到困難或問題時，能夠在貴人的扶持下順利解決，遇難呈祥。

然而，馬年也有不少凶星入駐，對於財運、人緣、家宅運和健康運等方面特別不利。受到「吊客」、「天狗」、「血刃」、「浮沉」以及「寡宿」等凶星的影響，需要格外留意。

「吊客」星代表生病、損傷、車禍、開刀等災禍。「天狗」星則代表容易有金錢上的損失，所以在與他人合作做生意或投資之前，務必要將雙方的利益關係釐清，以免產生爭執。

此外，「血刃」和「浮沉」兩顆凶星也暗藏危機，代表容易發生小意外或血光之災，因此不宜進行任何高危險性的活動，例如：滑雪、潛水等等。

感情方面，由於受到「寡宿」凶星的影響，對於感情運勢特別不利。已婚人士對於伴侶以外的異性，務必要保持堅定的立場和定力。

總而言之，馬年凡事都要謹慎小心，並且要多行善事，便能順利過渡。

【財運】

今年是多勞多得的一年，對於收入不穩定的人士而言，特別有利。財運方面以正財為主，偏財運欠佳，避免投資高風險的理財產品，例如牛熊證、期權等等。若投資出現虧損，應當機立斷，及時止損才是最佳的應對方式。保留現金，等待合適的時機再重新投入市場。

自僱及從商者，在貴人的幫助下，能獲得客戶的支持與信任，進而提升整體營業額，增加收入。平時不妨多花時間與客戶聯繫，維持良好的關係，自然能為事業打下良好的基礎。

打工一族，收入較為穩定，但可能沒有太大的加薪機會，收入一樣但支出較多，建議做好量入為出。

【事業】

今年工作發展平穩向上，在「天解」吉星的照耀下，預示著事業發展將會先遇到困難，但最終能夠迎刃而解。「八座」吉星則象徵著福氣與進步，代表著即使遇到困難，也能夠逢凶化吉，減輕凶星所帶來的負面影響。

打工一族，可得到貴人的幫助，特別在大型機構或政府部門的工作者，今年有望掌握更大的權力，事業發展扶搖直上，並有機會獲得期待已久的升職機會，為事業順利發展的一年。

自僱及從商者，經過多年的努力與積累，丙午年將能夠取得顯著的成果，事業達到新的高度。不妨抓住這個機會，積極開拓新的業務領域，擴大事業版圖。

【感情】

正所謂「男忌孤辰，女忌寡宿」。已婚者，受到「寡宿」凶星的影響，今年的夫妻關係可能會面臨一些挑戰。受到「寡宿」星的入主，肖龍者經常覺得伴侶不夠了解自己，彼此之間缺乏溝通，容易因意見不合而發生爭執，進而導致感情產生裂痕。建議平日裡多站在對方的角度思考問題，互相包容和理解，才能夠讓感情長久維繫下去。

同時，受到凶星「吊客」的影響，需要特別關注伴侶的健康狀況，多關心他們的身體狀況，及時給予照顧和支持。

單身人士，平日主動參加社交聚會，或許有機會結識到年齡相仿的異性，可惜對方對你並沒有太大的興趣。

【健康】

今年的健康運勢平平，受到「吊客」、「血刃」及「浮沉」等多顆凶星的影響，需要特別提防血光之災，應避免參與任何高危險性的活動。

「吊客」星的入主，不妨主動更換家中的傢俱，或進行小型的裝修，以提升整體運勢。「浮沉」凶星則帶有犯水險而受傷的意象，緊記「欺山莫欺水」，馬年不宜進行跳水、潛水、滑水等水上活動，以免發生意外。

平日可以主動參與喜慶場合，例如婚宴、店鋪開幕、壽宴等等，藉此增加自身的正能量，從而提升整體的健康運和家宅運。不妨佩戴本命佛普賢菩薩的密宗吊墜，有助於避開一切負能量的干擾。

肖龍者運勢

★一九四〇年：庚辰年（虛齡八十七歲）

家宅運平平，可主動為家居進行小型裝修及更換傢俱，有助提升運勢及保持良好的心情。同時應避免探病問喪，盡量不要前往醫院、墳場、殯儀館等陰氣較重的地方，以免沾染負能量，影響運勢。與後輩相處時容易力不從心，不太明白現今社會流行的事物，經常悶悶不樂。

★一九五二年：壬辰年（虛齡七十五歲）

天干相沖，本身已患上與眼睛、心臟、血液、血管有關疾病的朋友，新一年病情會逐漸惡化，若有任何不適，馬上求醫，切忌拖延病情。財運不過不失，並沒有太大進步，投資理財必須謹慎為上，同時若遇到陌生人向你提出轉賬要求，務必要謹慎處理，以免損失金錢。

★一九六四年：甲辰年（虛齡六十三歲）

仍在工作中的朋友，今年出現困難重重的情況，一直以來忽略了經營人際關係，當發生危機的時候便會感到孤立無援。健康運尚可，平日可保持定期做運動的習慣，運動能促進血液循環，平常多留些時間休息，能讓身體恢復活力，心情也會隨之變得輕鬆愉快。

★一九七六年：丙辰年（虛齡五十一歲）

工作發展良好，緊記保持謙虛謹慎的態度，不斷學習和提升自身的能力，才能在激烈的市場競爭中立於不敗之地。自僱及從商者，維護好與客戶之間的關係至關重要，良好的客戶關係將為事業發展帶來持續的動力。與伴侶經常因為小事而發生爭執，只能互相忍讓。

★一九八八年：戊辰年（虛齡三十九歲）

眼睛黑白分明、炯炯有神者，新一年運勢高企、事業發展如日方中，務必要把握時機為未來打好根基。相反眼睛欠缺神采者，則容易遭受挫敗，面臨感情及工作上的困擾，只能以退為進，不要進行任何重大的人生決定，例如結婚、添丁、買樓、創業等等，以免招致損失。

★二〇〇〇年：庚辰年（虛齡二十七歲）

打工一族，以平常心看待工作上的變化，切忌急功近利，穩打穩紮，並及時調整好自身的心態，以應對工作中可能出現的挑戰。自僱及從商者，維持良好的人際關係會對你將來有莫大裨益，努力學習及經營與客戶之間的關係。感情方面，與伴侶相處出現未如理想，經常認為對方不了解自己的內心世界及難以溝通，導致雙方感情走下坡。

★二〇一二年：壬辰年（虛齡十五歲）

學習運勢平平，只能繼續努力。心情較為煩躁，與家人的關係欠佳，經常會出現爭執，平日不妨主動到郊外遊玩，有助放鬆心情，心情變好自然能重拾對生活的熱情。

★二〇二四年：甲辰年（虛齡三歲）

受到「浮沉」凶星影響下，具有犯水險而受傷之象，家長盡量避免帶小朋友游泳、玩水，以免發生小意外。為子女洗澡期間，務必要注意安全。

每月運程

農曆正月（新曆2月4日至3月4日）

學習運強勁的月份，可借機主動報讀與工作相關的課程，定期進修能保持自己在行內的競爭力，為將來事業打好基礎。工作上若有任何不明白的問題，不妨虛心請教上司，會得到對方的幫助及欣賞。

財運尚可，不宜作太高風險的投資，以免造成財政上的損失。買賣股票時宜見好即收，不妨訂下止賺位及止蝕位。

已有伴侶者，可在本月多點體貼關懷對方，為對方排憂解難作對方的後盾，感情自然變得如膠似漆。單身的朋友，可以主動報讀興趣班，有助結識異性。

「積善之家，必有餘慶」宜多做善事，例如做義工或捐款到慈善機構，能增加自身福報。

農曆二月（新曆3月5日至4月4日）

相害之月，人際關係出現退步。工作期間會遇到小人陷害，建議凡事不要太過高調，即使遇到意見不合之人，亦不要與其爭辯，包容與自己性格差異之人，也是一種高深的學問。

正財運尚可，偏財運欠佳，避免進行任何高風險的投資或投機決定，減少因投資失誤而造成損失。

已婚者與伴侶的磨擦增加，不過兩人很快便能和好如初。單身的朋友，時機未到繼續等候。

工作壓力太大，容易有失眠的困擾，可培養早睡早起的習慣，建議每天可在同一時間睡覺、會對失眠有所改善。睡前可嘗試冥想，做些放鬆精神的活動，如閱讀、聽音樂，避免長期使用電子產品。

農曆三月（新曆4月5日至5月4日）

犯太歲之月，人際關係倒退，事業發展有限。工作時遭到小人從中作梗，令你寸步難行。不妨請幾天大假多加休息，減少與同事接觸，不要理會別人的想法，要知道只有父母才會真心想你好。

正財為主，自僱或從商者不妨主動聯絡舊客戶，有望增加營業額而提升正財收入。偏財方面，不宜抱有太大期望，避免參與賭博。

已有伴侶者，雙方會出現溝通不足的情況，感情慢慢變淡，若想挽救已變淡的感情，不妨與對方來一個浪漫約會，為對方製造驚喜。單身的男士，有望結識新朋友，擴闊社交圈子。

健康運一般，不要只顧工作而忽略身體，是時候學會養生。

農曆四月（新曆5月5日至6月4日）

財源廣進、八方來財，財運及事業運平穩向上。事業上能獲得眾人的認可，得到貴人的扶持及幫助，務必要乘勝追擊，為事業打好根基。自僱及從商者，宜積極拓展事業領域，為客戶提供更優質的服務或產品，有助於行內打響知名度。

全年財運最好的月份，會出現高風險高利潤的投資項目，若能承受相關風險，不妨大膽一試。

已婚者與伴侶關係回復正常，好好享受甜蜜的時刻，多向對方表達愛意增進感情。單身的男士，有機會發展一段長久的戀情，記得留意身邊相識已久的女士。

平日可進食適量的蔬果，盡量保持飲食清淡，以免太過油膩而引起消化道問題。

農曆五月（新曆6月5日至7月6日）

工作運順暢，職場表現得到別人認可。自僱及從商者，可得到貴人幫助，令你的生意額蒸蒸日上，不妨藉此機會開拓新的業務範疇。打工一族，工作時可得到同事的幫忙，做事自然事半功倍。

財運不俗，主要以正財為主，遇到合適的投資機會可小試牛刀，只要不太貪心，便能有所收穫。

已有伴侶者，感情甜蜜溫馨，可多抽空陪伴對方，與伴侶多作心靈上的交流，了解對方內心感受。單身的女士，在工作場合可結識條件優越的男士，可惜顧慮太多錯失良機。

「浮沉」入主代表水險，不宜進行水上活動，例如潛水、滑水等，以免發生意外。

農曆六月（新曆7月7日至8月6日）

工作運平穩向上，宜積極把握。打工一族，長期的工作表現都被別人看在眼內，可得到貴人賞識，不妨在上司及老闆面前展現自我，爭取升職加薪的機會。自僱及從商人士，可嘗試發展新的業務，會有良好進展。

正財運相當理想，遇到合適的投資產品，不妨大膽一試，同時亦可與肖雞者及肖猴者一起合作，有望得到不錯的回報。

已有伴侶者，感情發展平穩，宜多與伴侶溝通。單身者，透過工作場合，可認識年齡相若的異性，能否繼續發展則要看雙方緣份。

健康運良好，平日可定期做運動，有助增強抵抗力，減少疾病，提升工作效率。

農曆七月（新曆8月7日至9月6日）

貴人相合月，人際關係較上月進步。自僱及從商者，在新舊客戶的支持下，營業額上升，收入大幅增加。打工一族，工作量增加的同時收入亦有所增加，在貴人的幫助下，工作更上一層樓。

財運順暢的月份，可進行投資決定，不妨買入基金及股票，以作增加額外收入。若喜歡賽馬的朋友，投注心水馬匹，有望得到意外之財。

已婚者感情甜蜜，彷彿又回到最初相戀的時候，偶爾為伴侶送上驚喜，可令感情變得更甜蜜。單身者，可多參與社交活動，增加結識異性的機會。

健康狀況良好，只要多休息即可。平常可多抽時間做義工幫助他人，有助提升自身運勢。

農曆八月（新曆9月7日至10月7日）

本月桃花運旺盛，整體人緣不錯可得到貴人扶持。自僱及從商者，在客戶的支持下，營業額上升，收入大幅增加。打工一族，本月的工作量增加，幸好努力得到相應的回報，在貴人的幫助下，有望升職加薪。

正財及偏財運良好，喜歡賽馬的朋友可以投注心水馬匹及購買六合彩彩票，增加中獎機會。

已有伴侶者，感情甜蜜與伴侶相處融洽，心情愉快，平日可多抽空與伴侶外遊，增進雙方感情。單身者，宜多參與社交聚會，穿戴整齊得體便能給人留下良好印象。

日常可因應身體需要來服用合適的營養補充品，並培養定時做運動的習慣。

農曆九月（新曆10月8日至11月6日）

相沖的月份，運勢起伏不定。人際關係出現倒退，工作上出現難題令你步步為營。整體來說，本月的工作量不大，自僱及從商人士運勢回落。打工一族，有小人、是非問題困擾，只好埋首工作。

財運反覆不定，容易出現破財。偏財運欠佳，不宜作出任何投資決定。若有親朋好友向你提出借貸要求或擔保，千萬要三思而後行。

已婚者，與伴侶的磨擦增加，經常出現小吵小鬧，常常覺得伴侶不了解自己，內心感到空虛、寂寞。單身的朋友，時機未到，只能繼續等待。

出門時要多加小心，預先購買旅遊保險，做好充分準備，並要奉公守法，以免有官非等問題。

農曆十月（新曆11月7日至12月6日）

經過相沖之月，本月運勢明顯好轉。為多勞多得的月份，只要努力，便能得到相應的回報。打工一族，工作表現出色，努力不懈便會有所進步。自僱及從商者，業內知名度提高，吸引了不少人主動邀請你合作，可看清合約條款再作決定。

正財運不俗，求財得財。偏財運一般，故不宜參與高風險的投資活動，例如賭博、牛熊證等。

已婚者，與伴侶爭吵不休，需互相體諒對方，說話前要想清楚，否則把傷人的話一說出口便會覆水難收。單身的朋友，只能繼續等待。

應酬較多的月份，要多抽空休息，避免缺乏充足的休息時間，而令身體健康變差。

農曆十一月（新曆12月7日至27年1月4日）

相合的月份，人際關係大有進步。在「八座」吉星高照下，貴人運旺盛。打工一族可得到上司及客戶的支持。自僱人士及從商者，本月營業額大增，帶動整體收入上升。

財運亨通的月份，運氣佳的時候不妨主動投資金融產品，平日亦可購買3T、六合彩來增加中獎的機會。同時亦可以在家中正北位置擺放六粒黑財神旺財金元寶，有助催旺財運。

已有伴侶者感情平穩，平日可多讚美對方，有助增進雙方感情。單身者會結識年齡相差較大的異性，如果真的喜歡對方，不妨主動出擊。

保持良好的個人衛生習慣，時常保持雙手清潔，能避免生病及傳染病傳播。

農曆十二月（新曆27年1月5日至2月3日）

「丑辰相破」之月，破有破壞人際關係的意思，本月容易開罪別人，工作期間遇到小人陷害，建議工作時「少說話多做事」以免因言語而導致人際關係變差，並要保持低調做人。

財運欠佳，會出現莫名其妙的開支，令你頓時失去預算，故在平日便要培養儲蓄的習慣，以免長期入不敷支。

已婚者，一直以來壓抑在心中的不滿，會一次過爆發出來，建議開心見誠地跟伴侶溝通，不要壓抑自己心中想法。感情未穩定者，容易出現離合，是分是合自行決定。單身者，繼續等待。

經常出外用餐，而造成腸胃不適，平日多茹素、飲食盡量清淡。

蛇

肖蛇開運錦囊

★ 思維拓展之年，有利進修及提升自我。

★「祿勛」吉星象徵著朝廷俸祿和正財運，主事業發展順利。

★ 在吉星幫助下，可在職場上大放異彩。

★ 旅行前預先購買旅遊保險，以備不時之需。

★「病符」主容易生病，若有不適應及時就醫。

肖蛇者出生時間（以西曆計算）		
1941 年 2 月 4 日 12:50 分	至	1942 年 2 月 4 日 18:49 分
1953 年 2 月 4 日 10:46 分	至	1954 年 2 月 4 日 16:31 分
1965 年 2 月 4 日 08:46 分	至	1966 年 2 月 4 日 14:38 分
1977 年 2 月 5 日 06:34 分	至	1978 年 2 月 4 日 12:27 分
1989 年 2 月 4 日 04:28 分	至	1990 年 2 月 4 日 10:15 分
2001 年 2 月 4 日 02:30 分	至	2002 年 2 月 4 日 08:25 分
2013 年 2 月 4 日 00:14 分	至	2014 年 2 月 4 日 06:04 分
2025 年 2 月 3 日 22:09 分	至	2026 年 2 月 4 日 04:01 分

整體運程

剛過去的乙巳年乃肖蛇者的「本命年」，在事業、財運、感情、住屋及健康等方面經歷了不少波折，讓肖蛇者感到身心俱疲。隨著新一年的來臨，終於擺脫了「犯太歲」的影響，整體運程將逐漸穩定，心情較去年更加樂觀積極。

若去年有結婚、添丁或置業等喜事發生，今年有望延續喜慶運，相反在蛇年未有沖喜者，則要小心去年「本命年」的影響力會延續至春季，會有小人及是非等問題。

幸好，今年為思維拓展之年，有利進修及提升自我。再加上「祿勳」吉星高照，新一年財運、事業運及人際關係均會有明顯改善。「祿勳」吉星象徵著朝廷俸祿和正財運，代表事業發展順利。自僱及從商者，工作表現將受到客戶讚賞，能在職場上大放異彩。打工一族，可主動展示自身能力，有望獲得升職加薪的機會。若有轉工或尋求變化的打算，也可以找到更好的薪資待遇。

儘管運勢向好，仍需注意凶星的影響。「病符」凶星代表容易生病，因此要時刻關心家中長輩的健康情況，若有不適應及時就醫，以免延誤。「陌越」則提示需要適應新的環境，今年可能會出現新的工作機會，建議以輕鬆的心態面對。

此外，「亡神」凶星入主，代表經常忘記事情，易遺失小物品，出門時要特別留意。旅行前也應預先購買旅遊保險，以備不時之需。

總言之，馬年運程較去年穩定，工作發展順利，務必要把握良機，迎接新的挑戰和機會。

【財運】

丙午年有「祿勛」吉星進駐，象徵著朝廷俸祿，預示正財運亨通，並帶有多勞多得的寓意。打工一族，有望升職加薪，且加薪幅度符合預期。

自僱人士及從商者，工作發展理想，營業額上升，令收入隨之增加。業務拓展的機會增多，促進了人際關係的發展，與合作夥伴的聯繫更加緊密，能夠共同開創更多商機。

偏財運也不俗，若遇到合適的投資機會，建議大膽嘗試，可能會獲得意外之財。不妨考慮投資中長期的理財產品，例如藍籌股、基金及債券等等。

然而，受到「病符」凶星的影響，可能會出現突如其來的開支，如醫療費用和家庭開支等。

【事業】

脫離了犯太歲的影響，馬年工作發展平穩向上。「祿勛」吉星的進駐，對打工一族特別有利，可主動在上司或老闆面前表現自己，有望獲得升職加薪的機會，一直以來努力工作的成果，終於得到他人認可。

自僱及從商者，事業發展順利，營業額理想，建議藉此機會拓展業務，創造更好的成績。可主動尋找新客戶及推出新產品，務必要把握良機，令事業發展更上一層樓。

如果有意轉工或尋求變化的朋友，這一年也非常適合，能找到更好的薪金待遇的工作，可付諸實行。

然而，受到凶星「陌越」的影響，去年曾經轉換工作者，可能仍未完全適應新環境。

【感情】

馬年脫離了「本命年」的影響，感情較為平穩。已有伴侶者，與伴侶相處回復正常，建議平日主動安排與伴侶約會，藉此增進彼此的感情。如果在工作上遇到困難，也可以向伴侶請教，有助強化雙方感情。

已婚者則需特別留意「病符」凶星的影響，伴侶有機會出現小病小恙，因此要主動關心伴侶的健康狀況，及時給予支持與照顧。可與伴侶培養定期做運動的習慣，能增加生活情趣之餘，亦能令身體保持健康。

單身者，主動報讀興趣班不僅能提升個人技能，還能擴大交友圈，與同班同學互相交流，能增加結識異性的機會，若遇到合適對象，可相約對方外出約會。

【健康】

健康運及家宅運欠佳，受到「病符」及「陌越」凶星的影響，對肖蛇者較為不利。建議主動施予醫藥幫助有需要的人，並佩戴本命佛普賢菩薩的密宗吊墜，有助於改善家宅運。

「病符」凶星進入命宮，容易導致小病小痛，如傷風、感冒和咳嗽等。因此，平日要注意休息，定期運動，保持作息規律，增強抵抗力。良好的生活方式包括均衡飲食，多攝取新鮮水果和蔬菜，能提升自身免疫力。

同時，「陌越」凶星則代表陌生環境帶來的壓力，可能導致失眠、頭痛和胃痛等小毛病。建議在平日靜下心來，學習書法、插花或瑜珈等放鬆心情的活動，以減少因壓力引起的小疾病。

肖蛇者運勢

★一九四一年：辛巳年（虛齡八十六歲）

家宅運欠佳，今年不宜探病問喪，避免到醫院、墳場、殯儀館等陰氣較重的地方，以免沾染負能量影響個人氣場。不妨主動為家居進行小型裝修及更換家具，平日可多做善事，為有需要的人士贈醫施藥，並進廟祈福以保佑自己及家人身體健康，同時佩戴本命佛普賢菩薩或藥師佛的密宗吊墜，有助於改善健康運。

★一九五三年：癸巳年（虛齡七十四歲）

馬年財運平平，切勿誤信他人的投資貼士，而胡亂購買自身不熟悉的股票或基金，若遇到陌生人向你索取財物，務必要小心處理。受到「病符」凶星的影響下，健康方面容易有小病小恙，要做好個人衛生勤洗手，以免患上傳染病，出入醫院亦要戴好口罩。

★一九六五年：乙巳年（虛齡六十二歲）

秋天及冬天出生者，早前一直困擾你的健康問題，來到新一年終於得到徹底根治。同時馬年為財運亨通的年份，若遇到任何合適的投資機會，不妨大膽一試，可得到意外之外。相反春天及夏天出生者，新一年運勢欠佳，出現困難重重之象，是時候考慮退休。

★一九七七年：丁巳年（虛齡五十歲）

健康運平平，人到中年健康才是最重要。提前購買醫療保險和家居意外保險，能有效防範於未然，減輕潛在的經濟負擔。保持健康的生活方式，定期體檢，對於避免不必要的醫療開支也至關重要。財運良好，若遇到合適機會不妨投資，只要不太貪心，便能有所收穫。

★一八九年：己巳年（虛齡三十八歲）

工作發展較為順利，打工一族，與同事保持良好的溝通與合作精神，會令你在工作場合更加得心應手。自僱及從商者，建立良好的人際關係，有助提升工作效率和滿意度。面對挑戰時，保持積極的心態，靈活應對各種情況，可在職場上更加出色。已有伴侶者，避免因小事而產生誤會，定期的約會與小驚喜也能為感情增添火花，讓彼此重拾熱情。

★二〇〇一年：辛巳年（虛齡二十六歲）

去年曾經轉換工作者，可能仍未完全適應新環境，但不必過於擔憂。只要主動向身邊的同事請教，便能順利解決問題。雖然年輕但健康亦是非常重要，每日保持足夠的水分攝取，並避免過量的咖啡因和酒精，這能幫助維持身體的平衡。

★二〇一三年：癸巳年（虛齡十四歲）

馬年思想清晰，學習運勢出現明顯進步，不妨把握機會學習更多的新事物，可報讀感興趣的課外活動，有助拓展社交圈子及增強自信心。與朋友的關係回復正常，平日經常能與他們相約遊玩，為心情愉快的一年。

★二〇二五年：乙巳年（虛齡二歲）

閒時亦可到戶外活動，多吸收陽光，補充維他命D能幫助吸收鈣質，保持骨骼和牙齒健康，令小孩更健康成長。

每月運程

農曆正月（新曆2月4日至3月4日）

去年沒有喜事發生的朋友，值太歲的影響會延至春季，再加上「寅巳相刑」，人際關係欠佳，凡事只能靠自己。幸好本月財運亨通，可把精力放在求財上，減少出席社交聚會。工作方面，即使遇到難關也能靠自身的能力解決，每當順利解決問題後，心理也會逐漸變得強大。

正財運為主，可在本月實行籌備已久的投資方案。惟不可進行高風險的投資或投機決定，以免造成金錢上的損失。

已婚者與伴侶出現爭執，彼此要互相包容及接納對方的優點和缺點，才能維繫婚姻。單身者，易聚易散，不可認真。

健康運一般，可在本月主動捐血或洗牙，有助化解血光之災。

農曆二月（新曆3月5日至4月4日）

財運旺盛之月，工作及財運較上月有明顯進步，運勢平穩上揚。自僱及從商者，在客戶的支持下營業額上升，收入大幅增加。打工一族，工作量增加，幸好努力得到相應的回報，有望升職加薪。

財運亨通的月份，偏財運旺盛，喜歡賽馬運動的朋友，亦可挑選自己心愛的馬匹進行投注，只要不太貪心，仍可獲利。

已有伴侶者，不妨在假日與另一半舊地重遊，重拾昔日甜蜜的回憶。單身的男士，遇到心儀對象時，要了解清楚對方的背景及感情狀況。

應酬較多的月份，容易出現健康問題，主動推卻社交聚會。保持作息定時，健康永遠都是排第一位。

農曆三月（新曆4月5日至5月4日）

工作運順暢，可得貴人相助，打工一族，開會時提出的意見可得到上司或老闆的賞識，建議在本月落實未來數月的計畫，為事業打好基礎。自僱及從商者，透過舊客戶介紹下，知名度更高，整體營業額增加。

財運方面，本月以正財為主，故不宜參與賭博，並要量入為出，減少不必要的開支。

已有伴侶者，感情較為穩定的月份，可向對方分享自己內心想法，讓大家更加了解彼此，拉近雙方之間的距離。單身的女士，有望結識條件不錯的異性，可以主動出擊相約對方外出。

健康運大致良好，只需多休息便可，同時亦要注意飲食均衡。

農曆四月（新曆5月5日至6月4日）

太歲之月，本月運勢相當不穩定，會出現許多變化。工作上會出現突如其來的改變，要提前做好心理準備。

破財的月份，避免投資高風險的金融衍生產品及減少參與賭博，減少造成金錢損失的風險。若有親朋好友向你提出借貸或擔保要求，要想清楚才可以答應，以免出現金錢損失。

已有伴侶者，不要經常為了小事而跟伴侶爭吵，對方只會覺得你無理取鬧，長久下來必定會影響雙方感情，在處理感情的時候必須忍讓。單身的女士，主動出席工作聚會，能增加結識異性的機會。

家宅運欠佳，不宜探病問喪。本月可多做善事，為有需要的人士贈醫施藥、茹素放生。

農曆五月（新曆6月5日至7月6日）

桃花旺盛月份，透過貴人的幫助下，令事業發展更為順利。工作期間遇到貴人相助，可發揮自己的社交能力，主動結識對事業有幫助的朋友，為未來打好基礎。

財運方面較上月進步，想增強財運，可以在家中的正東位置擺放八粒黑財神旺財金元寶，喜歡賽馬的朋友，不妨用閒錢來玩耍，小注怡情，有望增加額外收入。

已婚的男士，桃花運旺盛，不要與伴侶以外的異性單獨外出，以免節外生枝引起誤會。單身的朋友更加是桃花朵朵開，可以慢慢挑選自己喜歡的對象。

長期思緒過多影響睡眠，睡前不要想太多，學習放鬆心情，可選擇聆聽放鬆音樂、泡浴。

農曆六月（新曆7月7日至8月6日）

貴人運旺盛，再加上「祿勛」吉星高照下，運勢平穩向上。打工一族，有望得到上司或老闆的賞識及支持。從商及自僱人士，透過熟客的介紹下，可開拓新的客戶群，在新舊客戶的支持下，營業額將會有所提升。

正財為主，自僱或從商者因工作量上升而增加收入。投資方面，不宜抱有太大期望，不要輕信他人的意見而胡亂投資。

感情生活平穩，已有伴侶者可享受甜蜜的二人世界，不妨主動製造浪漫的約會，創造甜蜜回憶。想脫離單身者，可邀請長輩為你介紹價值觀相處的異性，增加接觸異性的機會。

健康運良好，平日要注意飲食清淡及定期做運動。

農曆七月（新曆8月7日至9月6日）

相合之月，人際關係有所進步。打工一族，事業發展順利，與同事相處融洽，即使工作上遇到難題，亦能迎刃而解。從商及自僱人士，不妨開拓新的業務或產品，能增加行內知名度，為未來的事業打好根基。

正財運較好，對收入不穩的從商或自僱者最有幫助，工作量上升而收入增加。偏財運一般，不適宜購買高風險的投資產品。

已婚者與伴侶的磨擦增加，不過兩人很快便能和好如初。單身的朋友，喜歡的異性已有伴侶，未開始已經結束，只好繼續等候。

受到「病符」凶星的影響，健康運欠佳，長期慢性病者，要時刻留意身體狀況，慎防病情惡化。

農曆八月（新曆9月7日至10月7日）

相合之月，人際關係良好。自僱及從商者，能遇上實力雄厚的合作夥伴，彼此投緣，共同拓展開發新產品，生意更上一層樓。打工一族，進入收成期，宜在上司及老闆面前展現自我，爭取升職加薪的機會。

偏財運較上月進步，若遇到合適的投資機會，不妨以小試牛刀的方式進行，只要不太貪心便能有所收穫。

已有伴侶者，可在本月結伴同遊，到不同的地區旅遊，為彼此創造更多甜蜜回憶。單身者平日要多着重外觀打扮，例如邀請專業人士或品味良好的朋友，為你設計新造型。

想運氣變得好，平日宜多做善事，自然能增加福報，可為有需要的人士贈醫施藥。

農曆九月（新曆10月8日至11月6日）

學習運強勁的月份，不妨在本月積極裝備自己，自僱及從商的朋友可以多參與業界講座或研討會，藉此提升自身的知識及認識業內德高望重的前輩。打工一族，不妨在空餘時間，報讀與工作有關的短期課程，提升自己的競爭力，才能增加升職加薪的機會。

財運平平，要好好學習理財。購買物品前，要詢問清楚自己是需要還是想要，減少花費在不必要的開支上。

已有伴侶者，多向伴侶表達內心情感，訴說愛意。單身的朋友，可報讀興趣班，增加認識志同道合異性的機會。

天氣乾燥容易出現氣管問題，平日可多飲滋潤的湯水養生。

農曆十月（新曆11月7日至12月6日）

沖太歲之月，諸事不順，只能凡事小心。

財運欠佳，本月開支會較大，駕駛者不要違例泊車、超速，容易被罰款，記緊遵守交通規則。偏財運欠佳，不宜進行任何高風險投資項目，例如：賭博、牛熊證、期權等。

單身者，不要常常沉醉在網絡世界及使用網上交友軟件，即使相約異性外出，亦要了解清楚對方，減低受騙的機會。已有伴侶者，經常因為小事而爭執不斷，減少雙方見面的機會以免發生正面衝突。

家宅運欠佳，故不宜探病問喪，避免到醫院、墳場、殯儀館等陰氣較重的地方，以免沾染負能量影響個人氣場。平日可佩戴普賢菩薩的密宗吊墜，有助化解災厄及保平安。

農曆十一月（新曆12月7日至27年1月4日）

本月財源滾滾來，事業發展順利，打工一族可獲上司或老闆賞識，有望升職加薪，可多展現自我才能。自僱或從商者，在客戶支持下有望提升整體營業額，而增加本月收入。

財運穩步上揚，可在投資中獲利，若想再加強運勢，建議可以與肖牛及肖雞的朋友一起合作投資，能加強自身的運勢，有望得到意外之財。

單身的男士，多參加社交聚會，有助結識異性，遇到心儀對象時切勿太過心急，把對方嚇怕。已有伴侶者，本月與伴侶關係穩定，主動關心對方，可藉此修補關係。

健康運平平，長期病患者要按時服藥，若有不適，馬上求醫，避免病情加劇惡化。

農曆十二月（新曆27年1月5日至2月3日）

財運亨通月再配合相合的力量，運勢節節高升。工作進展順利，能夠取得良好的成績。自僱及從商者，經營的業務會得到舊客戶支持，令整體營業額上升。打工一族，在公司要注意自身的言行舉止，避免太高調而引起別人的妒忌心。

正偏財運不俗，「好天斬定落雨柴」運氣好的時候，可把握機遇大膽投資，有望得到理想回報，為未來做好準備。

已婚者感情甜蜜，彷彿又回到最初相戀的時候，偶爾為伴侶送上驚喜，可令感情變得更甜蜜。單身者，要求太高只會一直單身，平日主動參與社交活動，增加結識異性的機會。

健康運尚可，年尾聚會較多，要多抽時間休息。

第五章
丙午馬年
命名概要

肖馬者性格

肖馬者天生桃花旺盛，為四大桃花生肖之一，為人開朗熱情喜歡社交。肖馬者的性格特點鮮明，精力旺盛且行動力強，對任何事情充滿熱情，因此在工作和生活中能迅速適應變化，勇於追求新目標。此外，天生思維敏捷，善於表達，具有很強的社交力，輕易地與他人建立良好關係。這種開朗的性格和敏銳的洞察力，有助融入群體生活。但午火亦代表急躁和固執，因此經常出現情緒化，面對挫折時容易表現出暴躁的一面，這可能會嚴重影響職業發展和人際關係。此外，肖馬者有時對細節不夠關注，難以察覺自身急躁的性格對周遭環境的影響，有時過度要求他人配合自己的節奏，忽略團隊協調的重要性。只要學會從錯誤中出發，並利用自身的優點，就能越做越好，取得一定成就。

馬年嬰兒適合的中文、英文名

【適合的中文名字】

馬年的地支為「午」，可選擇與其相合地支的字或部首，馬的地支「午」與「戌」狗及「寅」虎為三合，與「未」羊為六合，故可選擇以下名字。

戌狗之字例：戌、威、盛、茂……等

寅虎之字例：虎、琥、寅、演……等

未羊之字例：善、儀、群、祥……等

馬為素食動物，若名字中有「禾」、「草」、「米」、「豆」之字根，則代表貴人相助，一生不用愁衣食，有助提升整體運勢。

禾之字例：秀、季、穎、秦……等

草之字例：華、茂、蓉、蕎……等

米之字例：米、粱、糖、籽……等

豆之字例：豆、豐、豔、登……等

馬最喜歡在平原奔跑，馬逢「平」字或「原」字，猶如生活在廣闊的草原平地，得以歡樂。可用「平」、「原」之字根，則能得到貴人提攜，能有表演的舞台。

平之字例：平、坪、評、萍……等

原之字例：原、源、願、愿……等

馬在屋檐下代表有瓦遮頭，有安穩的地方居住，可用「門」、「穴」之字根，代表一生安穩、生活無憂無慮。

門之字例：門、闕、開、問……等

穴之字例：安、定、宇、家……等

【適合的英文名字】

建議可以使用以下英文字母開頭的名字：A、B、K、L。

A字開頭的男性名字：Albert、Andrew、Andy、Anthony……等

A字開頭的女性名字：Angel、Angus、Ada、Amy……等

B字開頭的男性名字：Ben、Billy、Benson、Benjamin……等

B字開頭的女性名字：Becky、Bella、Bette、Britney……等

K字開頭的男性名字：Kevin、Keith、King、Karl……等

K字開頭的女性名字：Kate、Kelly、Kay、Kathy……等

L字開頭的男性名字：Lawrence、Louis、Leon、Lewis……等

L字開頭的女性名字：Louise、Lora、Lilly、Lillain……等

【不適合的中文名字】

馬的地支「午」字自刑，與鼠的地支「子」相沖，與「卯」兔相破同時與「丑」牛相害，故不宜使用相關字根的字為佳。

午馬之字例：駿、駱、煦、熙……等

子鼠之字例：孚、學、季、孝……等

卯兔之字例：柳、茆、卿、迎……等

丑牛之字例：牟、皓、浩、笙……等

馬為草食性動物，故不喜歡肉食，若名字中有「虫」、「月」、「心」之字根，代表得物無所用，象徵無法得到貴人賞識，終日鬱鬱不得志，故不宜使用相關字根的字為佳。

虫之字例：蝶、螢、蝴、融……等

月之字例：鵬、勝、騰、望……等

心之字例：悅、愉、思、慈……等

馬下田耕種代表辛苦、勞碌，若名字中有「田」之字根，主辛苦工作卻收穫不多，容易勞碌一生，故不宜使用相關字根的字為佳。

田之字例：男、町、富、畚 等

【不適合的英文名字】

避免使用以下英文字母開頭的名字：I、J、S、T。

I 字開頭字母的男性名字：Ivan、Issac、Ian、Ives……等

I 字開頭字母的女性名字：Isabella、Isis、Icy、Ivy……等

J 字開頭字母的男性名字：James、John、Jackson、Johnson……等

J 字開頭字母的女性名字：Joyce、Jane、Judy、Jessica……等

S 字開頭字母的男性名字：Simon、Sean、Sunny、Sebastian……等

S 字開頭字母的女性名字：Sandra、Sally、

Sarah、Sharon 等

T字開頭字母的男性名字：Tommy、Tim、Tyson、Timothy……等

T字開頭字母的女性名字：Theresa、Tara、Tracy、Tina……等

馬年出生人士不同月份運勢

農曆正月

年月三合，人際關係較好，與父母緣份較深，早年可得長輩及貴人相助，可善用人際關係，不妨從事需要對人的行業，例如：銷售、公關、幕前等等。

農曆二月

年月相破，與父母緣份一般，天生桃花運旺盛，要小心容易因桃色而發生糾紛，從小要界定好與異性之間相處的底線，平日可多穿白色、金色、銀色的衣物，帶金屬手錶能增強整體運勢。

農曆三月

天生性格較為強勢、有主見，與父母緣份尚可。自幼可學習樂器或唱歌及多穿白色、金色及銀色衣物，能緩解心情，及對整體命運有所幫助。

農曆四月

八字火重，一生容易患上與眼睛、心臟、血液及血管有關的疾病，同時可到外地發展，能得到更好的機會。平日可多穿黑色、藍色及灰色衣服及從小培養游泳的習慣，會對命運更好。

農曆五月

午午自刑，與父母緣份一般，建議從小過契給神明或上契給他人。經常自尋煩惱，建議凡事主動與他人溝通，不要鑽牛角尖。天生命格缺水，可培養游泳及泡澡的習慣。

農曆六月

年月六合，與父母緣份較深，天生人際關係較好，可得到長輩的幫助，早年運勢較佳。想增強運勢平日可以多穿黑色、藍色及灰色衣服，同時保持游泳習慣亦能令運氣更佳。

農曆七月

天生驛馬星重，若能到出生地以外的地區發展，會對運勢更有幫助。性格外向，一生較為奔波勞碌，適合從事對外工作及屬水的行業，例如物流、酒店、貿易等等。

農曆八月

桃花非常重，一生不缺異性朋友，容易出現早戀的情況，不論男女婚後亦容易出現三角關係，要小心處理每一段感情，建議可以把桃花化作人緣，有望從中獲益。

農曆九月

年月三合，與父母關係良好、緣份較重，早年運勢不俗，可以得到長輩貴人幫助，趁年輕打好基礎，令事業發展更順利，平日亦可以佩戴藍寶石及珍珠類型的飾物，能增強整體運勢。

農曆十月

一生較為平穩，天生聰明、愛自由，吸收知識較快，可學習不同事物，增進知識。驛馬星重，可到異地求學或發展，有望取得一定成就，不宜留在出生地，以免發展受限。

農曆十一月

年月相沖，與父母緣份較為薄弱，可過契給神明或過契給他人，凡事只能靠自己，早年運勢一般，事業發展受限。天生桃花較為旺盛，姻緣早見，但易聚易散，不宜早婚，容易有婚厄。

農曆十二月

丑午相害，與父母長輩關係一般，為人較為固執，人際關係平平，凡事靠自己，難得貴人相助。早年運勢起伏較大，若能自小學會圓滑、變通，則能穩步發展。

肖馬者不同八字日主五行運勢

每人的八字命格日柱均不同，由十天干（甲、乙、丙、丁、戊、己、庚、辛、壬、癸）及十二地支（子、丑、寅、卯、辰、巳、午、未、申、酉、戌、亥）組成，合共有六十甲子，如有需要可查詢自身的八字日柱。

【甲木】日主出生的運勢

甲木出生在馬年，年支帶傷官星，難以得到祖輩庇佑，六親緣份一般，凡事只能靠自己，幸好天生較為聰明、學習能力強，宜學習一門手藝傍身。

【乙木】日主出生的運勢

年支食神，可得到祖輩福蔭，天生運氣不俗，而且性格聰明、內斂，對人溫和、有禮貌，若出生在春天或夏天的朋友，為木火通明之象，為人較為聰明，有能力。

【丙火】日主出生的運勢

與長輩緣份較淺，出生時家中環境一般，未能得到祖父輩庇佑，與兄弟姊妹緣份平平，不宜與他人合作投資或做生意，以免因財失義。若想增強財運，平日可多佩戴金、銀首飾。

【丁火】日主出生的運勢

得祿之地，一生不愁衣食，出生在冬天者，與兄弟姊妹緣份較好，可得兄弟姊妹及朋友相助。出生在夏天者避免穿着紅色、粉紅色、紫色、橙色衣服，宜學習游泳及多泡澡，有助增強自身財運。

【戊土】日主出生的運勢

天生能得長輩相助，與父母緣份較深。惟受到「羊刃」影響，容易發生小意外，出生後可購買足夠保額的醫療保險，若出生在農曆四月、農曆五月及農曆六月的朋友，性格會較為急躁，宜多穿黑色、藍色及灰色衣服。

【己土】日主出生的運勢

與母親緣份較為薄弱，出生時家庭環境一般，為人較為固執、性格孤僻。若出生在農曆五月或農曆十一月，問題更為嚴重，有機會與父母年輕時便會有生離死別之象，宜自小過契給神明或他人。

【庚金】日主出生的運勢

早年運勢不俗，容易得到父母相助。事業發展較為理想，為人循規蹈矩、奉公守法，容易得到上司或老闆的重視，適宜在大機構或政府機構工作，事業發展平穩向上。

【辛金】日主出生的運勢

出生平平，早年容易有開刀、破相之事，宜提前購買足夠保額的醫療保險及危疾保險，為人性格勇敢、自強自立。女命姻緣早現，但不宜早婚。天生容易受到小人、是非等問題困擾。

【壬水】日主出生的運勢

出生較好，可得到父母、長輩的幫助，為人腳踏實地、勤奮上進，善於理財。男命姻緣早見，可覓得賢慧的妻子，得到妻子的幫助，令事業更上一層樓。

【癸水】日主出生的運勢

天生偏財運不俗，出生於良好家庭，投資方面較為進取，對金錢較為敏銳，可考慮從商或任職金融機構。男命天生桃花運旺盛，有早戀的傾向，容易討得女性歡心。女命愛好打扮，喜歡交際應酬。

第六章
丙午馬年
過年習俗小知識

謝灶・年廿四

相傳年廿四是諸神返回天庭的一天，其中灶君掌管人間衣食，所以人們都在此日謝灶，以作討好灶君。謝灶的貢品包括：生果、燒肉、齋菜及湯丸及麥芽糖。希望藉此能封住灶君的嘴，以免祂向玉帝亂告狀，同時亦希望灶君在玉帝面前講好話，祈求來年豐衣足食。

大掃除・年廿八

家家戶戶都會在年廿八（可參考書中「吉時吉日」部分，以得知年尾適宜大掃除的日子）進行大掃除，正所謂「年廿八，洗邋遢」只要在過年前做好家居清潔，便可去除過去的霉運，能夠消災去病，取其去舊迎新之意。

貼揮春・年廿九

大掃除過後，不少家庭會在家中貼上揮春，增加新年的喜慶氣氛，惟貼揮春前亦有一些宜忌要注意。

注意事項：

1. 貼揮春只需要在正月張貼，不要把揮春貼足一整年，過了正月十五便取下來。
2. 貼揮春不要貼四張，因四字的諧音不吉利。
3. 要留意揮春的字眼，不宜用流年的生肖及與流年生肖相沖的字眼及圖案。今年為馬年，不宜用有「馬」及「鼠」字或相同諧音的揮春，例如「龍馬精神」、「馬到功成」及「金鼠迎福」等，以及不宜用印上「馬」或「鼠」圖案的揮春。

年花的象徵意義

每到新年都有很多人會買年花回家擺放，喻意為未來一年帶來好運，以下為常見的年花象徵的意義：

桃花 人緣、桃花運

金桔 吉利

水仙花 財富

銀柳 有銀有樓、大富大貴

牡丹 富貴

五代同堂 添丁

團年飯・年三十

年三十是一年最後的一天，這天有感恩和團圓的意義，下午便開始送年儀式。先要供奉諸神，之後拜祖先，感謝神明及祖先整整一年來的照顧，祈求來年繼續平安順利。（由於丙午年並沒有年三十，可以在年廿九進行。）

守歲

傳統的守歲的做法為年輕人年三十晚通宵不睡，直至第二日天亮。現在一般來說，守歲時間過了凌晨十二點就可以睡了。守歲的意思是為了祈求父母長輩延年益壽，感恩過去一年得到神明保佑，亦是對新一年的祝福。（由於丙午年並沒有年三十，可以在年廿九進行。）

農曆大年初一・新年禁忌

春節的習俗，初一子時（即晚上十一點）便是新一年的開始。守歲的晚輩會向長輩拜年，互相恭賀。惟年初一有諸多禁忌要注意。

新年禁忌：

1. 大年初一忌掃地和倒垃圾，有送走財氣之意。
2. 忌發脾氣，會有不吉利之象。
3. 不要打爛碗碟，若真的不小心打爛，便要馬上說「落地開花，富貴榮華」、「歲歲平安」等，及用紅紙包好，待年初五再扔掉。
4. 初一及初二為水神生日，因此正月初一不宜理髮、洗髮、洗澡及洗衣服，會把財運洗走。
5. 初一忌吃藥及進食任何營養補充品，以免新一年「疾病纏身」。
6. 忌催人起床，否則對方在新一年做任何事都會被人催促。
7. 忌在大年初一睡午覺，否則整個人會變得懶散。
8. 忌對睡覺中的人拜年，若對方還在睡夢中，不要向對方拜年，否則會讓對方一整年都在臥病在床。
9. 已出嫁的女兒，不要在大年初一回娘家，會有把娘家吃窮之意。
10. 不要向人借錢和追債，大年初一為送上祝福的日子，若向人借錢或追債，會導致新一年財運欠佳。
11. 不要被別人掏自己的口袋或手袋，否則新整年的錢財都會輕易被人掏走。

12. 大年初一不能打罵別人及哭泣。避免說出「破」、「病」、「輸」及「敗」等不吉利字眼。

回娘家・年初二

大年初二是已出嫁女兒回娘家的日子，丈夫及其子女同行，俗稱「迎婿日」。女兒回娘家拜年的時候，不要送單數的回門禮，單數會對娘家不利，回娘家時的禮物必須成雙成對，並要在晚飯前可返回夫家，否則對娘家不吉利。

赤口・大年初三

大年初三又稱「赤狗日」，當日容易與人發生口角爭執，為防招惹口舌是非，很多人會選擇這天留在家中，不出外拜年，或出門到廟宇祈福。

接財神・大年初四

年廿四諸神返天庭，年初四則是諸神重臨人間之時。大年初四是民間習俗的「接神日」，可迎接眾神明、灶君與家神回來，故當日不宜外出。接神通常在下午開始，供品方面包括三牲、水果、酒菜，以及在最後焚香拜祭。

大年初五

過年的禁忌，例如倒垃圾及掃地等都可以解除。初一至初四不倒垃圾，有助聚財，但到了初五便要倒垃圾，稱為「送窮」。大年初五為「五路財神」的生日，不妨出門到廟宇「接財神」。

大年初六

一切回復正常，正式工作。

大年初七

初七為「人日」即是人的生日，這天是全人類的生辰。不妨可在今天進食七菜羮（象徵吉兆）、麵線（象徵長壽）等傳統「人日」食物，祈求新一年事事順利、身體健康。

第七章
丙午馬年
吉時吉日

大掃除吉日

	吉日	星期	吉時	沖生肖
首選	農曆十二月廿四日 西曆二〇二六年二月十一日	三	辰時（上午七時至九時） 巳時（上午九時至十一時）	狗
次選	農曆十二月廿七日 西曆二〇二六年二月十四日	六	巳時（早上九時至十一時）	牛

選取吉日辦事前，請先參閱【時辰對照表】

時辰對照表

時辰	時間
子時	23:00 至 01:00
丑時	01:00 至 03:00
寅時	03:00 至 05:00
卯時	05:00 至 07:00
辰時	07:00 至 09:00
巳時	09:00 至 11:00
午時	11:00 至 13:00
未時	13:00 至 15:00
申時	15:00 至 17:00
酉時	17:00 至 19:00
戌時	19:00 至 21:00
亥時	21:00 至 23:00

還神吉日

	吉日	星期	吉時	沖生肖
首選	農曆十月三十 西曆二〇二五年十二月十九日	五	辰時（早上七時至九時） 巳時（上午九時至十一時）	龍
	農曆十月廿九 西曆二〇二五年十二月十八日	四	午時（早上十一時至下午一時）	兔
次選	農曆十月廿七日 西曆二〇二五年十二月十六日	二	巳時（上午九時至十一時）	牛

上頭柱香及拜神吉日

	吉日	星期	吉時	沖生肖
首選	農曆正月初一 西曆二〇二六年二月十七日	二	寅時（凌晨三時至五時） 辰時（上午七時至九時） 巳時（早上九時至早上十一時）	龍

開年拜神吉日

	吉日	星期	吉時	沖生肖
首選	農曆正月初二 西曆二〇二六年二月十八日	三	辰時（上午七時至上午九時）	蛇

攝太歲吉日

	吉日	星期	吉時	沖生肖
首選	農曆十二月十七 西曆二〇二六年二月四日	三	午時（早上十一時至下午一時）	兔
	農曆十二月十九日 西曆二〇二六年二月六日	五	午時（早上十一時至下午一時）	蛇
次選	農曆十二月二十日 西曆二〇二六年二月七日	六	午時（早上十一時至下午一時）	馬

開市吉日

	吉日	星期	吉時	沖生肖
首選	農曆正月初三 西曆二〇二六年二月十九日	四	午時（上午十一時至下午一時）	馬
	農曆正月十二日 西曆二〇二六年二月二十八日	六	午時（上午十一時至下午一時）	兔
次選	農曆正月初六 西曆二〇二六年二月二十二日	日	午時（上午十一時至下午一時）	雞

嫁娶吉日

農曆	西曆	星期	沖
正月初六	26年2月12日	日	雞
正月初九	26年2月25日	三	鼠
正月初十	26年2月26日	四	牛
正月十五日	26年3月3日	二	馬
正月十八日	26年3月6日	五	雞
正月廿一日	26年3月9日	一	鼠
正月廿三日	26年3月11日	三	寅
正月廿五日	26年3月13日	五	龍
正月廿七日	26年3月15日	日	馬
正月廿八日	26年3月16日	一	羊
正月三十日	26年3月18日	三	雞

農曆	西曆	星期	沖
二月初三	26年3月21日	六	鼠
二月初四	26年3月22日	日	牛
二月初五	26年3月23日	一	寅
二月初十	26年3月28日	六	羊
二月十五日	26年4月2日	四	鼠
二月十六日	26年4月3日	五	牛
二月廿三日	26年4月10日	五	猴
二月廿七日	26年4月14日	二	鼠

農曆	西曆	星期	沖
三月初六	26年4月22日	三	猴
三月初九	26年4月25日	六	豬
三月初十	26年4月26日	日	鼠
三月十八日	26年5月4日	一	猴
三月十九日	26年5月5日	二	雞
三月二十日	26年5月6日	三	狗
三月廿五日	26年5月11日	一	兔
三月廿六日	26年5月12日	二	龍
三月廿八日	26年5月15日	四	馬

農曆	西曆	星期	沖
四月初二	26年5月18日	一	狗
四月初四	26年5月20日	三	鼠
四月初六	26年5月22日	五	虎
四月初八	26年5月24日	日	龍
四月初十	26年5月26日	二	馬
四月十三日	26年5月29日	五	雞
四月十四日	26年5月30日	六	狗
四月十六日	26年6月1日	一	鼠
四月十七日	26年6月2日	二	牛
四月二十日	26年6月5日	五	龍
四月廿九日	26年6月14日	日	牛

農曆	西曆	星期	沖
五月初一	26年6月15日	一	虎
五月初二	26年6月16日	二	兔
五月初三	26年6月17日	三	龍
五月初九	26年6月23日	二	狗
五月初十	26年6月24日	三	豬
五月十二日	26年6月26日	五	牛
五月十五日	26年6月29日	一	龍
五月十八日	26年7月2日	四	羊
五月廿二日	26年7月6日	一	豬
五月廿五日	26年7月9日	四	虎
五月廿六日	26年7月10日	五	兔

農曆	西曆	星期	沖
六月初二	26年7月15日	三	猴
六月初三	26年7月16日	四	雞
六月初五	26年7月18日	六	豬
六月初七	26年7月20日	一	牛
六月初九	26年7月22日	三	兔
六月初十	26年7月23日	四	龍
六月十四日	26年7月27日	一	猴
六月十五日	26年7月28日	二	雞
六月十六日	26年7月29日	三	狗
六月十七日	26年7月30日	四	豬
六月廿八日	26年8月10日	一	狗
六月三十日	26年8月12日	三	鼠

農曆	西曆	星期	沖
七月初六	26年8月18日	二	馬
七月初九	26年8月21日	五	雞
七月廿二日	26年9月3日	四	狗
七月廿三日	26年9月4日	五	豬
七月廿四日	26年9月5日	六	鼠
七月廿五日	26年9月6日	日	牛
七月廿六日	26年9月7日	一	虎
七月廿八日	26年9月9日	三	龍

農曆	西曆	星期	沖
八月初二	26年9月12日	六	羊
八月初五	26年9月15日	二	狗
八月初七	26年9月17日	四	鼠
八月初九	26年9月19日	六	虎
八月十一日	26年9月21日	一	龍
八月十七日	26年9月27日	日	狗
八月十八日	26年9月28日	一	豬
八月廿三日	26年10月3日	六	龍
八月廿六日	26年10月6日	二	羊

農曆	西曆	星期	沖
九月初一	26年10月10日	六	豬
九月初二	26年10月11日	日	鼠
九月初三	26年10月12日	一	牛
九月初四	26年10月13日	二	虎
九月初五	26年10月14日	三	兔
九月十一日	26年10月20日	二	雞
九月十四日	26年10月23日	五	鼠
九月十六日	26年10月25日	日	虎
九月十七日	26年10月26日	一	兔
九月廿三日	26年11月1日	日	雞
九月廿六日	26年11月4日	三	鼠
九月廿八日	26年11月6日	五	虎

農曆	西曆	星期	沖
十月初二	26年11月10日	二	馬
十月初四	26年11月12日	四	猴
十月初五	26年11月13日	五	雞
十月初八	26年11月16日	一	鼠
十月十一日	26年11月19日	四	兔
十月十二日	26年11月20日	五	龍
十月十四日	26年11月22日	日	馬
十月十七日	26年11月25日	三	雞
十月十八日	26年11月26日	四	狗
十月廿六日	26年12月4日	五	馬

農曆	西曆	星期	沖
十一月初九	26年12月17日	四	羊
十一月十三日	26年12月21日	一	豬
十一月十六日	26年12月24日	四	虎
十一月廿四日	27年1月1日	五	狗
十一月廿五日	27年1月2日	六	豬
十一月廿八日	27年1月5日	二	虎

農曆	西曆	星期	沖
十二月初五	27年1月12日	二	雞
十二月初七	27年1月14日	四	豬
十二月初八	27年1月15日	五	鼠
十二月初十	27年1月17日	日	虎
十二月十六日	27年1月23日	六	猴
十二月十七日	27年1月24日	日	雞
十二月十九日	27年1月26日	二	豬
十二月廿四日	27年1月31日	日	龍
十二月廿九日	27年2月5日	五	雞

開張、動土、入伙吉日

農曆	西曆	星期	沖
正月十二日	26年2月28日	六	兔
正月二十日	26年3月8日	日	豬
正月廿二日	26年3月10日	二	牛
正月廿五日	26年3月13日	五	龍
正月廿六日	26年3月14日	六	蛇

農曆	西曆	星期	沖
二月初四	26年3月22日	日	牛
二月十六日	26年4月3日	五	牛
二月廿一日	26年4月8日	三	馬
二月廿三日	26年4月10日	五	猴

農曆	西曆	星期	沖
三月初六	26年4月22日	三	猴
三月二十日	26年5月6日	三	狗
三月廿二日	26年5月8日	五	鼠
三月廿五日	26年5月11日	一	兔
三月廿五日	26年5月12日	一	龍

農曆	西曆	星期	沖
四月初六	26年5月22日	五	虎
四月二十日	26年6月5日	五	龍
四月廿三日	26年6月8日	一	羊
四月廿九日	26年6月14日	日	牛

農曆	西曆	星期	沖
五月初十	26年6月24日	三	豬
五月十二日	26年6月26日	五	牛
五月十五日	26年6月29日	一	龍
五月廿一日	26年7月5日	日	狗
五月廿五日	26年7月9日	四	虎
五月廿八日	26年7月12日	日	蛇

農曆	西曆	星期	沖
六月初三	26年7月16日	四	雞
六月初五	26年7月18日	六	豬
六月十四日	26年7月27日	一	猴
六月廿三日	26年8月5日	三	蛇
六月廿八日	26年8月10日	一	狗

農曆	西曆	星期	沖
七月十一日	26年8月23日	日	豬
七月廿二日	26年9月3日	四	狗
七月廿三日	26年9月4日	五	豬
七月廿八日	26年9月9日	三	龍
七月廿九日	26年9月10日	四	蛇

農曆	西曆	星期	沖
八月初二	26年9月12日	六	羊
八月十一日	26年9月21日	一	龍
八月十八日	26年9月28日	一	豬
八月廿一日	26年10月1日	四	虎
八月廿三日	26年10月3日	六	龍
八月廿六日	26年10月6日	二	羊

農曆	西曆	星期	沖
九月初二	26年10月11日	日	鼠
九月初四	26年10月13日	二	虎
九月初六	26年10月15日	四	龍
九月十四日	26年10月23日	五	鼠
九月廿六日	26年11月4日	三	鼠

農曆	西曆	星期	沖
十月初二	26年11月10日	二	馬
十月初四	26年11月12日	四	猴
十月初五	26年11月13日	五	雞
十月初八	26年11月16日	一	鼠
十月十四日	26年11月22日	日	馬
十月十六日	26年11月24日	二	虎
十月十七日	26年11月25日	三	雞
十月廿八日	26年12月6日	日	猴

農曆	西曆	星期	沖
十一月初三	26年12月11日	五	牛
十一月初九	26年12月17日	四	羊
十一月廿一日	26年12月29日	二	羊
十一月廿五日	27年1月2日	六	豬
十一月廿八日	27年1月5日	二	虎

農曆	西曆	星期	沖
十二月初一	27年1月8日	五	蛇
十二月初七	27年1月14日	四	豬
十二月初十	27年1月17日	日	虎
十二月廿九日	27年2月5日	五	雞

第八章
丙午馬年
增強運勢方法大揭秘
及每月開運錦囊
(增強賭運

增加財運有妙法

每天起床時可第一時間觀察鼻頭及手掌顏色，鼻子象徵「財帛宮」，鼻頭光澤明亮，則代表當日財運不俗，再加上掌色偏白或粉紅色代表財運較好，有幸運得財之意，對財運有正面幫助，可在當日投資、與他人合作、進行決策等等。

相反若鼻頭出現紅腫、黑頭、顏色灰暗或露出鼻毛，則代表當日財運不佳，容易出現破財，投資方面不宜太過進取。再加上手掌顏色較紅，即代表辛苦得財，不宜進行任何投資、合作、商業決策等。

其中每年的立春（新曆2月4日）、立夏（新曆5月5日）、立秋（新曆8月7日）及立冬（新曆11月7日）的氣色最為重要，可作為參照未來數月運勢的指標。

十二項增強運勢方法：

1. 孝敬父母。
2. 多做善事（修橋鋪路、賑濟救災、幫助有需要人士、做義工）。
3. 上午九點至下午三點曬太陽（適合秋、冬天出生人士）
4. 行山接觸大自然（合秋、冬天出生人士）。
5. 接觸高能量的人，保持正面樂觀態度。
6. 收拾家務，扔掉沒用的東西。
7. 挑選合適的理髮吉日，可參考書中《通勝》的部份。
8. 祭拜先人，春秋二祭（清明及重陽祭祖。）
9. 多抱抱嬰兒。
10. 去湖邊餵魚（合春、夏天出生人士）。
11. 把不穿的衣服捐出去。
12. 定期做運動。

生活改運方法

命運與生活息息相關，很多時專業的玄學家會根據客人的八字，為客人進行詳細分析，從而提出從生活中可以做到的改運方法，筆者稱為「生活改運法」。

由於未能為各讀者親身批算八字，故以季節作為區分命中所喜之五行，（一般分析八字必須透過專業的命理師，因八字有千萬種組合，可從扶抑、通關、調候等方面著手）。

命格【缺金】之人

假設出生在春季的朋友，即出生在正月、農曆二月及農曆三月（月支為寅、卯、辰者），其人命格木重缺金。

幸運顏色：白色、金色及銀色

幸運數字：4、9

幸運方位：正西

日常改運法：多去金店、琴行、健身室、卡拉OK、演唱會

適合佩戴的飾物：五行開運水晶（金）、密宗吊墜、時來運轉法輪手鏈、黃金、白金、純銀等

適合移民的地區：英國、美國

命格【缺水】之人

假設出生在夏季的朋友，即農曆四月、農曆五及農曆六月（月支為巳、午、未者），其人命格火重缺水。

幸運顏色：黑色、藍色、灰色

幸運數字：1、6

幸運方位：正北

日常改運法：多去游泳池、海灘、水族館、咖啡店、家中或公司養魚（建議邀請專業風水師到家中勘察環境，才決定在那一個方位設置魚缸）

適合佩戴的飾物：五行開運水晶（水）、密宗吊墜、時來運轉法輪手鏈、黑碧璽、黑髮晶、藍寶石等

適合移民的地區：北京、俄羅斯

命格【缺木】之人

假設出生在秋季的朋友，即農曆七月、農曆八月及農曆九月（月支為申、酉、戌者），其人命格金重缺木。

幸運顏色：綠色、青色

幸運數字：3、8

幸運方位：正東

日常改運法：多去花店、花墟、書店、傢俬店、家中或辦公室可種植植物（建議邀請專業風水師到家中勘察環境，才決定在那一個方位擺放風水植物）

適合佩戴的飾物：五行開運水晶（木）、密宗吊墜、時來運轉法輪手鏈、綠幽靈、綠寶石、翡翠、綠髮晶、綠碧璽

適合移民的地區：上海、台灣、日本

命格【缺火】之人

假設出生在冬季的朋友，即農曆十月、農曆十一月及農曆十二月（月支為亥、子、丑者），其人命格水重缺火。

幸運顏色：紅色、紫色、橙色、粉紅色

幸運數字：2、7

幸運方位：正南

日常改運法：多去電器舖、燈飾店、馬場、燒烤場、烤肉店

適合佩戴的飾物：五行開運水晶（火）、五行開運水晶（土）、密宗吊墜、時來運轉法輪手鏈、紅寶石、紅瑪瑙、紫水晶等

適合移民的地區：澳洲、新加坡、馬來西亞、泰國

每月開運錦囊

喜歡博彩的讀者，除了透過日常生活習慣改運外，亦可以用通勝查看每日運程或參考以下每月開運錦囊，以加強自己的運勢，增加中獎機會，適用於賽馬、球賽、麻將、六合彩，甚至洽談生意等。

以下的資料亦可從【吉日通勝】找到：

幸運顏色：在當日穿上幸運顏色的衣物，或選穿了幸運顏色衣服的騎師或球隊。

幸運數字：六合彩或賽馬號碼。

幸運生肖：看看自己是否的幸運生肖，或與幸運生肖的朋友合注，或選擇幸運生肖的騎師或練馬師。（見264頁及吉日通勝）

沖生肖：如自己在當日沖生肖，便不宜下注。

財位：留意當日的家中財位，可在這位置下注，或打麻將時選坐該位置。

農曆正月（新曆2月4日至3月4日）

本月幸運顏色	綠色、青色
本月幸運數字	3、8
本月財位方向	正東
本月最佳財運頭三名生肖	第一名生肖為狗 第二名生肖為豬 第三名生肖為馬
開運風水	正東位置擺放八粒黑財神旺財金元寶，有助催財。
注意事項	本月五黃災星及二黑病符星分別飛入西南及東北位置，因此西南及東北位置切忌擺放紅色、黃色、紫色、啡色、橙色物品，以免引致疾病及災禍。

農曆二月（新曆3月5日至4月4日）

本月幸運顏色	綠色、青色、白色
本月幸運數字	3、4、8
本月財位方向	東南
本月最佳財運頭三名生肖	第一名生肖為狗 第二名生肖為羊 第三名生肖為豬
開運風水	東南位置擺放九粒紫水晶及六粒黑財神旺財金元寶，有助催財。
注意事項	本月五黃災星及二黑病符星分別飛入正東及正南位置，因此正東及正南位置切忌擺放紅色、黃色、紫色、啡色、橙色物品，以免引致疾病及災禍。

農曆三月（新曆4月4日至5月4日）

本月幸運顏色	黑色、藍色
本月幸運數字	1、6
本月財位方向	中宮
本月最佳財運頭三名生肖	第一名生肖為猴 第二名生肖為雞 第三名生肖為鼠
開運風水	中宮位置可擺放六支水種富貴竹，並佩戴文殊菩薩手鐲，有助催旺事業運，
注意事項	本月五黃災星及二黑病符星分別飛入東南及正北位置，因此東南及正北位置切忌擺放紅色、黃色、紫色、啡色、橙色物品，以免引致疾病及災禍。

農曆四月（新曆5月5日至6月4日）

本月幸運顏色	藍色、灰色、紅色
本月幸運數字	1、2、6、7
本月財位方向	正北
本月最佳財運頭三名生肖	第一名生肖為雞 第二名生肖為牛 第三名生肖為猴
開運風水	正北位置擺放六粒黑財神旺財金元寶，有助催財。
注意事項	本月五黃災星及二黑病符星分別飛入中宮及西南位置，因此中宮及西南位置切忌擺放紅色、黃色、紫色、啡色、橙色物品，以免引致疾病及災禍。

農曆五月（新曆6月5日至7月6日）

本月幸運顏色	白色、紅色、紫色
本月幸運數字	2、4、9
本月財位方向	正北
本月最佳財運頭三名生肖	第一名生肖為狗 第二名生肖為羊 第三名生肖為虎
開運風水	正北位置可擺放九粒黑財神旺財金元寶，有助催財。
注意事項	本月五黃災星及二黑病符星分別飛入西北及正東位置，因此西北及正東位置切忌擺放紅色、黃色、紫色、啡色、橙色物品，以免引致疾病及災禍。

農曆六月（新曆7月7日至8月6日）

本月幸運顏色	黃色、白色、啡色
本月幸運數字	4、8、10
本月財位方向	正東
本月最佳財運頭三名生肖	第一名生肖為豬 第二名生肖為兔 第三名生肖為馬
開運風水	正東位置擺放流動水裝置及八粒黑財神旺財金元寶，有助財運、事業及貴人運。
注意事項	本月五黃災星及二黑病符星分別飛入正西及東南位置，因此正西及東南位置切忌擺放紅色、黃色、紫色、啡色、橙色物品，以免引致疾病及災禍。

農曆七月（新曆8月7日至9月6日）	
本月幸運顏色	紅色、紫色、金色
本月幸運數字	2、4、6
本月財位方向	正東
本月最佳財運頭三名生肖	第一名生肖為龍 第二名生肖為鼠 第三名生肖為蛇
開運風水	正東位置擺放九粒紫水晶，有助催旺喜慶位，例如升職、加薪。
注意事項	本月五黃災星及二黑病符星分別飛入東北及中宮位置，因此東北及中宮位置切忌擺放紅色、黃色、紫色、啡色、橙色物品，以免引致疾病及災禍。

農曆八月（新曆9月7日至10月7日）	
本月幸運顏色	紅色、紫色、白色
本月幸運數字	2、4、9
本月財位方向	正北
本月最佳財運頭三名生肖	第一名生肖為牛 第二名生肖為龍 第三名生肖為蛇
開運風水	東北位置擺放一杯水及文殊菩薩星輝塔，有助事業發展及人際關係。
注意事項	本月五黃災星及二黑病符星分別飛入正南及西北位置，因此正南及西北位置切忌擺放紅色、黃色、紫色、啡色、橙色物品，以免引致疾病及災禍。

農曆九月（新曆10月8日至11月6日）	
本月幸運顏色	啡色、綠色、青色
本月幸運數字	3、5、8
本月財位方向	東南
本月最佳財運頭三名生肖	第一名生肖為兔 第二名生肖為馬 第三名生肖為虎
開運風水	東南位置可擺放八粒黑財神旺財金元寶及自己的照片，能有助催旺財運。
注意事項	本月五黃災星及二黑病符星分別飛入正北及正西位置，因此正北及正西位置切忌擺放紅色、黃色、紫色、啡色、橙色物品，以免引致疾病及災禍。

農曆十月（新曆11月7日至12月6日）	
本月幸運顏色	綠色、黑色、藍色
本月幸運數字	1、3、6、8
本月財位方向	正東
本月最佳財運頭三名生肖	第一名生肖為羊 第二名生肖為虎 第三名生肖為兔
開運風水	正東位置擺放八粒石春在水中及擺放八粒黑財神旺財金元寶，有助催財。
注意事項	本月五黃災星及二黑病符星分別飛入西南及東北位置，因此西南及東北位置切忌擺放紅色、黃色、紫色、啡色、橙色物品，以免引致疾病及災禍。

農曆十一月（新曆12月7日至26年1月4日）	
本月幸運顏色	黃色、啡色、藍色
本月幸運數字	1、5、6、10
本月財位方向	東南
本月最佳財運頭三名生肖	第一名生肖為牛 第二名生肖為龍 第三名生肖為猴
開運風水	東北位置擺放文殊菩薩星輝塔及四支水種富貴竹，有助增強事業運。
注意事項	本月五黃災星及二黑病符星分別飛正東及正南位置，因此正東及正南位置切忌擺放紅色、黃色、紫色、啡色、橙色物品，以免引致疾病及災禍。

農曆十二月（新曆27年1月5日至2月3日）	
本月幸運顏色	黃色、啡色
本月幸運數字	5、10
本月財位方向	中宮
本月最佳財運頭三名生肖	第一名生肖為蛇 第二名生肖為雞 第三名生肖為鼠
開運風水	中宮位置放六枝水種富貴竹及文殊菩薩星輝塔，有助增強人際關係及事業運。
注意事項	本月五黃災星及二黑病符星分別飛入東南及正北位置，因此東南及正北位置切忌擺放紅色、黃色、紫色、啡色、橙色物品，以免引致疾病及災禍。

練馬師每月運程

#馬迷可以參考練馬師運勢去投注

農曆 練馬師	正月	二月	三月	四月
蔡約翰	♥	♥	♥♥	♥
羅富全	♥	♥	♥	♥
姚本輝	♥	♥	♥	♥
呂建威	♥	♥	♥	♥
方嘉柏	♡	♡	♥♥	♥♥
告東尼	♥	♥	♥♥	♥
沈集成	♥	♥	♡	♥
文家良	♥	♥	♡	♥
伍鵬志	♥	♥	♥	♥
韋達	♥	♥	♥♥	♥♥
大衛希斯	♥	♥	♥	♥
黎昭昇	♥♥	♥♥	♥	♥♥
賀賢	♥	♥	♥	♥
蘇偉賢	♥	♥	♥♥	♥
容天鵬	♥	♥	♥	♥
丁冠豪	♥	♥	♥	♥♥
葉楚航	♥	♥	♥	♥
鄭俊偉	♥	♥	♥♥	♥♥
廖康銘	♥	♥	♡	♥
徐雨石	♥	♥	♡	♥
巫偉傑	♥	♥	♥♥	♥♥
游達榮	♡	♡	♥♥	♥

♥♥♥ = 大吉

♥♥ = 中吉

♥ = 小吉

♡ = 一般

十二月	十一月	十月	九月	八月	七月	六月	五月
♥♥♥	♥♥	♥♥	♥♥	♥	♥	♡	♡
♥♥	♥♥	♥♥	♥♥	♡	♡	♥	♥
♥	♥	♥♥	♥	♡	♡	♥♥	♥
♥♥	♥♥	♥♥	♥♥♥	♥	♥	♥♥	♥
♥♥	♥	♥♥	♥♥♥	♥	♥	♥	♥
♡	♥	♥♥	♥♥	♡	♡	♥	♥
♥	♡	♡	♡	♥	♥	♥	♥♥
♡	♥	♥	♡	♡	♡	♥	♥♥
♥	♥♥	♥	♡	♥	♥	♡	♡
♥♥♥	♥	♥	♥♥♥	♥	♥	♥♥	♥
♡	♥	♥	♡	♥	♥	♡	♡
♥	♥	♥	♥	♥	♥	♥♥	♥♥♥
♥	♥♥	♥	♡	♥	♥	♡	♡
♥♥	♥	♥♥	♥♥♥	♥	♥	♥♥	♥
♥	♡	♥	♥♥♥	♥♥	♥♥	♥♥	♥
♡	♡	♥	♥♥	♥	♥	♥♥	♥♥♥
♡	♥♥	♥♥♡	♡	♥	♥	♡	♡
♥♥	♥	♥	♥♥♥	♥	♥	♥♥	♥♥
♥♥	♥	♥♥	♥♥	♥	♥	♥♥	♥
♡	♥	♥	♡	♡	♡	♥	♥♥
♥♥	♥	♥	♥♥♥	♥	♥	♥♥	♥♥
♥	♥♥	♥	♥	♥	♡	♡	♡

騎師及練馬師生肖對照表

#「吉日通勝」列明每天頭三位幸運的生肖，以下是騎師及練馬師的生肖可作參考。

騎師	生肖
潘頓	狗
田泰安	馬
蔡明紹	馬
何澤堯	馬
布文	猴
巴度	蛇
梁家俊	龍
潘明輝	雞
周俊樂	龍
班德禮	猴
鍾易禮	鼠
賀銘年	羊
霍宏聲	蛇
陳嘉熙	狗
楊明綸	龍
巫顯東	雞
希威森	牛
黃俊	雞
黎海榮	豬
麥道朗	羊
艾兆禮	羊
艾道拿	馬
黃智弘	龍
董明朗	雞
湯普新	鼠
黃寶妮	兔

練馬師	生肖
蔡約翰	馬
羅富全	馬
告東尼	猴
呂健威	狗
沈集成	鼠
姚本輝	雞
方嘉柏	羊
大衛希斯	虎
容天鵬	狗
韋達	豬
丁冠豪	鼠
文家良	雞
蘇偉賢	猴
伍鵬志	豬
賀賢	兔
葉楚航	羊
廖康銘	猴
徐雨石	鼠
巫偉傑	蛇
鄭俊偉	牛
黎昭昇	蛇
游達榮	猴

第九章

丙午馬年吉日通勝

西曆月日	2/17	2/18	2/19	2/20	2/21
農曆	正月初一	正月初二 雨水	正月初三	正月初四	正月初五
星期	二	三	四	五	六
干支	壬戌	癸亥	甲子	乙丑	丙寅
宜	萬事大吉	祭祀沐浴 理髮作灶 結網栽種	嫁娶祭祀 開光祈福 求嗣出行	祭祀祈福 求嗣納畜 入殮啟鑽	開光解除 伐木豎柱 上樑交易
忌	萬事大吉	嫁娶詞訟 行喪安葬 牧養	入宅安葬 伐木作樑 納畜	栽種開光 出行針灸 嫁娶	入宅出行 移徙祭祀 嫁娶
幸運生肖	虎 兔 馬	虎 兔 羊	牛 龍 猴	鼠 雞 蛇	馬 豬 狗
幸運數字	6 1	7 6	0 7 4	9 5 4	9 7
財位	正南	正南	東北	東北	正西
幸運顏色	藍 黑	灰 藍	銀 金 白	啡 黃 白	紅 青 綠
財運指數	♡	♡	♥	♥	♥♥♥
是日吉時	子凶丑平寅吉卯吉 辰凶巳吉午平未吉 申凶酉平戌吉亥吉	子凶丑平寅吉卯吉 辰吉巳凶午吉未凶 申凶酉平戌吉亥吉	子凶丑吉寅吉卯平 辰吉巳平午凶未吉 申凶酉平戌平亥平	子凶丑吉寅吉卯吉 辰平巳凶午平未凶 申凶酉吉戌平亥平	子凶丑平寅平卯吉 辰凶巳凶午吉未平 申凶酉吉戌平亥平
沖	龍	蛇	馬	羊	猴

時辰對照表

時辰	時間
子時	23-01 點
丑時	01-03 點
寅時	03-05 點
卯時	05-07 點
辰時	07-09 點
巳時	09-11 點
午時	11-13 點
未時	13-15 點
申時	15-17 點
酉時	17-19 點
戌時	19-21 點
亥時	21-23 點

西曆月日	農曆	星期	干支	宜	忌	幸運生肖	幸運數字	財位	幸運顏色	財運指數	是日吉時	沖
2 22	正月初六	日	丁卯	祭祀祈福 求嗣開光 嫁娶出行	移徙入宅 出火作灶 掘井	羊 狗 豬	7 2	正西	青 紫 紅	♥♥♥	子凶丑平寅吉卯凶 辰平巳吉午吉未吉 申凶酉凶戌平亥平	雞
2 23	正月初七	一	戊辰	冠笄安機械 安床會親友	嫁娶開市 動土作灶 安葬	猴 雞 鼠	8 5 3	正北	啡 青	♥	子凶丑吉寅凶卯吉 辰平巳吉午平未吉 申凶酉吉戌凶亥平	狗
2 24	正月初八	二	己巳	作灶解除 平治道塗 餘事勿取	祭祀祈福 安葬安門	雞 猴 牛	8 7 3	正西	紅	♥	子凶丑凶寅吉卯平 辰平巳平午吉未吉 申凶酉平戌平亥凶	豬
2 25	正月初九	三	庚午	嫁娶祭祀 冠笄置產 修飾垣牆	經絡探病 蓋屋作灶 動土	虎 狗 羊	9 7 2	正東	啡 黃 紅	♥♥♥	子凶丑吉寅吉卯平 辰平巳平午吉未吉 申凶酉吉戌凶亥平	鼠
2 26	正月初十	四	辛未	納采嫁娶 祭祀祈福 出行修造	開市入宅 齋醮	兔 豬 馬	0 5	東南	啡 黃	♡	子凶丑吉寅凶卯吉 辰吉巳吉午平未吉 申凶酉吉戌平亥平	牛
2 27	正月十一	五	壬申	祭祀沐浴 解除理髮 掃舍破屋	嫁娶安葬	龍 蛇 鼠	9 4	正南	銀 金 白	♥	子凶丑吉寅吉卯凶 辰吉巳吉午平未凶 申凶酉平戌平亥平	虎
2 28	正月十二	六	癸酉	納采訂盟 祭祀祈福 安香出火	安床作灶 造船會親友	蛇 牛 龍	0 9 4	正南	銀 金	♥	子凶丑吉寅吉卯凶 辰吉巳吉午平未凶 申凶酉平戌平亥平	兔

西曆月日	農曆	星期	干支	宜	忌	幸運生肖	幸運數字	財位	幸運顏色	財運指數	是日吉時	沖
3 1	正月十三	日	甲戌	塞穴結網 取漁畋獵	嫁娶安門 移徙入宅 安葬	馬 虎 兔	9 7 2	東北	紫	❤	子凶丑吉寅吉卯吉 辰凶巳吉午凶未吉 申凶酉平戌平亥平	龍
3 2	正月十四	一	乙亥	納采祭祀 祈福出行 會親友	嫁娶開市 安葬破土	羊 兔 虎	9 2 1	正南	灰 藍 黑	❤	子凶丑吉寅吉卯吉 辰平巳凶午平未吉 申凶酉平戌平亥平	蛇
3 3	正月十五	二	丙子	納采嫁娶 祭祀祈福 出行開市	移徙入宅 出火安門 安葬	猴 龍 牛	6 1	正西	黑	❤❤	子凶丑吉寅平卯平 辰凶巳吉午凶未平 申凶酉吉戌吉亥吉	馬
3 4	正月十六	三	丁丑	祭祀祈福 求嗣齋醮 入殮除服	嫁娶動土 開光蓋屋 破土	雞 蛇 鼠	0 5 1	正北	黑 啡 黃	❤	子凶丑平寅平卯凶 辰平巳吉午吉未凶 申凶酉吉戌平亥吉	羊
3 5	驚蟄	四	戊寅	納采立券 豎柱上樑 會親友	祭祀移徙 入宅動土 破土	狗 馬 豬	9 5 4	正北	綠 啡 黃	❤❤❤	子凶丑吉寅凶卯吉 辰吉巳吉午吉未吉 申凶酉凶戌平亥平	猴
3 6	正月十八	五	己卯	祭祀出行 嫁娶冠笄 安床入殮	掘井動土 作灶栽種	豬 羊 狗	8 3	西北	青 綠	❤	子凶丑凶寅吉卯吉 辰平巳平午吉未吉 申平酉凶戌平亥凶	雞
3 7	正月十九	六	庚辰	塞穴 諸事不宜	安門作灶 安葬嫁娶	鼠 猴 雞	0 5 4	正東	啡 黃 白	❤	子凶丑吉寅吉卯平 辰吉巳吉午吉未吉 申平酉凶戌凶亥吉	狗

西曆 月日	3 8	3 9	3 10	3 11	3 12	3 13	3 14
農曆	正月二十	正月廿一	正月廿二	正月廿三	正月廿四	正月廿五	正月廿六
星期	日		二	三	四	五	六
干支	辛巳	壬午	癸未	甲申	乙酉	丙戌	丁亥
宜	開光 塑繪 求嗣 納采 裁衣 合帳	祭祀 嫁娶 納婿 安葬	祭祀 會親友 訂盟 裁衣 合帳 安機械	祭祀 開光 塑繪 祈福 齋醮 裁衣	祭祀 治病 破屋 壞垣 餘事 勿取	嫁娶 祭祀 出行 冠笄 立券 交易	開市 立券 交易 掛匾 祭祀 祈福
忌	出行 齋醮 安葬 嫁娶	栽種 蓋屋 作灶 入宅	伐木 作樑	入宅 安門	諸事 不宜	開光 作灶 齋醮 安葬	嫁娶 行喪 架馬 作樑 理髮 牧養
幸運生肖	牛 雞 猴	狗 羊 虎	馬 兔 豬	蛇 鼠 龍	牛 龍 蛇	虎 兔 馬	虎 兔 羊
幸運數字	7 4 2	7 4 2	0 5 3	6 1	9 4 1	0 5	0 5 1
財位	西北	正南	正東	東北	西南	正西	西南
幸運顏色	金 紅	綠 青 紅	黃 綠 青	藍 黑	銀 金 白	黃 啡	黃 藍 灰
財運指數	♥	♥	♡	♥♥♥	♥♥♥	♡	♥
是日吉時	子凶丑吉寅吉卯平 辰平巳吉午吉未吉 申平酉凶戌吉亥凶	子凶丑吉寅吉卯吉 辰平巳吉午平未吉 申凶酉凶戌平亥吉	子凶丑凶寅吉卯吉 辰平巳吉午吉未凶 申平酉凶戌吉亥平	子凶丑吉寅凶卯平 辰吉巳吉午凶未吉 申吉酉凶戌平亥平	子凶丑吉寅吉卯凶 辰吉巳凶午平未平 申吉酉凶戌平亥平	子凶丑平寅吉卯吉 辰凶巳吉午平未平 申吉酉凶戌吉亥吉	子凶丑吉寅吉卯凶 辰平巳凶午吉未吉 申平酉凶戌吉亥吉
沖	豬	鼠	牛	虎	兔	龍	蛇

西曆月日	農曆	星期	干支	宜	忌	幸運生肖	幸運數字	財位	幸運顏色	財運指數	是日吉時	沖
3 15	正月廿七	日	戊子	理髮 冠笄 嫁娶 進人口	置產 伐木 納畜 造畜稠 安葬	牛 龍 猴	9 7 2	正北	紫 紅	♥	子凶 丑吉 寅凶 卯吉 辰吉 巳吉 午凶 未平 申吉 酉凶 戌平 亥平	馬
3 16	正月廿八	一	己丑	嫁娶 祭祀 開光 祈福 求嗣 出火	合帳 開市 安葬 入殮	鼠 雞 蛇	7 5 2	東北	啡 紅 黃	♥♥♥	子凶 丑凶 寅吉 卯吉 辰平 巳吉 午平 未凶 申吉 酉凶 戌平 亥凶	羊
3 17	正月廿九	二	庚寅	安床 伐木 拆卸 修造 動土 上樑	嫁娶 祭祀 開光 出行 出火 移徙	馬 豬 狗	8 3	正東	青 綠	♥♥♥	子凶 丑吉 寅吉 卯吉 辰吉 巳平 午平 未平 申凶 酉凶 戌凶 亥平	猴
3 18	正月三十	三	辛卯	祭祀 祈福 求嗣 齋醮 嫁娶 冠笄	祈福 動土 移徙 入宅	羊 狗 豬	8 4 3	正西	青 綠	♡	子凶 丑平 寅吉 卯吉 辰平 巳吉 午吉 未平 申平 酉凶 戌吉 亥平	雞
3 19	二月初一	四	壬辰	塞穴 解除 整手足甲 捕捉 畋獵	嫁娶 作灶 掘井 安葬	猴 雞 鼠	6 5 1	正南	啡 藍 黑	♥♥	子凶 丑吉 寅吉 卯吉 辰平 巳吉 午平 未平 申凶 酉凶 戌凶 亥吉	狗
3 20	春分	五	癸巳	納財 開市 立券 交易 開光 安床	動土 破土 安葬 行喪 赴任 出行	雞 猴 牛	7 6 2	正西	紫 黑 紅	♥	子凶 丑平 寅平 卯吉 辰吉 巳吉 午平 未凶 申吉 酉凶 戌吉 亥凶	豬
3 21	二月初三	六	甲午	祭祀 祈福 嫁娶 冠笄 修飾垣牆	開倉 出貨財 蓋屋 作灶 開市 交易	虎 狗 羊	9 7 4	東北	紅 金 白	♡	子凶 丑吉 寅吉 卯平 辰平 巳平 午凶 未吉 申平 酉凶 戌平 亥平	鼠

丙午馬年吉日通勝

西曆 月日	3/22	3/23	3/24	3/25	3/26	3/27	3/28
農曆	二月初四	二月初五	二月初六	二月初七	二月初八	二月初九	二月初十
星期	日	一	二	三	四	五	六
干支	乙未	丙申	丁酉	戊戌	己亥	庚子	辛丑
宜	嫁娶祭祀 開光祈福 求嗣出行	嫁娶開光 祭祀祈福 求嗣出行	破屋壞垣 求醫治病 餘事勿取	納采交易 立券安床 安機械安葬	祭祀祈福 求嗣齋醮 沐浴開光	納財交易 立券栽種 捕捉結網	嫁娶訂盟 納采祭祀 祈福出行
忌	動土伐木 安葬行喪	開市交易 作灶納財 上樑安床	開光嫁娶	嫁娶開光 作灶	嫁娶定磉 合壽木 安葬行喪	入宅蓋屋 豎柱安葬	開市交易 合帳安葬
幸運生肖	兔 豬 馬	龍 蛇 鼠	蛇 牛 龍	虎 兔 馬	虎 兔 羊	牛 龍 猴	鼠 雞 蛇
幸運數字	0 5 4	9 4 2	7 4	8 3	6 3 1	0 6 5	0 5
財位	東南	正西	正南	正北	正南	正東	正北
幸運顏色	金 白 黃	紅 白	金 紫 紅	啡 青	藍 綠 黑	黑 黃 啡	啡 黃
財運指數	♡	♥♥♥	♥	♡	♥	♥	♡
是日吉時	子凶丑凶寅吉卯吉 辰平巳凶午平未平 申吉酉凶戌吉亥吉	子凶丑吉寅凶卯平 辰凶巳吉午平未吉 申吉酉凶戌吉亥吉	子凶丑吉寅平卯凶 辰平巳平午吉未吉 申平酉凶戌平亥吉	子凶丑吉寅凶卯吉 辰凶巳平午吉未吉 申吉酉凶戌平亥平	子凶丑凶寅吉卯吉 辰平巳凶午吉未吉 申吉酉凶戌平亥凶	子凶丑吉寅平卯平 辰平巳平午凶未吉 申吉酉凶戌凶亥平	子凶丑吉寅吉卯吉 辰平巳吉午吉未凶 申吉酉凶戌平亥吉
沖	牛	虎	兔	龍	蛇	馬	羊

西曆月日	農曆	星期	干支	宜	忌	幸運生肖	幸運數字	財位	幸運顏色	財運指數	是日吉時	沖
3 29	二月十一	日	壬寅	冠笄 立券 交易 修造 動土 安機械	嫁娶 祈福 出火 入宅	馬 豬 狗	8 5 3	正南	金 綠 白	♡	子凶丑吉寅吉卯吉 辰平巳平午平未吉 申凶酉凶戌吉亥平	猴
3 30	二月十二	一	癸卯	祭祀 會親友 出行 立券 交易 冠笄	嫁娶 動土 掘井 起基 定磉 破土	羊 狗 豬	9 4	西北	銀 金 白	♥♥	子凶丑平寅吉卯吉 辰平巳平午平未凶 申平酉凶戌吉亥平	雞
3 31	二月十三	二	甲辰	祭祀 沐浴 解除 掃舍 塞穴 牧養	嫁娶 安葬 行喪 安門	猴 雞 鼠	9 5	東北	啡 紫 紅	♥♥♥	子凶丑吉寅平卯平 辰吉巳平午凶未吉 申平酉凶戌凶亥吉	狗
4 1	二月十四	三	乙巳	納財 開市 交易 立券 開光 針灸	移徙 入宅 栽種	雞 猴 牛	7 2	西北	紫 紅	♡	子凶丑吉寅平卯平 辰平巳凶午平未平 申吉酉凶戌吉亥凶	豬
4 2	二月十五	四	丙午	嫁娶 冠笄 會親友 納財 安機械	開市 蓋屋 治病 作灶	虎 狗 羊	9 2 1	正西	紫 藍 紅	♥♥♥	子凶丑平寅平卯平 辰凶巳吉午吉未平 申吉酉凶戌吉亥吉	鼠
4 3	耶穌受難節	五	丁未	嫁娶 造車器 納采 訂盟 祭祀 祈福	納畜 理髮 合壽木	兔 豬 馬	0 5 1	正東	黑 啡 黃	♡	子凶丑凶寅平卯凶 辰平巳吉午吉未吉 申平酉凶戌平亥吉	牛
4 4	耶穌受難節翌日	六	戊申	祈福 齋醮 出行 移徙 入宅 修造	納采 開光 安床 嫁娶 開市	龍 蛇 鼠	9 5 4	正北	黃 金 白	♥♥♥	子凶丑吉寅凶卯平 辰吉巳吉午平未吉 申吉酉凶戌平亥平	虎

西曆月日	4/5	4/6	4/7	4/8	4/9	4/10	4/11
農曆	清明節	復活節	復活節翌日	二月廿一	二月廿二	二月廿三	二月廿四
星期	日	一	二	三	四	五	六
干支	己酉	庚戌	辛亥	壬子	癸丑	甲寅	乙卯
宜	祭祀祈福 求嗣開光 解除拆卸	祭祀解除 破屋壞垣 餘事勿取	塞穴掃舍 餘事勿取	祭祀祈福 求嗣開光 解除納采	解除破屋 餘事勿取	嫁娶祈福 求嗣開光 出行解除	祭祀裁衣 冠笄安床 交易立券
忌	動土破土 納財掘井 掛匾開市	諸事不宜	諸事不宜	諸事不宜	諸事不利	祭祀入殮 安葬探病	嫁娶掘井 探病開市 開光栽種
幸運生肖	龍 牛 蛇	兔 虎 馬	虎 兔 羊	牛 龍 猴	鼠 蛇 雞	豬 馬 狗	狗 羊 豬
幸運數字	4 0	4 5 0	1 4 6	3 4 6	3 4 8	1 3 8	1 3 6
財位	西南	正東	西南	正南	東北	東北	正西
幸運顏色	金 銀	金 銀 黃	黑 藍 白	灰 藍 黑	青 綠 啡	綠 青 黑	灰 青 藍
財運指數	♥	♥	♥	♥	♡	♡	♥
是日吉時	子凶丑凶寅平卯凶 辰吉巳吉午吉未吉 申吉酉平戌凶亥凶	子凶丑吉寅平卯平 辰凶巳平午吉未吉 申吉酉平戌凶亥平	子凶丑吉寅吉卯吉 辰平巳凶午吉未吉 申平酉凶戌凶亥平	子凶丑吉寅吉卯吉 辰吉巳吉午凶未吉 申凶酉平戌凶亥平	子凶丑吉寅平卯平 辰吉巳吉午平未凶 申吉酉吉戌凶亥平	子凶丑平寅吉卯平 辰吉巳平午凶未吉 申凶酉吉戌凶亥平	子凶丑平寅吉卯吉 辰平巳凶午平未吉 申吉酉凶戌凶亥吉
沖	兔	龍	蛇	馬	羊	猴	雞

西曆月日	農曆	星期	干支	宜	忌	幸運生肖	幸運數字	財位	幸運顏色	財運指數	是日吉時	沖
4 12	二月廿五	日	丙辰	祭祀出行 教牛馬掃舍 餘事勿取	開光伐木 安葬破土	鼠 猴 雞	0 5	正西	啡 黃	♥♥	子凶丑平寅平卯平 辰凶巳吉女平未平 申吉酉吉戌凶亥吉	狗
4 13	二月初六	一	丁巳	祭祀祈福 求嗣開光 納采訂盟	修墳造橋 作灶出行 安葬蓋屋	牛 雞 猴	9 7 5	正西	啡 紅	♥	子凶丑吉寅平卯凶 辰平巳吉午吉未吉 申平酉吉戌凶亥凶	豬
4 14	二月廿七	二	戊午	開光出行 交易塞穴 嫁娶理髮	祈福出火 置產動土 破土安葬	狗 羊 虎	9 7 2	東南	紫 紅	♡	子凶丑平寅凶卯吉 辰平巳吉午平未吉 申吉酉吉戌凶亥平	鼠
4 15	二月廿八	三	己未	修飾垣牆 平治道塗 餘事勿取	嫁娶安床 治病	馬 兔 豬	0 5 2	正北	啡 紅 黃	♡	子凶丑凶寅吉卯吉 辰平巳吉午吉未吉 申吉酉平戌凶亥凶	牛
4 16	二月廿九	四	庚申	沐浴祭祀 解除安葬 破土	齋醮開光 嫁娶入宅 上樑	蛇 鼠 龍	9 8 3	正東	白 青 綠	♥	子凶丑吉寅凶卯平 辰吉巳吉午吉未吉 申吉酉平戌凶亥平	虎
4 17	三月初一	五	辛酉	祭祀解除 入殮移柩 啟鑽安葬	動土破土	牛 龍 蛇	8 4 3	正東	白	♥♥	子凶丑平寅吉卯凶 辰吉巳吉午吉未平 申平酉凶戌凶亥平	兔
4 18	三月初二	六	壬戌	祭祀沐浴 解除求醫 破屋壞垣	嫁娶開市	虎 兔 馬	6 1	正南	藍 黑	♡	子凶丑平寅吉卯吉 辰凶巳吉午平未吉 申凶酉平戌凶亥吉	龍

西曆月日	農曆	星期	干支	宜	忌	幸運生肖	幸運數字	財位	幸運顏色	財運指數	是日吉時	沖
4 19	三月初三	日	癸亥	沐浴塞穴 畋獵結網 取漁掃舍	祈福安葬	虎 兔 羊	7 6	正南	灰 藍	♡	子凶丑平寅吉卯吉 辰吉巳凶午吉未凶 申平酉平戌凶亥吉	蛇
4 20	穀雨	一	甲子	開市交易 立券掛匾 祭祀開光	納采問名 訂盟嫁娶 入宅開倉	牛 龍 猴	0 7 4	東北	銀 金 白	♥	子凶丑平寅吉卯吉 辰吉巳凶午吉未凶 申平酉平戌凶亥吉	馬
4 21	三月初五	二	乙丑	取漁納財 納畜 餘事勿取	嫁娶入宅	鼠 雞 蛇	9 5 4	東北	啡 黃 白	♥	子凶丑吉寅吉卯吉 辰平巳凶午平未凶 申吉酉吉戌凶亥平	羊
4 22	三月初六	三	丙寅	安香出火 納采訂盟 嫁娶開市	作灶安葬 祭祀入殮	馬 豬 狗	9 7	正西	紅 青 綠	♥♥♥	子凶丑平寅平卯吉 辰凶巳平午吉未平 申凶酉吉戌凶亥平	猴
4 23	三月初七	四	丁卯	祭祀出行 修造動土 合帳造畜稠	移徙入宅 作灶理髮 開光安門	羊 狗 豬	7 2	正西	青 紫 紅	♥♥♥	子凶丑平寅吉卯凶 辰平巳吉午吉未吉 申平酉凶戌凶亥平	雞
4 24	三月初八	五	戊辰	祭祀 修飾垣牆 餘事勿取	開光修造 動土破土	猴 雞 鼠	8 5 3	正北	啡 青	♥	子凶丑吉寅凶卯吉 辰平巳吉午平未吉 申吉酉吉戌凶亥平	狗
4 25	三月初九	六	己巳	嫁娶祭祀 祈福求嗣 齋醮開光	納采修墳 安葬開市 立券作灶	雞 猴 牛	8 7 3	正西	紅	♥	子凶丑凶寅吉卯平 辰平巳平午吉未吉 申吉酉平戌凶亥凶	豬

西曆月日	4/26	4/27	4/28	4/29	4/30	5/1	5/2
農曆	三月初十	三月十一	三月十二	三月十三	三月十四	勞動節	三月十六
星期	日	一	二	三	四	五	六
干支	庚午	辛未	壬申	癸酉	甲戌	乙亥	丙子
宜	祭祀 塑繪 開光 納采 嫁娶 開市	祭祀 作灶 平治道塗 餘事勿取	祭祀 祈福 求嗣 齋醮 沐浴 納畜	納采 祭祀 祈福 求嗣 齋醮 出行	求醫 治病 破屋 壞垣 餘事勿取	沐浴 捕捉 畋獵 結網 取漁	祭祀 祈福 求嗣 齋醮 納采 訂盟
忌	祈福 入宅 蓋屋 動土 破土 探病	安床 入宅 安碓磑 栽種	移徙 入宅 嫁娶 出行 安床	嫁娶 開市 納財 出火	祈福 齋醮 開市 安葬	祭祀 嫁娶 入宅 作灶 安葬	出火 嫁娶 開市
幸運生肖	虎 狗 羊	兔 豬 馬	龍 蛇 鼠	蛇 牛 龍	馬 虎 兔	羊 兔 虎	猴 龍 牛
幸運數字	9 7 2	0 5	9 4	0 9 4	9 7 2	7 2 1	6 1
財位	正東	東南	正南	正南	東北	正南	正西
幸運顏色	啡 黃 紅	啡 黃	銀 金 白	銀 金	紫	灰 藍 黑	黑
財運指數	♥♥♥	♡	♥	♥	♥	♥	♥♥
是日吉時	子凶 丑吉 寅吉 卯平 辰平 巳平 午吉 未吉 申吉 酉吉 戌凶 亥平	子凶 丑凶 寅吉 卯吉 辰平 巳吉 午吉 未平 申吉 酉凶 戌凶 亥平	子凶 丑吉 寅凶 卯吉 辰吉 巳吉 午平 未吉 申凶 酉吉 戌凶 亥平	子凶 丑凶 寅吉 卯凶 辰吉 巳吉 午平 未凶 申吉 酉平 戌凶 亥平	子凶 丑吉 寅吉 卯吉 辰凶 巳吉 午凶 未吉 申平 酉平 戌凶 亥平	子凶 丑吉 寅吉 卯吉 辰凶 巳吉 午凶 未吉 申平 酉平 戌凶 亥平	子凶 丑吉 寅平 卯平 辰凶 巳吉 午凶 未平 申平 酉吉 戌凶 亥吉
沖	鼠	牛	虎	兔	龍	蛇	馬

西曆月日	5 3	5 4	5 5	5 6	5 7	5 8	5 9
農曆	三月十七	三月十八	立夏	三月二十	三月廿一	三月廿二	三月廿三
星期	日	一	二	三	四	五	六
干支	丁丑	戊寅	己卯	庚辰	辛巳	壬午	癸未
宜	祭祀 捕捉 解除 餘事勿取	納采 嫁娶 出行 開市 立券 納畜	祭祀 祈福 求嗣 齋醮 冠笄 作灶	嫁娶 祭祀 祈福 求嗣 出行 出火	解除 掃舍 餘事勿取	開市 交易 立券 掛匾 開光 出行	進人口 會親友
忌	嫁娶 安葬	祈福 動土 破土 安葬 入殮	開光 嫁娶 掘井 安葬 安門 探病	開光 掘井 開倉	諸事不宜	嫁娶 安床 探病 作灶	塞穴 上樑 動土 伐木 安葬 詞訟
幸運生肖	雞 蛇 鼠	狗 馬 豬	豬 羊 狗	鼠 猴 雞	牛 雞 猴	狗 羊 虎	馬 兔 豬
幸運數字	0 5 1	9 5 4	8 3	0 5 4	7 4 2	7 4 2	0 5 3
財位	正北	正北	西北	正東	西北	正南	正東
幸運顏色	黑 啡 黃	綠 啡 黃	青 綠	啡 黃 白	金 紅	綠 青 紅	黃 綠 青
財運指數	♥	♥♥♥	♥	♥	♥	♥	♡
是日吉時	子凶 丑平 寅平 卯凶 辰平 巳吉 午吉 未凶 申平 酉吉 戌凶 亥吉	子凶 丑吉 寅凶 卯吉 辰吉 巳吉 午吉 未吉 申凶 酉平 戌凶 亥平	子凶 丑凶 寅吉 卯吉 辰平 巳平 午吉 未吉 申平 酉凶 戌平 亥凶	子凶 丑吉 寅吉 卯平 辰吉 巳吉 午吉 未吉 申平 酉平 戌凶 亥凶	子凶 丑吉 寅吉 卯平 辰平 巳吉 午吉 未吉 申平 酉凶 戌吉 亥凶	子凶 丑吉 寅吉 卯吉 辰平 巳吉 午平 未吉 申凶 酉平 戌平 亥凶	子凶 丑凶 寅吉 卯吉 辰平 巳吉 午吉 未凶 申平 酉平 戌吉 亥凶
沖	羊	猴	雞	狗	豬	鼠	牛

西曆月日	農曆	星期	干支	宜	忌	幸運生肖	幸運數字	財位	幸運顏色	財運指數	是日吉時	沖
5 10	三月廿四	日	甲申	平治道塗 掃舍入殮 破土安葬	嫁娶移徙 伐木作樑 安床祭祀	蛇 鼠 龍	6 1	東北	藍 黑	♥♥♥	子凶丑吉寅凶卯平 辰吉巳吉午凶未吉 申吉酉吉戌平亥凶	虎
5 11	三月廿五	一	乙酉	嫁娶開光 出火出行 拆卸動土	祭祀祈福 求嗣齋醮 開市安機	牛 龍 蛇	9 4 1	西南	銀 金 白	♥♥♥	子凶丑吉寅吉卯凶 辰吉巳凶午平未平 申吉酉吉戌平亥凶	兔
5 12	三月廿六	二	丙戌	塑繪成人禮 冠笄結婚 嫁娶會親友	祈福開業 開幕開市 動土行喪	虎 兔 馬	0 5	正西	黃 啡	♡	子凶丑平寅吉卯吉 辰凶巳吉午平未平 申吉酉吉戌吉亥凶	龍
5 13	三月廿七	三	丁亥	破屋壞垣 沐浴解除 餘事勿取	諸事不宜	虎 兔 羊	0 5 1	西南	黃 藍 灰	♥	子凶丑吉寅吉卯凶 辰平巳凶午吉未吉 申平酉吉戌吉亥凶	蛇
5 14	三月廿八	四	戊子	納采訂婚 訂盟結婚 嫁娶造車器	開業開幕 開市立券	牛 龍 猴	9 7 2	正北	紫 紅	♥	子凶丑吉寅凶卯吉 辰吉巳吉午凶未平 申吉酉吉戌平亥凶	馬
5 15	三月廿九	五	己丑	開市交易 立券祭祀 祈福開光	嫁娶掘井 入宅移徙 安葬	鼠 雞 蛇	7 5 2	東北	啡 紅 黃	♥♥♥	子凶丑凶寅吉卯吉 辰平巳吉午平未凶 申吉酉吉戌平亥凶	羊
5 16	三月三十	六	庚寅	解除出行 納采冠笄 豎柱上樑	祭祀伐木 架馬安床 修造動土	馬 豬 狗	8 3	正東	青 綠	♥♥♥	子凶丑吉寅吉卯吉 辰吉巳平午平未平 申凶酉平戌凶亥凶	猴

西曆月日	農曆	星期	干支	宜	忌	幸運生肖	幸運數字	財位	幸運顏色	財運指數	是日吉時	沖
5 17	四月初一	日	辛卯	祭祀祈福 求嗣開光 出行開市	入宅移徙 修造安門 伐木入殮	羊 狗 豬	8 4 3	正西	青 綠	♡	子凶丑平寅吉卯吉 辰平巳吉午吉未平 申平酉凶戌吉亥凶	雞
5 18	四月初二	一	壬辰	嫁娶交易 立券開廁 補垣塞穴	安床開渠 上樑修造 開市開光	猴 雞 鼠	6 5 1	正南	啡 藍 黑	❤❤	子凶丑吉寅吉卯吉 辰平巳吉午平未平 申凶酉吉戌凶亥凶	狗
5 19	四月初三	二	癸巳	塞穴斷蟻 結網畋獵 餘事勿取	嫁娶安葬 入宅出行 動土詞訟	雞 猴 牛	7 6 2	正西	紫 黑 紅	❤	子凶丑平寅平卯吉 辰吉巳吉午平未凶 申吉酉平戌吉亥凶	豬
5 20	四月初四	三	甲午	納采訂盟 嫁娶祭祀 祈福求嗣	作灶安床 開倉蓋屋 動土安葬	虎 狗 羊	9 7 4	東北	紅 金 白	♡	子凶丑吉寅吉卯平 辰平巳平午凶未吉 申平酉吉戌平亥凶	鼠
5 21	小滿	四	乙未	開光納采 裁衣冠笄 安床作灶	嫁娶栽種 修造動土 出行伐木	兔 豬 馬	0 5 4	東南	金 白 黃	♡	子凶丑凶寅吉卯吉 辰平巳凶午平未平 申吉酉平戌吉亥凶	牛
5 22	四月初六	五	丙申	納采嫁娶 裁衣理髮 出行修造	伐木安葬 安床祭祀 祈福	龍 蛇 鼠	9 4 2	正西	紅 白	❤❤❤	子凶丑吉寅凶卯平 辰凶巳吉午平未吉 申吉酉吉戌吉亥凶	虎
5 23	四月初七	六	丁酉	開市交易 立券掛匾 祭祀祈福	作灶嫁娶 移徙入宅 理髮	蛇 牛 龍	7 4	正南	金 紫 紅	❤	子凶丑吉寅平卯凶 辰平巳平午吉未吉 申平酉吉戌平亥凶	兔

西曆 月日	5 24	5 25	5 26	5 27	5 28	5 29	5 30
農曆	佛誕	佛誕翌日	四月初十	四月十一	四月十二	四月十三	四月十四
星期	日	一	二	三	四	五	六
干支	戊戌	己亥	庚子	辛丑	壬寅	癸卯	甲辰
宜	嫁娶納采 訂盟祭祀 祈福求嗣	祭祀沐浴 破屋壞垣 餘事勿取	訂盟納采 嫁娶解除 祭祀祈福	祭祀祈福 求嗣開光 訂盟納采	祭祀結網 捕捉 餘事勿取	拆卸起基 安碓磑造倉 放水開池	嫁娶冠笄 祭祀出行 移徙入宅
忌	開市立券 造船合壽木	開光安葬	作灶開市 經絡	安床上樑 裁衣入宅 嫁娶	探病嫁娶 開市	入宅安門 安葬	入宅蓋屋 造橋安門 安葬上樑
幸運生肖	虎 兔 馬	虎 兔 羊	牛 龍 猴	鼠 雞 蛇	馬 豬 狗	羊 狗 豬	猴 雞 鼠
幸運數字	8 3	6 3 1	0 6 5	0 5	9 8 3	9 4	9 5
財位	正北	正南	正東	正北	正南	西北	東北
幸運顏色	啡 青	藍 綠 黑	黑 黃 啡	啡 黃	金 綠 白	銀 金 白	啡 紫 紅
財運指數	♡	♥	♥	♡	♡	♥♥	♥♥♥
是日吉時	子凶丑吉寅凶卯吉 辰凶巳平午吉未吉 申吉酉平戌平亥凶	子凶丑凶寅吉卯吉 辰平巳凶午吉未吉 申吉酉平戌平亥凶	子凶丑吉寅平卯平 辰平巳平午凶未吉 申吉酉吉戌凶亥凶	子凶丑吉寅吉卯吉 辰平巳吉午吉未凶 申吉酉凶戌平亥凶	子凶丑吉寅吉卯吉 辰平巳平午平未吉 申凶酉平戌吉亥凶	子凶丑平寅吉卯吉 辰平巳平午平未凶 申平酉凶戌吉亥凶	子凶丑吉寅平卯平 辰吉巳平午凶未吉 申平酉吉戌凶亥凶
沖	龍	蛇	馬	羊	猴	雞	狗

西曆月日	農曆	星期	干支	宜	忌	幸運生肖	幸運數字	財位	幸運顏色	財運指數	是日吉時	沖
5/31	四月十五	日	乙巳	祭祀解除 斷蟻會親友 餘事勿取	嫁娶安葬	雞 猴 牛	7 2	西北	紫 紅	♡	子凶丑吉寅平卯平 辰平巳凶午平未平 申吉酉吉戌吉亥凶	豬
6/1	四月十六	一	丙午	嫁娶納采 訂盟祭祀 祈福治病	開市出行 安床作灶 安葬	虎 狗 羊	9 2 1	正西	紫 藍 紅	♥♥♥	子凶丑平寅平卯平 辰凶巳吉午吉未平 申吉酉吉戌吉亥凶	鼠
6/2	四月十七	二	丁未	嫁娶納采 訂盟會親友 安機械	開市作灶 動土行喪 安葬	兔 豬 馬	0 5 1	正東	黑 啡 黃	♡	子凶丑凶寅平卯凶 辰平巳吉午吉未吉 申平酉吉戌平亥凶	牛
6/3	四月十八	三	戊申	祭祀沐浴 破土安葬 平治道塗	祈福嫁娶 入宅安床 作灶	龍 蛇 鼠	9 5 4	正北	黃 金 白	♥♥♥	子凶丑吉寅凶卯平 辰吉巳吉午平未吉 申吉酉平戌平亥凶	虎
6/4	四月十九	四	己酉	祭祀祈福 齋醮求嗣 安機械納畜	動土破土 嫁娶	蛇 牛 龍	0 4	西南	銀 金	♥	子凶丑凶寅平卯凶 辰吉巳吉午吉未吉 申吉酉平戌平亥凶	兔
6/5	芒種	五	庚戌	嫁娶納采 訂盟齋醮 開光祭祀	移徙入宅 蓋屋架馬	馬 虎 兔	0 5 4	正東	黃 銀 金	♥	子凶丑吉寅平卯平 辰凶巳平午吉未吉 申吉酉平戌凶亥平	龍
6/6	四月廿一	六	辛亥	祭祀祈福 求嗣開光 出行伐木	嫁娶開市 交易行喪 安葬修墳	羊 兔 虎	6 4 1	西南	白 藍 黑	♥	子凶丑吉寅吉卯吉 辰平巳凶午吉未吉 申平酉凶戌吉亥平	蛇

西曆月日	農曆	星期	干支	宜	忌	幸運生肖	幸運數字	財位	幸運顏色	財運指數	是日吉時	沖
6/7	四月廿二	日	壬子	破屋壞垣 餘事勿取	諸事不宜	猴 龍 牛	6 4 3	正南	藍 灰	♥	子凶丑吉寅吉卯吉 辰吉巳吉午凶未吉 申凶酉平戌平亥平	馬
6/8	四月廿三	一	癸丑	開市交易 立券納財 開池開廁	嫁娶造橋 詞訟移徙 安門作灶	雞 蛇 鼠	8 4 3	東北	啡 綠 青	♡	子凶丑吉寅吉卯吉 辰吉巳吉午凶未吉 申凶酉平戌平亥平	羊
6/9	四月廿四	二	甲寅	開市交易 立券納財 栽種安床	嫁娶出火 伐木祭祀 入宅移徙	狗 馬 豬	8 3 1	東北	黑 青 綠	♡	子凶丑平寅吉卯平 辰吉巳平午凶未吉 申凶酉吉戌吉亥平	猴
6/10	四月廿五	三	乙卯	祭祀作灶 餘事勿取	諸事不宜	豬 羊 狗	6 3 1	正西	藍 青 灰	♥	子凶丑平寅吉卯吉 辰平巳凶午平未吉 申吉酉凶戌吉亥吉	雞
6/11	四月廿六	四	丙辰	解除壞垣 餘事勿取	諸事不宜	鼠 猴 雞	0 5	正西	啡 黃	♥♥	子凶丑平寅平卯平 辰凶巳吉午平未平 申吉酉吉戌凶亥吉	狗
6/12	四月廿七	五	丁巳	修造動土 起基安門 安床栽種	嫁娶掘井 入宅移徙 出火出行	牛 雞 猴	9 7 5	正西	啡 紅	♥	子凶丑吉寅平卯凶 辰平巳吉午吉未吉 申平酉吉戌吉亥凶	豬
6/13	四月廿八	六	戊午	祭祀教牛馬 斷蟻 餘事勿取	齋醮移徙 入宅動土	狗 羊 虎	9 7 2	東南	紫 紅 黃	♡	子凶丑平寅凶卯吉 辰平巳吉午平未吉 申吉酉吉戌平亥平	鼠

西曆月日	6 14	6 15	6 16	6 17	6 18	6 19	6 20
農曆	四月廿九	五月初一	五月初二	五月初三	五月初四	端午節	五月初六
星期	日	一	二	三	四	五	六
干支	己未	庚申	辛酉	壬戌	癸亥	甲子	乙丑
宜	納采訂盟 嫁娶祭祀 祈福開市	嫁娶開光 祭祀祈福 出行解除	嫁娶祭祀 理髮作灶 修飾垣牆	嫁娶納采 訂盟祭祀 祈福求嗣	畋獵捕捉 結網取漁 祭祀沐浴	祭祀 破屋壞垣 餘事勿取	祭祀齋醮 塑繪開光 出行修造
忌	行喪安葬 破土作灶 伐木齋醮	納采訂盟 安床謝土 破土動土	破土出行 栽種	動土掘井 破土	嫁娶開市 安葬啟鑽 行喪	移徙入宅 開倉出貨財	出火入宅
幸運生肖	馬 兔 豬	蛇 鼠 龍	牛 龍 蛇	虎 兔 馬	虎 兔 羊	牛 龍 猴	鼠 雞 蛇
幸運數字	0 5 2	9 8 3	8 4 3	6 1	7 6	0 7 4	9 5 4
財位	正北	正東	正東	正南	正南	東北	東北
幸運顏色	啡 紅 黃	白 青 綠	白	藍 黑	灰 藍	銀 金 白	啡 黃 白
財運指數	♡	♥	♥♥	♡	♡	♥	♥
是日吉時	子凶 丑凶 寅吉 卯吉 辰平 巳吉 午吉 未吉 申吉 酉平 戌平 亥凶	子凶 丑吉 寅凶 卯平 辰吉 巳吉 午吉 未吉 申吉 酉平 戌凶 亥平	子凶 丑平 寅吉 卯凶 辰吉 巳吉 午吉 未平 申平 酉凶 戌平 亥平	子凶 丑平 寅吉 卯吉 辰凶 巳吉 午平 未吉 申凶 酉平 戌吉 亥吉	子凶 丑平 寅吉 卯吉 辰吉 巳凶 午吉 未凶 申平 酉平 戌吉 亥吉	子凶 丑吉 寅吉 卯平 辰吉 巳平 午凶 未吉 申吉 酉平 戌平 亥平	子凶 丑吉 寅吉 卯吉 辰平 巳凶 午平 未凶 申吉 酉吉 戌平 亥平
沖	牛	虎	兔	龍	蛇	馬	羊

西曆月日	6 21	6 22	6 23	6 24	6 25	6 26	6 27
農曆	夏至	五月初八	五月初九	五月初十	五月十一	五月十二	五月十三
星期	日	一	二	三	四	五	六
干支	丙寅	丁卯	戊辰	己巳	庚午	辛未	壬申
宜	開市交易 立券掛匾 開光解除	祭祀結網 餘事勿取	嫁娶納采 訂盟冠笄 造車器祭祀	嫁娶合帳 裁衣冠笄 伐木上樑	出行教牛馬 割蜜 餘事勿取	嫁娶祭祀 祈福求嗣 開光出行	安機械祭祀 祈福求嗣 沐浴解除
忌	作灶出火 祭祀嫁娶 入宅	入宅出行 掘井安葬	行喪置產 入宅安葬	安床祈福 出行安葬 行喪開光	齋醮蓋屋 動土破土	安葬開生墳 秋行喪	嫁娶安床 作灶動土 破土造船
幸運生肖	馬 豬 狗	羊 狗 豬	猴 雞 鼠	雞 猴 牛	虎 狗 羊	兔 豬 馬	龍 蛇 鼠
幸運數字	9 7	7 2	8 5 3	8 7 3	9 7 2	0 5	9 4
財位	正西	正西	正北	正西	正東	東南	正南
幸運顏色	紅 青 綠	青 紫 紅	啡 青	紅	啡 黃 紅	啡 黃	銀 金 白
財運指數	♥♥♥	♥♥♥	♥	♥	♥♥♥	♡	♥
是日吉時	子凶丑平寅平卯吉 辰凶巳平午吉未平 申凶酉吉戌平亥平	子凶丑平寅吉卯凶 辰平巳吉午吉未吉 申平酉凶戌平亥平	子凶丑吉寅凶卯吉 辰平巳吉午平未吉 申吉酉吉戌凶亥平	子凶丑凶寅吉卯平 辰平巳平午吉未吉 申吉酉平戌平亥凶	子凶丑吉寅吉卯平 辰平巳平午吉未吉 申吉酉吉戌凶亥平	子凶丑凶寅吉卯吉 辰平巳吉午吉未平 申吉酉凶戌平亥平	子凶丑吉寅凶卯吉 辰吉巳吉午平未吉 申凶酉吉戌平亥平
沖	猴	雞	狗	豬	鼠	牛	虎

西曆 月日	6/28	6/29	6/30	7/1	7/2	7/3	7/4
農曆	五月十四	五月十五	五月十六	香港特別行政區成立紀念日	五月十八	五月十九	五月二十
星期	日	一	二	三	四	五	六
干支	癸酉	甲戌	乙亥	丙子	丁丑	戊寅	己卯
宜	祭祀 理髮 整手足甲 修飾垣牆	嫁娶 納采 祭祀 祈福 出行 立券	納采 訂盟 冠笄 祭祀 祈福 齋醮	祭祀 沐浴 破屋 壞垣 餘事勿取	嫁娶 安機械 交易 出行 祭祀 祈福	納采 冠笄 求醫 治病 開市 立券	祭祀 作灶 餘事勿取
忌	開市 入宅 出行 修造 詞訟	開光 作灶 蓋屋 架馬 開倉	嫁娶 開市 合壽木 安葬	入宅 嫁娶 移徙	作灶 理髮 造橋 行喪 安葬	齋醮 祭祀 移徙 入宅 上樑 嫁娶	開市 安葬 破土 修墳 掘井
幸運生肖	蛇 牛 龍	馬 虎 兔	羊 兔 虎	猴 龍 牛	雞 蛇 鼠	狗 馬 豬	豬 羊 狗
幸運數字	0 9 4	9 7 2	9 2 1	6 1	0 5 1	9 5 4	8 3
財位	正南	東北	正南	正西	正北	正北	西北
幸運顏色	銀 金	紫	灰 藍 黑	黑	黑 啡 黃	綠 啡 黃	青 綠
財運指數	♥	♥	♥	♥♥	♥	♥♥♥	♥
是日吉時	子凶 丑吉 寅吉 卯凶 辰吉 巳吉 午平 未凶 申吉 酉平 戌平 亥平	子凶 丑吉 寅吉 卯吉 辰凶 巳吉 午凶 未吉 申平 酉平 戌平 亥平	子凶 丑吉 寅吉 卯吉 辰平 巳凶 午平 未吉 申平 酉平 戌平 亥平	子凶 丑吉 寅平 卯平 辰凶 巳吉 午凶 未平 申平 酉吉 戌吉 亥吉	子凶 丑平 寅平 卯凶 辰平 巳吉 午吉 未凶 申平 酉吉 戌平 亥吉	子凶 丑吉 寅凶 卯吉 辰吉 巳吉 午吉 未吉 申凶 酉平 戌平 亥平	子凶 丑凶 寅吉 卯吉 辰平 巳平 午吉 未吉 申平 酉凶 戌平 亥凶
沖	兔	龍	蛇	馬	羊	猴	雞

西曆月日	7/5	7/6	7/7	7/8	7/9	7/10	7/11
農曆	五月廿一	五月廿二	小暑	五月廿四	五月廿五	五月廿六	五月廿七
星期	日	一	二	三	四	五	六
干支	庚辰	辛巳	壬午	癸未	甲申	乙酉	丙戌
宜	祭祀祈福 求嗣齋醮 移徙入宅	嫁娶冠笄 修造動土 作灶移徙	祭祀入殮 破土除服 成服移柩	諸事不宜	嫁娶祭祀 祈福求嗣 開光出火	嫁娶開光 解除安床 牧養理髮	祭祀解除 餘事勿取
忌	合帳上樑 經絡安葬 入殮	祈福開光 掘井開市 安葬	餘事勿取	嫁娶作灶 安葬動土 詞訟作樑	安機經絡 造車蓋屋 移徙上樑	作灶動土 上樑栽種 入宅移徙	諸事不宜
幸運生肖	鼠 猴 雞	牛 雞 猴	狗 羊 虎	馬 兔 豬	蛇 鼠 龍	牛 龍 蛇	虎 兔 馬
幸運數字	0 5 4	7 4 2	7 4 2	0 5 3	6 1	9 4 1	0 5
財位	正東	西北	正南	正東	東北	西南	正西
幸運顏色	啡 黃 白	金 紅	綠 青 紅	黃 綠 青	藍 黑	銀 金 白	黃 啡
財運指數	♥	♥	♥	♡	♥♥♥	♥♥♥	♡
是日吉時	子凶丑吉寅吉卯平 辰吉巳吉午吉未吉 申平酉平戌凶亥吉	子凶丑吉寅吉卯平 辰平巳吉午吉未吉 申平酉凶戌吉亥凶	子凶丑凶寅吉卯吉 辰平巳吉午平未吉 申凶酉平戌平亥吉	子凶丑凶寅吉卯吉 辰平巳吉午吉未凶 申平酉平戌吉亥平	子凶丑凶寅凶卯平 辰吉巳吉午凶未吉 申吉酉吉戌平亥平	子凶丑凶寅吉卯凶 辰吉巳凶午平未平 申吉酉吉戌平亥平	子凶丑凶寅吉卯吉 辰凶巳吉午平未平 申吉酉吉戌吉亥吉
沖	狗	豬	鼠	牛	虎	兔	龍

西曆月日	7 12	7 13	7 14	7 15	7 16	7 17	7 18
農曆	五月廿八	五月廿九	六月初一	六月初二	六月初三	六月初四	六月初五
星期	日		二	三	四	五	六
干支	丁亥	戊子	己丑	庚寅	辛卯	壬辰	癸巳
宜	祭祀祈福 求嗣開光 伐木出火	解除祭祀 理髮入殮 安葬破土	破屋壞垣 餘事勿取	開市交易 立券納財 動土開光	嫁娶納采 訂盟祭祀 祈福求嗣	祭祀冠笄 作灶交易 納財栽種	嫁娶納采 訂盟祭祀 祈福求嗣
忌	嫁娶栽種 行喪理髮 修墳行喪	嫁娶開市 出火作灶 置產齋醮	諸事不宜	入宅移徙 作灶祭祀 謝土	掘井伐木 納畜合壽木	安葬破土 出行修墳 掘井開市	移徙栽種 出行行喪 破土安葬
幸運生肖	虎 兔 羊	牛 龍 猴	鼠 雞 蛇	馬 豬 狗	羊 狗 豬	猴 雞 鼠	雞 猴 牛
幸運數字	0 5 1	9 7 2	7 5 2	8 3	8 4 3	6 5 1	7 6 2
財位	西南	正北	東北	正東	正西	正南	正西
幸運顏色	黃 藍 灰	紫 紅	啡 紅 黃	青 綠	青 綠	啡 藍 黑	紫 黑 紅
財運指數	♥	♥	♥♥♥	♥♥♥	♡	♥♥	♥
是日吉時	子凶丑凶寅吉卯凶 辰平巳凶午吉未吉 申平酉吉戌吉亥吉	子凶丑凶寅凶卯吉 辰吉巳吉午凶未平 申吉酉吉戌平亥平	子凶丑凶寅吉卯吉 辰平巳吉午平未凶 申吉酉吉戌平亥凶	子凶丑凶寅吉卯吉 辰吉巳平午平未平 申凶酉平戌凶亥平	子凶丑凶寅吉卯吉 辰平巳吉午吉未平 申平酉凶戌吉亥平	子凶丑凶寅吉卯吉 辰平巳吉午平未平 申凶酉吉戌凶亥吉	子凶丑凶寅平卯吉 辰吉巳吉午平未凶 申吉酉平戌吉亥凶
沖	蛇	馬	羊	猴	雞	狗	豬

西曆月日	農曆	星期	干支	宜	忌	幸運生肖	幸運數字	財位	幸運顏色	財運指數	是日吉時	沖
7 19	六月初六	日	甲午	祭祀沐浴 補垣塞穴 除服成服	開光治病 嫁娶掘井 破土安葬	虎 狗 羊	9 7 4	東北	紅 金 白	♡	子凶丑凶寅吉卯平 辰平巳平午凶未吉 申平酉吉戌平亥平	鼠
7 20	六月初七	一	乙未	嫁娶祭祀 出行裁衣 冠笄交易	移徙入宅 栽種動土 破土作灶	兔 豬 馬	0 5 4	東南	金 白 黃	♡	子凶丑凶寅吉卯吉 辰平巳凶午平未平 申吉酉平戌吉亥吉	牛
7 21	六月初八	二	丙申	修造動土 安機械祭祀 沐浴解除	開市入宅 出行安床 作灶	龍 蛇 鼠	9 4 2	正西	紅 白	♥♥♥	子凶丑凶寅凶卯平 辰凶巳吉午平未吉 申吉酉吉戌吉亥吉	虎
7 22	六月初九	三	丁酉	嫁娶納采 訂盟造車器 開光出行	上樑入宅 修造動土 破土祭祀	蛇 牛 龍	7 4	正南	金 紫 紅	♥	子凶丑凶寅平卯凶 辰平巳平午吉未吉 申平酉吉戌平亥吉	兔
7 23	大暑	四	戊戌	祭祀嫁娶 畋獵結網	動土破土 治病開渠	虎 兔 馬	8 3	正北	啡 青	♡	子凶丑凶寅凶卯吉 辰凶巳平午吉未吉 申吉酉平戌平亥平	龍
7 24	六月十一	五	己亥	納采訂盟 會親友入學 祭祀祈福	嫁娶作灶 出火置產 嫁娶入宅	虎 兔 羊	6 3 1	正南	藍 綠 黑	♥	子凶丑凶寅吉卯吉 辰平巳凶午吉未吉 申吉酉平戌平亥凶	蛇
7 25	六月十二	六	庚子	祭祀祈福 解除安床 整手足甲	嫁娶齋醮 開市出火 入宅移徙	牛 龍 猴	0 6 5	正東	黑 黃 啡	♥	子凶丑凶寅平卯平 辰平巳平午凶未吉 申吉酉吉戌凶亥平	馬

西曆月日	農曆	星期	干支	宜	忌	幸運生肖	幸運數字	財位	幸運顏色	財運指數	是日吉時	沖
7 26	六月十三	日	辛丑	破屋壞垣 解除 餘事勿取	嫁娶安葬	鼠 雞 蛇	0 5	正北	啡 黃	♡	子凶丑凶寅吉卯吉 辰平巳吉午吉未凶 申吉酉凶戌平亥吉	羊
7 27	六月十四	一	壬寅	嫁娶開市 立券移徙 入宅安機械	祭祀祈福 探病謝土 造橋	馬 豬 狗	9 8 3	正南	金 綠 白	♡	子凶丑凶寅吉卯吉 辰平巳平午平未吉 申凶酉平戌吉亥平	猴
7 28	六月十五	二	癸卯	嫁娶訂盟 納采祭祀 祈福齋醮	入宅開市 掘井詞訟 合壽木	羊 狗 豬	9 4	西北	銀 金 白	❤❤	子凶丑凶寅吉卯吉 辰平巳平午平未凶 申平酉凶戌吉亥平	雞
7 29	六月十六	三	甲辰	納采訂盟 嫁娶移徙 入宅出行	安葬破土 開市開倉 出貨財	猴 雞 鼠	9 5	東北	啡 紫 紅	❤❤❤	子凶丑凶寅平卯平 辰吉巳平午凶未吉 申平酉吉戌凶亥吉	狗
7 30	六月十七	四	乙巳	納采訂盟 嫁娶祭祀 沐浴塑繪	出行安葬 造橋	雞 猴 牛	7 2	西北	紫 紅	♡	子凶丑凶寅平卯平 辰平巳凶午平未平 申吉酉吉戌吉亥凶	豬
7 31	六月十八	五	丙午	祭祀入殮 除服成服 移柩破土	開市入宅 嫁娶開光 蓋屋	虎 狗 羊	9 2 1	正西	紫 藍 紅	❤❤❤	子凶丑凶寅平卯平 辰凶巳吉午吉未平 申吉酉吉戌吉亥吉	鼠
8 1	六月十九	六	丁未	祭祀修造 出行蓋屋 豎柱造車器	動土破土 掘井安葬	兔 豬 馬	0 5 1	正東	黑 啡 黃	♡	子凶丑凶寅平卯凶 辰平巳吉午吉未吉 申平酉吉戌平亥吉	牛

西曆月日	8/2	8/3	8/4	8/5	8/6	8/7	8/8
農曆	六月二十	六月廿一	六月廿二	六月廿三	六月廿四	立秋	六月廿六
星期	日	一	二	三	四	五	六
干支	戊申	己酉	庚戌	辛亥	壬子	癸丑	甲寅
宜	祭祀沐浴 塑繪開光 入學解除	納財開市 交易立券 出行祭祀	祭祀 修飾垣牆 平治道塗	訂盟納采 祭祀祈福 開光安香	沐浴理髮 捕捉入殮 移柩破土	求醫治病 破屋壞垣 餘事勿取	破屋壞垣 餘事勿取
忌	嫁娶出行 納采入宅 作灶	齋醮入宅 安門安葬 破土行喪	開市動土 破土嫁娶 修造安葬	嫁娶安葬 行喪破土 修墳	出火嫁娶 入宅作灶 破土上樑	嫁娶出行	諸事不宜
幸運生肖	鼠 蛇 龍	龍 牛 蛇	兔 虎 馬	虎 兔 羊	牛 龍 猴	鼠 蛇 雞	豬 馬 狗
幸運數字	4 5 9	4 0	4 5 0	1 4 6	3 4 6	3 4 8	1 3 8
財位	正北	西南	正東	西南	正南	東北	東北
幸運顏色	白 金 黃	金 銀	金 銀 黃	黑 藍 白	灰 藍 黑	青 綠 啡	綠 青 黑
財運指數	♥♥♥	♥	♥	♥	♥	♡	♡
是日吉時	子凶丑凶寅凶卯平 辰吉巳吉午平未吉 申吉酉平戌平亥平	子凶丑凶寅平卯凶 辰吉巳吉午吉未吉 申吉酉平戌平亥凶	子凶丑凶寅平卯平 辰凶巳平午吉未吉 申吉酉平戌凶亥平	子凶丑凶寅吉卯吉 辰平巳凶午吉未吉 申平酉凶戌吉亥平	子凶丑凶寅吉卯吉 辰吉巳吉午凶未吉 申凶酉平戌平亥平	子凶丑吉寅凶卯平 辰吉巳吉午平未凶 申吉酉吉戌吉亥平	子凶丑平寅凶卯平 辰吉巳平午凶未吉 申凶酉吉戌吉亥平
沖	虎	兔	龍	蛇	馬	羊	猴

丙午馬年吉日通勝

西曆月日	8/9	8/10	8/11	8/12	8/13	8/14	8/15
農曆	六月廿七	六月廿八	六月廿九	六月三十	七月初一	七月初二	七月初三
星期	口		二	三	四	五	六
干支	乙卯	丙辰	丁巳	戊午	己未	庚申	辛酉
宜	祭祀入殮 移柩結網 安葬移柩	嫁娶出火 拆卸祭祀 祈福開光	祭祀開光 解除進人口 交易立券	嫁娶祭祀 祈福求嗣 開光出行	祭祀動土 築堤開池 會親友塞穴	祭祀裁衣 安門納財 掃舍出行	祭祀解除 拆卸修造 動土起基
忌	諸事不宜	栽種作灶 針灸出行	動土破土 嫁娶理髮 出行入宅	蓋屋入殮 安葬伐木 入宅移徙	開光出行 修造上樑 入宅安門	安床動土 安葬開生墳 合壽木	嫁娶出行 進人口作灶 入宅移徙
幸運生肖	豬 羊 狗	鼠 猴 雞	牛 雞 猴	狗 羊 虎	馬 兔 豬	蛇 鼠 龍	牛 龍 蛇
幸運數字	6 3 1	0 5	9 7 5	9 7 2	0 5 2	9 8 3	8 4 3
財位	正西	正西	正西	東南	正北	正東	正東
幸運顏色	藍 青 灰	啡 黃	啡 紅	紫 紅	啡 紅 黃	白 青 綠	白
財運指數	♥	♥♥	♥	♡	♡	♥	♥♥
是日吉時	子凶丑平寅凶卯吉 辰平巳凶午平未吉 申吉酉凶戌吉亥吉	子凶丑平寅凶卯平 辰凶巳吉午平未平 申吉酉吉戌凶亥吉	子凶丑吉寅凶卯凶 辰平巳吉午吉未吉 申平酉吉戌吉亥凶	子凶丑平寅凶卯吉 辰平巳吉午平未吉 申吉酉吉戌平亥平	子凶丑凶寅凶卯吉 辰平巳吉午吉未吉 申吉酉平戌平亥凶	子凶丑吉寅凶卯平 辰吉巳吉午吉未吉 申吉酉平戌凶亥平	子凶丑平寅凶卯凶 辰吉巳吉午吉未平 申平酉凶戌平亥平
沖	雞	狗	豬	鼠	牛	虎	兔

西曆月日	8 16	8 17	8 18	8 19	8 20	8 21	8 22
農曆	七月初四	七月初五	七月初六	七月初七	七月初八	七月初九	七月初十
星期	日	一	二	三	四	五	六
干支	壬戌	癸亥	甲子	乙丑	丙寅	丁卯	戊辰
宜	納采 訂盟 開光 出行 解除 安香	修飾垣牆 平治道塗 祭祀 沐浴	嫁娶 祭祀 祈福 求嗣 出火 出行	破土 安葬 移柩 入殮 祭祀 捕捉	破屋壞垣 治病 餘事勿取	嫁娶 開光 祭祀 祈福 求嗣 安香	安機械 納采 訂盟 祭祀 祈福 求嗣
忌	伐木 謝土 行喪 祭祀 作灶 動土	嫁娶 詞訟 治病 置產 作樑 祈福	齋醮 開市 開倉 作灶 造船	嫁娶 入宅 開市 交易	祈福 納采	掘井 理髮 作灶 動土 破土 開池	入宅 嫁娶 掘井 牧養
幸運生肖	虎 兔 馬	虎 兔 羊	牛 龍 猴	鼠 雞 蛇	馬 豬 狗	羊 狗 豬	猴 雞 鼠
幸運數字	6 1	7 6	0 7 4	9 5 4	9 7	7 2	8 5 3
財位	正南	正南	東北	東北	正西	正西	正北
幸運顏色	藍 黑	灰 藍	銀 金 白	啡 黃 白	紅 青 綠	青 紫 紅	啡 青
財運指數	♡	♡	♥	♥	♥♥♥	♥♥♥	♥
是日吉時	子凶 丑平 寅凶 卯吉 辰凶 巳吉 午平 未吉 申凶 酉平 戌吉 亥吉	子凶 丑平 寅凶 卯吉 辰吉 巳凶 午吉 未凶 申平 酉平 戌吉 亥吉	子凶 丑吉 寅凶 卯平 辰吉 巳平 午凶 未吉 申吉 酉平 戌平 亥平	子凶 丑吉 寅凶 卯吉 辰平 巳凶 午平 未凶 申吉 酉吉 戌平 亥平	子凶 丑平 寅凶 卯吉 辰凶 巳平 午吉 未平 申凶 酉吉 戌平 亥平	子凶 丑平 寅凶 卯凶 辰平 巳吉 午吉 未吉 申平 酉凶 戌平 亥平	子凶 丑吉 寅凶 卯吉 辰平 巳吉 午平 未吉 申吉 酉吉 戌凶 亥平
沖	龍	蛇	馬	羊	猴	雞	狗

西曆月日	農曆	星期	干支	宜	忌	幸運生肖	幸運數字	財位	幸運顏色	財運指數	是日吉時	沖
8 23	處暑	日	己巳	嫁娶祭祀 祈福求嗣 裁衣冠笄	行喪安葬 出行作樑 伐木造橋	雞 猴 牛	8 7 3	正西	紅	♥	子凶 丑凶 寅凶 卯平 辰平 巳平 午吉 未吉 申吉 酉平 戌平 亥凶	豬
8 24	七月十二	一	庚午	嫁娶納采 訂盟開光 祭祀出行	入宅上樑 入殮蓋屋 探病作灶	虎 狗 羊	9 7 2	正東	啡 黃 紅	♥♥♥	子凶 丑吉 寅凶 卯平 辰平 巳平 午吉 未吉 申吉 酉吉 戌凶 亥平	鼠
8 25	七月十三	二	辛未	祭祀出行 作樑出火 拆卸修造	嫁娶入宅 齋醮開光 針灸掘井	兔 豬 馬	0 5	東南	啡 黃	♡	子凶 丑凶 寅凶 卯吉 辰平 巳吉 午吉 未平 申吉 酉凶 戌平 亥平	牛
8 26	七月十四	三	壬申	嫁娶納采 訂盟祭祀 祈福求嗣	栽種掘井 動土安床 破土置產	龍 蛇 鼠	9 4	正南	銀 金 白	♥	子凶 丑吉 寅凶 卯吉 辰吉 巳吉 午平 未吉 申凶 酉吉 戌平 亥平	虎
8 27	七月十五	四	癸酉	解除祭祀 祈福求嗣 修造動土	出火嫁娶 開光進人口 出行詞訟	蛇 牛 龍	0 9 4	正南	銀 金	♥	子凶 丑吉 寅凶 卯凶 辰吉 巳吉 午平 未凶 申吉 酉平 戌平 亥平	兔
8 28	七月十六	五	甲戌	塑繪開光 栽種嫁娶 補垣塞穴	開市入宅 動土破土 安葬作灶	馬 虎 兔	9 7 2	東北	紫	♥	子凶 丑吉 寅凶 卯吉 辰凶 巳吉 午凶 未吉 申平 酉平 戌平 亥平	龍
8 29	七月十七	六	乙亥	理髮沐浴 修飾垣牆 平治道塗	嫁娶栽種 祈福造橋 安葬安門	羊 兔 虎	9 2 1	正南	灰 藍 黑	♥	子凶 丑吉 寅凶 卯吉 辰平 巳凶 午平 未吉 申平 酉平 戌平 亥平	蛇

西曆月日	農曆	星期	干支	宜	忌	幸運生肖	幸運數字	財位	幸運顏色	財運指數	是日吉時	沖
8/30	七月十八	日	丙子	嫁娶納采 訂盟祭祀 祈福齋醮	開市立券 置產作灶 造橋	猴 龍 牛	6 1	正西	黑	❤❤	子凶丑吉寅凶卯平 辰凶巳吉午凶未平 申平酉吉戌吉亥吉	馬
8/31	七月十九	一	丁丑	祭祀普渡 捕捉解除 結網畋獵	開市交易 入宅嫁娶	雞 蛇 鼠	0 5 1	正北	黑 啡 黃	❤	子凶丑平寅凶卯凶 辰平巳吉午吉未凶 申平酉吉戌平亥吉	羊
9/1	七月二十	二	戊寅	破屋壞垣 餘事勿取	齋醮開市	狗 馬 豬	9 5 4	正北	綠 啡 黃	❤❤❤	子凶丑吉寅凶卯吉 辰吉巳吉午吉未吉 申凶酉平戌平亥平	猴
9/2	七月廿一	三	己卯	訂盟納采 祭祀祈福 安香出火	動土破土 嫁娶掘井 安床	豬 羊 狗	8 3	西北	青 綠	❤	子凶丑凶寅凶卯吉 辰平巳平午吉未吉 申平酉凶戌平亥凶	雞
9/3	七月廿二	四	庚辰	嫁娶祭祀 祈福齋醮 普渡移徙	納采訂盟 經絡行喪 安葬探病	鼠 猴 雞	0 5 4	正東	啡 黃 白	❤	子凶丑吉寅凶卯平 辰吉巳吉午吉未吉 申平酉平戌凶亥吉	狗
9/4	七月廿三	五	辛巳	嫁娶訂盟 納采作灶 冠笄裁衣	掘井出行 破土行喪 安葬	牛 雞 猴	7 4 2	西北	金 紅	❤	子凶丑吉寅凶卯平 辰平巳吉午吉未吉 申平酉凶戌吉亥凶	豬
9/5	七月廿四	六	壬午	嫁娶訂盟 納采祭祀 齋醮普渡	出火入宅 蓋屋安門 安葬	狗 羊 虎	7 4 2	正南	綠 青 紅	❤	子凶丑吉寅凶卯吉 辰平巳吉午平未吉 申凶酉平戌平亥吉	鼠

西曆月日	農曆	星期	干支	宜	忌	幸運生肖	幸運數字	財位	幸運顏色	財運指數	是日吉時	沖
9 6	七月廿五	日	癸未	嫁娶 普渡 祭祀 祈福 補垣 塞穴	動土 破土 掘井 開光 上樑 詞訟	馬 兔 豬	0 5 3	正東	黃 綠 青	♡	子凶 丑凶 寅凶 卯吉 辰平 巳吉 午吉 未凶 申平 酉平 戌吉 亥平	牛
9 7	白露	一	甲申	嫁娶 冠笄 祭祀 沐浴 普渡 出行	開市 動土 破土 安床 開倉 上樑	蛇 鼠 龍	6 1	東北	藍 黑	♥♥♥	子凶 丑吉 寅凶 卯凶 辰吉 巳吉 午凶 未吉 申吉 酉吉 戌平 亥平	虎
9 8	七月廿七	二	乙酉	祭祀 出行 掃舍 餘事勿取	諸事不宜	牛 龍 蛇	9 4 1	西南	銀 金 白	♥♥♥	子凶 丑吉 寅吉 卯凶 辰吉 巳凶 午平 未平 申吉 酉吉 戌平 亥平	兔
9 9	七月廿八	三	丙戌	嫁娶 祭祀 塑繪 開光 出行 解除	伐木 行喪 作灶 作樑 安葬	虎 兔 馬	0 5	正西	黃 啡	♡	子凶 丑平 寅吉 卯凶 辰凶 巳吉 午平 未平 申吉 酉吉 戌吉 亥吉	龍
9 10	七月廿九	四	丁亥	開市 交易 立券 掛匾 開光 出行	作灶 行喪 理髮 乘船 嫁娶 安葬	虎 兔 羊	0 5 1	西南	黃 藍 灰	♥	子凶 丑吉 寅吉 卯凶 辰平 巳凶 午吉 未吉 申平 酉吉 戌吉 亥吉	蛇
9 11	八月初一	五	戊子	修飾 垣牆 平治 道塗 餘事勿取	諸事不宜	牛 龍 猴	9 7 2	正北	紫 紅	♥	子凶 丑吉 寅凶 卯凶 辰吉 巳吉 午凶 未平 申吉 酉吉 戌平 亥平	馬
9 12	八月初二	六	己丑	嫁娶 祭祀 祈福 求嗣 開光 出行	開市 安機 經絡 造車 詞訟 修造	鼠 雞 蛇	7 5 2	東北	啡 紅 黃	♥♥♥	子凶 丑凶 寅吉 卯凶 辰平 巳吉 午平 未凶 申吉 酉吉 戌平 亥凶	羊

西曆月日	9月13日	9月14日	9月15日	9月16日	9月17日	9月18日	9月19日
農曆	八月初三	八月初四	八月初五	八月初六	八月初七	八月初八	八月初九
星期	日	一	二	三	四	五	六
干支	庚寅	辛卯	壬辰	癸巳	甲午	乙未	丙申
宜	解除壞垣 餘事勿取	祭祀治病 破屋壞垣 餘事勿取	嫁娶納采 訂盟祭祀 開光出行	開市交易 立券納財 掛匾栽種	嫁娶祭祀 理髮進人口 作灶移柩	祭祀修墳 除服成服 啟鑽移柩	嫁娶冠笄 安機械解除 納畜
忌	諸事不宜	諸事不宜	開市掘井 開渠造橋 造船	嫁娶破土 進人口出行 入宅	開倉出貨財 伐木納畜 開市	開市入宅 嫁娶動土 破土安葬	祈福開光 開市入宅 動土
幸運生肖	馬 豬 狗	羊 狗 豬	猴 雞 鼠	雞 猴 牛	虎 狗 羊	兔 豬 馬	龍 蛇 鼠
幸運數字	8 3	8 4 3	6 5 1	7 6 2	9 7 4	0 5 4	9 4 2
財位	正東	正西	正南	正西	東北	東南	正西
幸運顏色	青 綠	青 綠	啡 藍 黑	紫 黑 紅	紅 金 白	金 白 黃	紅 白
財運指數	♥♥♥	♡	♥♥	♥	♡	♡	♥♥♥
是日吉時	子凶丑吉寅吉卯凶 辰吉巳平午平未平 申凶酉平戌凶亥平	子凶丑平寅吉卯凶 辰平巳吉午吉未平 申平酉凶戌吉亥平	子凶丑吉寅吉卯凶 辰平巳吉午平未平 申凶酉吉戌凶亥吉	子凶丑平寅平卯凶 辰吉巳吉午平未凶 申吉酉平戌吉亥凶	子凶丑吉寅吉卯凶 辰平巳平午凶未吉 申平酉吉戌平亥平	子凶丑凶寅吉卯凶 辰平巳凶午平未平 申吉酉平戌吉亥吉	子凶丑吉寅凶卯凶 辰凶巳吉午平未吉 申吉酉吉戌吉亥吉
沖	猴	雞	狗	豬	鼠	牛	虎

西曆月日	農曆	星期	干支	宜	忌	幸運生肖	幸運數字	財位	幸運顏色	財運指數	是日吉時	沖
9 20	八月初十	日	丁酉	出行沐浴 掃舍安葬 事勿取	動土破土 置產掘井	龍 牛 蛇	4 7	正南	紅 紫 金	♥	子凶丑吉寅平卯凶 辰平巳平午吉未吉 申平酉吉戌平亥吉	兔
9 21	八月十一	一	戊戌	嫁娶納采 祭祀出行 修造動土	造廟行喪 安葬伐木 作灶造船	馬 兔 虎	3 8	正北	青 啡	♡	子凶丑吉寅凶卯凶 辰凶巳平午吉未吉 申吉酉平戌平亥平	龍
9 22	八月十二	二	己亥	納采訂盟 開市交易 立券掛匾	齋醮嫁娶 行喪動土 安葬破土	羊 兔 虎	1 3 6	正南	黑 綠 藍	♥	子凶丑凶寅吉卯凶 辰平巳凶午吉未吉 申吉酉平戌平亥凶	蛇
9 23	秋分	三	庚子	修飾垣牆 平治道塗 餘事勿取	嫁娶入宅 安床出行	猴 龍 牛	5 6 0	正東	啡 黃 黑	♥	子凶丑吉寅平卯凶 辰平巳平午凶未吉 申吉酉吉戌凶亥平	馬
9 24	八月十四	四	辛丑	開光祈福 求嗣齋醮 修造動土	作灶出火 進人口開渠 入宅移徙	蛇 雞 鼠	5 0	正北	黃 啡	♡	子凶丑吉寅吉卯凶 辰平巳吉午吉未凶 申吉酉凶戌平亥吉	羊
9 25	中秋節	五	壬寅	開光解除 拆卸修造 動土豎柱	出火入宅 移徙祈福 祭祀安床	狗 豬 馬	3 8 9	正南	白 綠 金	♡	子凶丑吉寅吉卯凶 辰平巳平午平未吉 申凶酉平戌吉亥平	猴
9 26	中秋節翌日	六	癸卯	破屋壞垣 求醫治病 餘事勿取	移徙入宅	豬 狗 羊	4 9	西北	白 金 銀	♥♥	子凶丑平寅吉卯凶 辰平巳平午平未凶 申平酉凶戌吉亥平	雞

西曆月日	9 27	9 28	9 29	9 30	10 1	10 2	10 3
農曆	八月十七	八月十八	八月十九	八月二十	國慶日	八月廿二	八月廿三
星期	日	一	二	三	四	五	六
干支	甲辰	乙巳	丙午	丁未	戊申	己酉	庚戌
宜	嫁娶納采 訂盟祭祀 祈福求嗣	嫁娶納采 訂盟祭祀 祈福求嗣	祭祀冠笄 捕捉 餘事勿取	祭祀解除 結網畋獵 取漁會親友	冠笄沐浴 出行修造 土移徙	祭祀出行	嫁娶訂盟 納采祭祀 祈福出行
忌	開市開倉 安門安葬	安葬納畜 出行行喪 伐木	嫁娶開市 蓋屋作樑 合壽木	開市祈福 動土破土 入殮安葬	嫁娶開市 祭祀祈福 齋醮納采	嫁娶入宅 修造動土 會親友破土	針灸伐木 作樑造廟 行喪安葬
幸運生肖	猴 雞 鼠	雞 猴 牛	虎 狗 羊	兔 豬 馬	龍 蛇 鼠	蛇 牛 龍	馬 虎 兔
幸運數字	9 5	7 2	9 2 1	0 5 1	9 5 4	0 4	0 5 4
財位	東北	西北	正西	正東	正北	西南	正東
幸運顏色	啡 紫 紅	紫 紅	紫 藍 紅	黑 啡 黃	黃 金 白	銀 金	黃 銀 金
財運指數	♥♥♥	♡	♥♥♥	♡	♥♥♥	♥	♥
是日吉時	子凶丑吉寅平卯凶 辰吉巳平午凶女吉 申平酉吉戌凶亥吉	子凶丑吉寅平卯凶 辰平巳凶午平未平 申吉酉吉戌吉亥凶	子凶丑平寅平卯凶 辰凶巳吉午吉未平 申吉酉吉戌吉亥吉	子凶丑凶寅平卯凶 辰平巳吉午吉未吉 申平酉吉戌平亥吉	子凶丑吉寅凶卯凶 辰吉巳吉午平未吉 申吉酉平戌平亥平	子凶丑凶寅平卯凶 辰吉巳吉午吉未吉 申吉酉平戌平亥凶	子凶丑吉寅平卯凶 辰凶巳平午吉未吉 申吉酉平戌凶亥平
沖	狗	豬	鼠	牛	虎	兔	龍

西曆月日	農曆	星期	干支	宜	忌	幸運生肖	幸運數字	財位	幸運顏色	財運指數	是日吉時	沖
10 4	八月廿四	日	辛亥	出行 開市 交易 立券 安機械 出火	嫁娶 安葬 動土 造橋	羊 兔 虎	6 4 1	西南	白 藍 黑	♥	子凶 丑吉 寅吉 卯凶 辰平 巳凶 午吉 未吉 申平 酉凶 戌吉 亥平	蛇
10 5	八月廿五	一	壬子	修飾垣牆 平治道塗 餘事勿取	齋醮 嫁娶 移徙 出行 上樑 入宅	猴 龍 牛	6 4 3	正南	黑 藍 灰	♥	子凶 丑吉 寅吉 卯凶 辰吉 巳吉 午凶 未吉 申凶 酉平 戌平 亥平	馬
10 6	八月廿六	二	癸丑	嫁娶 造車器 安機械 祭祀 祈福	納采 訂盟 架馬 詞訟 開渠	雞 蛇 鼠	8 4 3	東北	啡 綠 青	♡	子凶 丑吉 寅平 卯凶 辰吉 巳吉 午平 未凶 申吉 酉吉 戌吉 亥平	羊
10 7	八月廿七	三	甲寅	沐浴 捕捉 入殮 除服 成服 破土	祭祀 嫁娶 安床 開市 入宅 探病	狗 馬 豬	8 3 1	東北	黑 青 綠	♡	子凶 丑平 寅吉 卯凶 辰吉 巳平 午凶 未吉 申凶 酉吉 戌吉 亥平	猴
10 8	寒露	四	乙卯	祭祀 入殮 移柩 開生墳 破土 啟鑽	餘事勿取	豬 羊 狗	6 3 1	正西	藍 青 灰	♥	子凶 丑平 寅吉 卯吉 辰凶 巳凶 午平 未吉 申吉 酉凶 戌吉 亥吉	雞
10 9	八月廿九	五	丙辰	祭祀 解除 破屋 壞垣 餘事勿取	諸事不宜	鼠 猴 雞	0 5	正西	啡 黃	♥♥	子凶 丑平 寅平 卯平 辰凶 巳吉 午平 未平 申吉 酉吉 戌凶 亥吉	狗
10 10	九月初一	六	丁巳	嫁娶 求嗣 納采 進人口 納財 結網	上樑 作灶 伐木 出行 安葬 安門	牛 雞 猴	9 7 5	正西	啡 紅	♥	子凶 丑吉 寅平 卯凶 辰凶 巳吉 午吉 未吉 申平 酉吉 戌吉 亥凶	豬

西曆月日	10/11	10/12	10/13	10/14	10/15	10/16	10/17
農曆	九月初二	九月初三	九月初四	九月初五	九月初六	九月初七	九月初八
星期	日	一	二	三	四	五	六
干支	戊午	己未	庚申	辛酉	壬戌	癸亥	甲子
宜	嫁娶 祭祀 開市 開光 出行 入宅	嫁娶 祭祀 作灶 納財	嫁娶 祭祀 祈福 求嗣 開光 出行	嫁娶 祭祀 祈福 求嗣 動土 安床	祭祀 祈福 求嗣 開光 出行 解除	祭祀 開光 出行 解除 理髮 伐木	納采 訂盟 會親友 沐浴 理髮 裁衣
忌	納畜 伐木 置產 作樑 行喪 安葬	安葬 開市 修墳 立碑	安床 安葬	開光 栽種	伐木 行喪 破土 嫁娶 安葬 開渠	嫁娶 安葬 行喪 詞訟 造橋 作灶	開市 入宅 出行 嫁娶 修墳 祈福
幸運生肖	虎 羊 狗	豬 兔 馬	龍 鼠 蛇	蛇 龍 牛	馬 兔 虎	羊 兔 虎	猴 龍 牛
幸運數字	2 7 9	2 5 0	3 8 9	3 4 8	1 6	6 7	4 7 0
財位	東南	正北	正東	正東	正南	正南	東北
幸運顏色	紅 紫	黃 紅 啡	綠 青 白	白	黑 藍	藍 灰	白 金 銀
財運指數	♡	♡	♥	♥♥	♡	♡	♥
是日吉時	子凶 丑平 寅凶 卯吉 辰凶 巳吉 午平 未吉 申吉 酉吉 戌平 亥平	子凶 丑凶 寅吉 卯吉 辰凶 巳吉 午吉 未吉 申吉 酉平 戌平 亥凶	子凶 丑吉 寅凶 卯平 辰凶 巳吉 午吉 未吉 申吉 酉平 戌凶 亥平	子凶 丑平 寅吉 卯凶 辰凶 巳吉 午吉 未平 申平 酉凶 戌平 亥平	子凶 丑平 寅吉 卯吉 辰凶 巳吉 午平 未吉 申凶 酉平 戌吉 亥吉	子凶 丑平 寅吉 卯吉 辰凶 巳凶 午吉 未凶 申平 酉平 戌吉 亥吉	子凶 丑吉 寅吉 卯平 辰凶 巳平 午凶 未吉 申吉 酉平 戌平 亥平
沖	鼠	牛	虎	兔	龍	蛇	馬

西曆月日	10 18	10 19	10 20	10 21	10 22	10 23	10 24
農曆	重陽節	重陽節翌日	九月十一	九月十二	九月十三	霜降	九月十五
星期	日	一	二	三	四	五	六
干支	乙丑	丙寅	丁卯	戊辰	己巳	庚午	辛未
宜	修飾垣牆 平治道塗 餘事勿取	入殮破土 啟鑽安葬 除服成服	嫁娶祭祀 祈福求嗣 開光出行	祭祀沐浴 破屋壞垣 餘事勿取	祭祀求嗣 冠笄進人口 會親友	嫁娶納采 訂盟開市 交易立券	祭祀冠笄 移徙會親友 納財理髮
忌	嫁娶開市 交易入宅 入學安葬	開市入宅 祭祀置產 補垣塞穴	入宅移徙 掘井理髮 伐木交易	嫁娶入宅 上樑出行 安葬	祈福齋醮 納采訂盟 嫁娶入宅	探病納畜 伐木起基 作樑蓋屋	嫁娶開市 開池開廁 破土
幸運生肖	鼠 雞 蛇	馬 豬 狗	羊 狗 豬	猴 雞 鼠	雞 猴 牛	虎 狗 羊	兔 豬 馬
幸運數字	9 5 4	9 7	7 2	8 5 3	8 7 3	9 7 2	0 5
財位	東北	正西	正西	正北	正西	正東	東南
幸運顏色	啡 黃 白	紅 青 綠	青 紫 紅	啡 青	紅	啡 黃 紅	啡 黃
財運指數	♥	♥♥♥	♥♥♥	♥	♥	♥♥♥	♡
是日吉時	子凶丑吉寅吉卯吉 辰凶巳凶午平未凶 申吉酉吉戌平亥平	子凶丑平寅平卯吉 辰凶巳平午吉未平 申凶酉吉戌平亥平	子凶丑平寅吉卯凶 辰凶巳吉午吉未吉 申平酉凶戌平亥平	子凶丑吉寅凶卯吉 辰凶巳吉午平未吉 申吉酉吉戌凶亥平	子凶丑凶寅吉卯平 辰凶巳平午吉未吉 申吉酉平戌平亥凶	子凶丑吉寅吉卯平 辰凶巳平午吉未吉 申吉酉吉戌凶亥平	子凶丑凶寅吉卯吉 辰凶巳吉午吉未平 申吉酉凶戌平亥平
沖	羊	猴	雞	狗	豬	鼠	牛

西曆月日	農曆	星期	干支	宜	忌	幸運生肖	幸運數字	財位	幸運顏色	財運指數	是日吉時	沖
10 25	九月十六	日	壬申	祭祀祈福 求嗣齋醮 開光出行	安門安床 裁衣入宅 安葬	龍 蛇 鼠	9 4	正南	銀 金 白	♥	子凶丑吉寅凶卯吉 辰凶巳吉午平未吉 申凶酉吉戌平亥平	虎
10 26	九月十七	一	癸酉	嫁娶裁衣 冠笄合帳 祭祀出行	開市出行 栽種置產 詞訟安門	蛇 牛 龍	0 9 4	正南	銀 金	♥	子凶丑吉寅吉卯凶 辰凶巳吉午平未凶 申吉酉平戌平亥平	兔
10 27	九月十八	二	甲戌	祭祀造車器 出行修造 上樑蓋屋	出貨財開倉 動土破土 安葬	馬 虎 兔	9 7 2	東北	紫	♥	子凶丑吉寅吉卯吉 辰凶巳吉午凶未吉 申平酉平戌平亥平	龍
10 28	九月十九	三	乙亥	祭祀開光 出行解除 伐木作樑	造廟嫁娶 掘井栽種 造橋作灶	羊 兔 虎	9 2 1	正南	灰 藍 黑	♥	子凶丑吉寅吉卯吉 辰凶巳凶午平未吉 申平酉平戌平亥平	蛇
10 29	九月二十	四	丙子	納采訂盟 開市交易 立券會親友	入宅上樑 齋醮出火 謝土	猴 龍 牛	6 1	正西	黑	♥♥	子凶丑吉寅平卯平 辰凶巳吉午凶未平 申平酉吉戌吉亥吉	馬
10 30	九月廿一	五	丁丑	祭祀 平治道塗 餘事勿取	嫁娶開市	雞 蛇 鼠	0 5 1	正北	黑 啡 黃	♥	子凶丑平寅平卯凶 辰凶巳吉午吉未凶 申平酉吉戌平亥吉	羊
10 31	九月廿二	六	戊寅	捕捉畋獵 餘事勿取	開市交易 祭祀入宅 安葬	狗 馬 豬	9 5 4	正北	綠 啡 黃	♥♥♥	子凶丑吉寅凶卯吉 辰凶巳吉午吉未吉 申凶酉平戌平亥平	猴

西曆月日	11 1	11 2	11 3	11 4	11 5	11 6	11 7
農曆	九月廿三	九月廿四	九月廿五	九月廿六	九月廿七	九月廿八	立冬
星期	日	一	二	三	四	五	六
干支	己卯	庚辰	辛巳	壬午	癸未	甲申	乙酉
宜	嫁娶納采 訂盟祭祀 祈福求嗣	破屋壞垣 餘事勿取	訂盟納采 會親友交易 立券納財	造車器嫁娶 訂盟納采 會親友	祭祀作灶 捕捉畋獵 餘事勿取	嫁娶訂盟 納采祭祀 祈福出行	作灶理髮 整手足甲 掃舍補垣
忌	開市破土 掘井合壽木	開市嫁娶	嫁娶開市 入宅祈福 安葬	上樑開光 蓋屋架馬 合壽木	動土破土 開市安葬	開市開倉 出貨財安床 安門安葬	開光嫁娶 會親友栽種 針灸安葬
幸運生肖	豬 羊 狗	鼠 猴 雞	牛 雞 猴	狗 羊 虎	馬 兔 豬	蛇 鼠 龍	牛 龍 蛇
幸運數字	8 3	0 5 4	7 4 2	7 4 2	0 5 3	6 1	9 4 1
財位	西北	正東	西北	正南	正東	東北	西南
幸運顏色	青 綠	啡 黃 白	金 紅	綠 青 紅	黃 綠 青	藍 黑	銀 金 白
財運指數	♥	♥	♥	♥	♡	♥♥♥	♥♥♥
是日吉時	子凶丑凶寅吉卯吉 辰凶巳平午吉未吉 申平酉凶戌平亥凶	子凶丑吉寅吉卯平 辰凶巳吉午吉未吉 申平酉平戌凶亥吉	子凶丑吉寅吉卯平 辰凶巳吉午吉未吉 申平酉凶戌吉亥凶	子凶丑吉寅吉卯吉 辰凶巳吉午平未吉 申凶酉平戌平亥吉	子凶丑凶寅吉卯吉 辰凶巳吉午吉未凶 申平酉平戌吉亥平	子凶丑吉寅凶卯平 辰凶巳吉午凶未吉 申吉酉吉戌平亥平	子凶丑吉寅吉卯凶 辰吉巳凶午平未平 申吉酉吉戌平亥平
沖	雞	狗	豬	鼠	牛	虎	兔

西曆月	西曆日	農曆	星期	干支	宜	忌	幸運生肖	幸運數字	財位	幸運顏色	財運指數	是日吉時	沖
11	8	九月三十	日	丙戌	安床祭祀 開池補垣 入殮移柩	入宅移徙 嫁娶掘井 作灶出火	虎 兔 馬	0 5	正西	黃 啡	♡	子凶丑平寅吉卯吉 辰凶巳凶午平未平 申吉酉吉戌吉亥吉	龍
11	9	十月初一	一	丁亥	祭祀沐浴 餘事勿取	餘事勿取	虎 兔 羊	0 5 1	西南	黃 藍 灰	♥	子凶丑吉寅吉卯凶 辰平巳凶午吉未吉 申平酉吉戌吉亥吉	蛇
11	10	十月初二	二	戊子	嫁娶開光 出行解除 出火拆卸	置產安床	牛 龍 猴	9 7 2	正北	紫 紅	♥	子凶丑吉寅凶卯吉 辰吉巳凶午凶未平 申吉酉吉戌平亥平	馬
11	11	十月初三	三	己丑	開光裁衣 安門會親友 安床	嫁娶冠笄 出行祈福 安葬伐木	鼠 雞 蛇	7 5 2	東北	啡 紅 黃	♥♥♥	子凶丑凶寅吉卯吉 辰平巳凶午平未凶 申吉酉吉戌平亥凶	羊
11	12	十月初四	四	庚寅	嫁娶開光 出行出火 拆卸修造	祈福祭祀 伐木掘井 作灶謝土	馬 豬 狗	8 3	正東	青 綠	♥♥♥	子凶丑吉寅吉卯吉 辰吉巳凶午平未平 申凶酉平戌凶亥平	猴
11	13	十月初五	五	辛卯	嫁娶祭祀 祈福求嗣 開光出火	栽種掘井 置產	羊 狗 豬	8 4 3	正西	青 綠	♡	子凶丑平寅吉卯吉 辰平巳凶午吉未平 申平酉凶戌吉亥平	雞
11	14	十月初六	六	壬辰	理髮針灸 解除進人口 整手足甲	嫁娶動土 造船開池 掘井出行	猴 雞 鼠	6 5 1	正南	啡 藍 黑	♥♥	子凶丑吉寅吉卯吉 辰平巳凶午平未平 申凶酉吉戌凶亥吉	狗

西曆月日	11/15	11/16	11/17	11/18	11/19	11/20	11/21
農曆	十月初七	十月初八	十月初九	十月初十	十月十一	十月十二	十月十三
星期	日	一	二	三	四	五	六
干支	癸巳	甲午	乙未	丙申	丁酉	戊戌	己亥
宜	破屋壞垣 求醫治病 餘事勿取	納采訂盟 嫁娶祭祀 祈福彫刻	祭祀祈福 求嗣開光 解除伐木	沐浴掃舍 捕捉畋獵 解除塞穴	嫁娶冠笄 祭祀祈福 求嗣齋醮	合帳裁衣 嫁娶安床 入殮移柩	修飾垣牆 冠笄出行 餘事勿取
忌	嫁娶安葬	上樑開倉 出貨財蓋屋 造船	嫁娶進人口 入宅移徙 出火出行	嫁娶入宅 開市安床 破土修墳	伐木上樑 修造入殮 理髮會親友	置產造船 開光掘井 作灶	開市動土 破土嫁娶 安葬
幸運生肖	雞 猴 牛	虎 狗 羊	兔 豬 馬	龍 蛇 鼠	蛇 牛 龍	虎 兔 馬	虎 兔 羊
幸運數字	7 6 2	9 7 4	0 5 4	9 4 2	7 4	8 3	6 3 1
財位	正西	東北	東南	正西	正南	正北	正南
幸運顏色	紫 黑 紅	紅 金 白	金 白 黃	紅 白	金 紫 紅	啡 青	藍 綠 黑
財運指數	♥	♡	♡	♥♥♥	♥	♡	♥
是日吉時	子凶丑平寅平卯吉 辰吉巳凶午平未凶 申吉酉平戌吉亥凶	子凶丑吉寅吉卯平 辰平巳凶午凶未吉 申平酉吉戌平亥平	子凶丑凶寅吉卯吉 辰平巳凶午平未平 申吉酉平戌吉亥吉	子凶丑吉寅凶卯平 辰凶巳凶午平未吉 申吉酉吉戌吉亥吉	子凶丑吉寅平卯凶 辰平巳凶午吉未吉 申平酉吉戌平亥吉	子凶丑吉寅凶卯吉 辰凶巳凶午吉未吉 申吉酉平戌平亥平	子凶丑凶寅吉卯吉 辰平巳凶午吉未吉 申吉酉平戌平亥凶
沖	豬	鼠	牛	虎	兔	龍	蛇

西曆月日	11/22	11/23	11/24	11/25	11/26	11/27	11/28
農曆	小雪	十月十五	十月十六	十月十七	十月十八	十月十九	十月二十
星期	日	一	二	三	四	五	六
干支	庚子	辛丑	壬寅	癸卯	甲辰	乙巳	丙午
宜	納采 訂盟 嫁娶 祭祀 祈福 求嗣	祭祀 塑繪 理髮 會親友 牧養 開池	出行 納財 開市 交易 立券 動土	嫁娶 納采 訂盟 祭祀 齋醮 開光	嫁娶 納采 訂盟 祭祀 開光 出行	破屋 壞垣 求醫 治病 餘事勿取	祭祀 掃舍 破土 安葬 除服 成服
忌	作灶 經絡 安床	祈福 謝土 安葬 上樑 作灶 開市	造廟 謝土 作灶 作樑 伐木 安葬	置產 掘井 詞訟 栽種	破土 動土 安門 作灶 開市 交易	嫁娶 安葬	祭祀 嫁娶 入宅 修造 動土
幸運生肖	牛 龍 猴	鼠 雞 蛇	馬 豬 狗	羊 狗 豬	猴 雞 鼠	雞 猴 牛	虎 狗 羊
幸運數字	0 6 5	0 5	9 8 3	9 4	9 5	7 2	9 2 1
財位	正東	正北	正南	西北	東北	西北	正西
幸運顏色	黑 黃 啡	啡 黃	金 綠 白	銀 金 白	啡 紫 紅	紫 紅	紫 藍 紅
財運指數	♥	♡	♡	♥♥	♥♥♥	♡	♥♥♥
是日吉時	子凶丑吉寅平卯平 辰平巳凶午凶未吉 申吉酉吉戌凶亥平	子凶丑吉寅吉卯吉 辰平巳凶午吉未凶 申吉酉凶戌平亥吉	子凶丑吉寅吉卯吉 辰平巳凶午平未吉 申凶酉平戌吉亥平	子凶丑平寅吉卯吉 辰平巳凶午平未凶 申平酉凶戌吉亥平	子凶丑吉寅平卯平 辰吉巳凶午凶未吉 申平酉吉戌凶亥吉	子凶丑吉寅平卯平 辰平巳凶午平未平 申吉酉吉戌吉亥凶	子凶丑平寅平卯平 辰凶巳凶午吉未平 申吉酉吉戌吉亥吉
沖	馬	羊	猴	雞	狗	豬	鼠

西曆月日	11/29	11/30	12/1	12/2	12/3	12/4	12/5
農曆	十月廿一	十月廿二	十月廿三	十月廿四	十月廿五	十月廿六	十月廿七
星期	日	一	二	三	四	五	六
干支	丁未	戊申	己酉	庚戌	辛亥	壬子	癸丑
宜	訂盟 納采 會親友 祭祀 祈福 修造	祭祀 沐浴 捕捉 畋獵 結網 掃舍	開市 出行 祭祀 祈福 求嗣 齋醮	祭祀 理髮 置產 塞穴 除服 成服	祭祀 沐浴 出行 餘事勿取	嫁娶 造車器 出行 會親友 移徙	塑繪 會親友 安機械 塞穴 結網
忌	嫁娶 移徙 出火 開市 入宅	嫁娶 納采 安床 動土 破土 安葬	移徙 入宅 出火 入殮 安葬	嫁娶 入宅 安床 掘井 開光	開市 動土 破土 行喪 安葬	開市 納采 造廟 安床 開渠 安葬	嫁娶 開市 祈福 齋醮 安葬
幸運生肖	馬 豬 兔	鼠 蛇 龍	龍 牛 蛇	兔 虎 馬	虎 兔 羊	牛 龍 猴	鼠 蛇 雞
幸運數字	1 5 0	4 5 9	4 0	4 5 0	1 4 6	3 4 6	3 4 8
財位	正東	正北	西南	正東	西南	正南	東北
幸運顏色	黃 啡 黑	白 金 黃	金 銀	金 銀 黃	黑 藍 白	灰 藍 黑	青 綠 啡
財運指數	♡	♥♥♥	♥	♥	♥	♥	♡
是日吉時	子凶 丑凶 寅平 卯凶 辰平 巳凶 午吉 未吉 申平 酉吉 戌平 亥吉	子凶 丑吉 寅凶 卯平 辰吉 巳凶 午平 未吉 申吉 酉平 戌平 亥平	子凶 丑凶 寅平 卯凶 辰吉 巳凶 午吉 未吉 申吉 酉平 戌平 亥凶	子凶 丑吉 寅平 卯平 辰凶 巳凶 午吉 未吉 申吉 酉平 戌凶 亥平	子凶 丑吉 寅吉 卯吉 辰平 巳凶 午吉 未吉 申平 酉凶 戌吉 亥平	子凶 丑吉 寅吉 卯吉 辰吉 巳凶 午凶 未吉 申凶 酉平 戌平 亥平	子凶 丑吉 寅平 卯平 辰吉 巳凶 午平 未凶 申吉 酉吉 戌吉 亥平
沖	牛	虎	兔	龍	蛇	馬	羊

西曆月日	農曆	星期	干支	宜	忌	幸運生肖	幸運數字	財位	幸運顏色	財運指數	是日吉時	沖
12 6	十月廿八	日	甲寅	納采納財 開市交易 立券納財	開倉蓋屋 造橋祭祀	狗 馬 豬	8 3 1	東北	黑 青 綠	♡	子凶丑平寅吉卯平 辰吉巳凶午凶未吉 申凶酉吉戌吉亥平	猴
12 7	大雪	一	乙卯	祭祀 修飾垣牆 餘事勿取	諸事不宜	豬 羊 狗	6 3 1	正西	藍 青 灰	♥	子凶丑平寅吉卯吉 辰平巳凶午凶未吉 申吉酉凶戌吉亥吉	雞
12 8	十月三十	二	丙辰	入宅安床 開光祭祀 出火拆卸	嫁娶開市 作灶置產 作樑伐木	鼠 猴 雞	0 5	正西	啡 黃	♥♥	子凶丑平寅平卯平 辰凶巳吉午凶未平 申吉酉吉戌凶亥吉	狗
12 9	十一月初一	三	丁巳	祭祀解除 餘事勿取	諸事不宜	牛 雞 猴	9 7 5	正西	啡 紅	♥	子凶丑吉寅平卯凶 辰平巳吉午凶未吉 申平酉吉戌吉亥凶	豬
12 10	十一月初二	四	戊午	破屋壞垣 祭祀沐浴 餘事勿取	諸事不宜	狗 羊 虎	9 7 2	東南	紫 紅	♡	子凶丑平寅凶卯吉 辰平巳吉午凶未吉 申吉酉吉戌平亥平	鼠
12 11	十一月初三	五	己未	安床祭祀 祈福求嗣 冠笄伐木	安門栽種 作灶治病	馬 兔 豬	0 5 2	正北	啡 紅 黃	♡	子凶丑凶寅吉卯吉 辰平巳吉午凶未吉 申吉酉平戌平亥凶	牛
12 12	十一月初四	六	庚申	解除掃舍 餘事勿取	諸事不宜	蛇 鼠 龍	9 8 3	正東	白 青 綠	♥	子凶丑吉寅凶卯平 辰吉巳吉午凶未吉 申吉酉平戌凶亥平	虎

西曆月日	12 13	12 14	12 15	12 16	12 17	12 18	12 19
農曆	十一月初五	十一月初六	十一月初七	十一月初八	十一月初九	十一月初十	十一月十一
星期	日	一	二	三	四	五	六
干支	辛酉	壬戌	癸亥	甲子	乙丑	丙寅	丁卯
宜	祭祀開光 整手足甲 安床作灶	祭祀祈福 求嗣開光 拆卸修造	沐浴冠笄 補垣塞穴	交易進人口 祭祀沐浴 捕捉入殮	嫁娶納采 訂盟造車器 祭祀祈福	納采訂盟 開市交易 立券出行	祭祀安葬 平治道塗 餘事勿取
忌	伐木納畜 破土安葬 開生墳嫁娶	嫁娶進人口 安葬出行 赴任入宅	移徙入宅 嫁娶祈福 開光掘井	齋醮入宅 修造動土 破土	齋醮伐木 作樑安葬 行喪	嫁娶動土 破土祈福 出火入宅	嫁娶入宅 納采訂盟 掘井
幸運生肖	牛 龍 蛇	虎 兔 馬	虎 兔 羊	牛 龍 猴	鼠 雞 蛇	馬 豬 狗	羊 狗 豬
幸運數字	8 4 3	6 1	7 6	0 7 4	9 5 4	9 7	7 2
財位	正東	正南	正南	東北	東北	正西	正西
幸運顏色	白	藍 黑	灰 藍	銀 金 白	啡 黃 白	紅 青 綠	青 紫 紅
財運指數	♥♥	♡	♡	♥	♥	♥♥♥	♥♥♥
是日吉時	子凶丑平寅吉卯凶 辰吉巳吉午凶未平 申平酉凶戌平亥平	子凶丑平寅吉卯吉 辰凶巳吉午凶未吉 申凶酉平戌吉亥吉	子凶丑平寅吉卯吉 辰吉巳凶午凶未凶 申平酉平戌吉亥吉	子凶丑吉寅吉卯平 辰吉巳平午凶未吉 申吉酉平戌平亥平	子凶丑吉寅吉卯吉 辰平巳凶午凶未凶 申吉酉吉戌平亥平	子凶丑平寅平卯吉 辰凶巳平午凶未平 申凶酉吉戌平亥平	子凶丑平寅吉卯凶 辰平巳吉午凶未吉 申平酉凶戌平亥平
沖	兔	龍	蛇	馬	羊	猴	雞

西曆月日	農曆	星期	干支	宜	忌	幸運生肖	幸運數字	財位	幸運顏色	財運指數	是日吉時	沖
12 20	十一月十二	日	戊辰	納采訂盟 祭祀祈福 開光安香	開市造廟 置產掘井	猴 雞 鼠	8 5 3	正北	啡 青	♥	子凶丑吉寅凶卯吉 辰平巳吉午凶午吉 申吉酉吉戌凶亥平	狗
12 21	十一月十三	一	己巳	嫁娶冠笄 祭祀祈福 求嗣齋醮	開生墳破土 行喪安葬	雞 猴 牛	8 7 3	正西	紅	♥	子凶丑凶寅吉卯平 辰平巳平午凶未吉 申吉酉平戌平亥凶	豬
12 22	冬至	二	庚午	破屋壞垣 治病 餘事勿取	移徙入宅	虎 狗 羊	9 7 2	正東	啡 黃 紅	♥♥♥	子凶丑吉寅吉卯平 辰平巳平午凶未吉 申吉酉吉戌凶亥平	鼠
12 23	十一月十五	三	辛未	安床架馬 祭祀塑繪 開光出行	作灶安門 造橋開市 安葬	兔 豬 馬	0 5	東南	啡 黃	♡	子凶丑凶寅吉卯吉 辰平巳吉午凶未平 申吉酉凶戌平亥平	牛
12 24	十一月十六	四	壬申	嫁娶祭祀 祈福求嗣 開光出行	伐木作樑 動土安床 破土栽種	龍 蛇 鼠	9 4	正南	銀 金 白	♥	子凶丑吉寅凶卯吉 辰吉巳吉午凶未吉 申凶酉吉戌平亥平	虎
12 25	聖誕節	五	癸酉	祭祀沐浴 理髮納財 進人口栽種	親友安葬 入宅移徙 安床開市	蛇 牛 龍	0 9 4	正南	銀 金	♥	子凶丑吉寅吉卯凶 辰吉巳吉午凶未凶 申吉酉平戌平亥平	兔
12 26	聖誕節翌日	六	甲戌	納采訂盟 祭祀祈福 求嗣塑繪	嫁娶開市 出火進人口 入殮赴任	馬 虎 兔	9 7 2	東北	紫	♥	子凶丑吉寅吉卯吉 辰凶巳吉午凶未吉 申平酉平戌平亥平	龍

西曆 月日	12 27	12 28	12 29	12 30	12 31	2027 1 1	1 2
農曆	十一月十九	十一月二十	十一月廿一	十一月廿二	十一月廿三	元旦	十一月廿五
星期	日	一	二	三	四	五	六
干支	乙亥	丙子	丁丑	戊寅	己卯	庚辰	辛巳
宜	移徙 出行 進人口 修造 動土 起基	造畜稠 教牛馬	訂盟 納采 造車器 祭祀 祈福 出行	修造 會親友 開光 安機械	平治道塗 修墳 餘事勿取	嫁娶 冠笄 祭祀 祈福 求嗣 彫刻	嫁娶 訂盟 納采 祭祀 祈福 求嗣
忌	嫁娶 開市 安床 栽種 安葬 祈福	入宅 移徙 分居 作灶 出火 安香	破土 安葬 行喪 開生墳	祈福 出火 嫁娶 入宅 開市 動土	移徙 入宅 嫁娶 掘井 安葬	開市 納采 訂盟 作灶 造廟 造船	出行 掘井 破土 行喪 安葬
幸運生肖	羊 兔 虎	猴 龍 牛	雞 蛇 鼠	狗 馬 豬	豬 羊 狗	鼠 猴 雞	牛 雞 猴
幸運數字	9 2 1	6 1	0 5 1	9 5 4	8 3	0 5 4	7 4 2
財位	正南	正西	正北	正北	西北	正東	西北
幸運顏色	灰 藍 黑	黑	黑 啡 黃	綠 啡 黃	青 綠	啡 黃 白	金 紅
財運指數	♥	♥♥	♥	♥♥♥	♥	♥	♥
是日吉時	子凶 丑吉 寅吉 卯吉 辰平 巳凶 午凶 未吉 申平 酉平 戌平 亥平	子凶 丑吉 寅平 卯平 辰凶 巳吉 午凶 未平 申平 酉吉 戌吉 亥吉	子凶 丑平 寅平 卯凶 辰平 巳吉 午凶 未凶 申平 酉吉 戌平 亥吉	子凶 丑吉 寅凶 卯吉 辰吉 巳吉 午凶 未吉 申凶 酉平 女平 亥平	子凶 丑凶 寅吉 卯吉 辰平 巳平 午凶 未吉 申平 酉凶 戌平 亥凶	子凶 丑吉 寅吉 卯平 辰吉 巳吉 午凶 未吉 申平 酉平 戌凶 亥吉	子凶 丑吉 寅吉 卯平 辰平 巳吉 午凶 未吉 申平 酉凶 女吉 亥凶
沖	蛇	馬	羊	猴	雞	狗	豬

西曆月日	1 3	1 4	1 5	1 6	1 7	1 8	1 9
農曆	十一月廿六	十一月廿七	小寒	十一月廿九	十一月三十	十二月初一	十二月初二
星期	日	一	二	三	四	五	六
干支	壬午	癸未	甲申	乙酉	丙戌	丁亥	戊子
宜	祭祀 沐浴 破屋 壞垣 餘事 勿取	冠笄 納財 掘井 開池 出火 安床	納采 訂盟 移徙 入宅 出行 安機械	祭祀 入殮 破土 除服 成服 啟鑽	祭祀 解除 餘事 勿取	開市 交易 立券 納財 納畜 造畜稠	安床 裁衣 交易 立券 入殮 移柩
忌	嫁娶 移徙 入宅 探病 出行 蓋屋	安門 動土 破土 行喪 安葬 成服	嫁娶 動土 安床 造橋 掘井	餘事勿取	諸事不宜	嫁娶 栽種 安葬 理髮 造廟 作灶	置產 嫁娶 出行 開光 栽種 動土
幸運生肖	虎 羊 狗	豬 兔 馬	龍 鼠 蛇	蛇 龍 牛	馬 兔 虎	羊 兔 虎	猴 龍 牛
幸運數字	7 4 2	0 5 3	6 1	9 4 1	0 5	0 5 1	9 7 2
財位	正南	正東	東北	西南	正西	西南	正北
幸運顏色	綠 青 紅	黃 綠 青	藍 黑	銀 金 白	黃 啡	黃 藍 灰	紫 紅
財運指數	♥	♡	♥♥♥	♥♥♥	♡	♥	♥
是日吉時	子凶丑吉寅吉卯吉 辰平巳吉午凶未吉 申凶酉平戌平女吉	子凶丑凶寅吉卯吉 辰平巳吉午凶未凶 申平酉平戌吉亥平	子凶丑吉寅凶卯平 辰吉巳吉午凶未凶 申吉酉吉戌平亥平	子凶丑吉寅吉卯凶 辰吉巳凶午平未凶 申吉酉吉戌平亥平	子凶丑平寅吉卯吉 辰凶巳吉午平未凶 申吉酉吉戌吉亥吉	子凶丑吉寅吉卯凶 辰平巳凶午吉未凶 申平酉吉戌吉亥吉	子凶丑吉寅凶卯吉 辰吉巳吉午凶未凶 申吉酉吉戌平亥平
沖	鼠	牛	虎	兔	龍	蛇	馬

西曆月日	1/10	1/11	1/12	1/13	1/14	1/15	1/16
農曆	十二月初三	十二月初四	十二月初五	十二月初六	十二月初七	十二月初八	十二月初九
星期	日	一	二	三	四	五	六
干支	己丑	庚寅	辛卯	壬辰	癸巳	甲午	乙未
宜	祭祀造畜稠 教牛馬 餘事勿取	沐浴塑繪 開光納采 訂盟開市	嫁娶出行 理髮安床 啟鑽安葬	解除 平治道塗 餘事勿取	嫁娶祭祀 開光伐木 出火拆卸	嫁娶納采 訂盟入宅 移徙安床	祭祀解除 破屋壞垣 餘事勿取
忌	嫁娶動土 開池安葬	入宅安門 祭祀謝土	掘井祈福 謝土動土 入宅上樑	移徙入宅 掘井造廟 栽種針灸	開市行喪 栽種出行 出貨財安葬	伐木開市 交易上樑 作灶安門	開市動土 破土
幸運生肖	蛇 雞 鼠	狗 豬 馬	豬 狗 羊	鼠 雞 猴	牛 猴 雞	羊 狗 虎	馬 豬 兔
幸運數字	2 5 7	3 8	3 4 8	1 5 6	2 6 7	4 7 9	4 5 0
財位	東北	正東	正西	正南	正西	東北	東南
幸運顏色	黃 紅 啡	綠 青	綠 青	黑 藍 啡	紅 黑 紫	白 金 紅	黃 白 金
財運指數	♥♥♥	♥♥♥	♡	♥♥	♥	♡	♡
是日吉時	子凶丑凶寅吉卯吉 辰平巳吉午平未凶 申吉酉吉戌平亥凶	子凶女吉寅吉卯吉 辰吉巳平午平未凶 申凶酉平戌凶亥平	子凶丑平寅吉卯吉 辰平巳吉午吉未凶 申平酉凶戌吉亥平	子凶丑吉寅吉卯吉 辰平巳吉午平未凶 申凶酉吉戌凶亥吉	子凶丑平寅平卯吉 辰吉巳吉午平未凶 申吉酉平戌吉亥凶	子凶丑吉寅吉卯平 辰平巳平午凶未凶 申平酉吉戌平亥平	子凶丑凶寅吉卯吉 辰平巳凶午平未凶 申吉酉平戌吉亥吉
沖	羊	猴	雞	狗	豬	鼠	牛

西曆月日	1/17	1/18	1/19	1/20	1/21	1/22	1/23
農曆	十二月初十	十二月十一	十二月十二	大寒	十二月十四	十二月十五	十二月十六
星期	日	一	二	三	四	五	六
干支	丙申	丁酉	戊戌	己亥	庚子	辛丑	壬寅
宜	嫁娶 納采 訂盟 開光 安香 出火	祭祀 齋醮 入殮 破土 啟鑽 安葬	祭祀 齋醮 納財 捕捉 畋獵	納采 訂盟 祭祀 祈福 求嗣 齋醮	祭祀 祈福 求嗣 沐浴 問名 交易	祭祀 教牛馬 造畜稠 祭祀 會親友	嫁娶 開光 解除 出火 拆卸 修造服
忌	祈福 造廟 祭祀 安床 謝土	嫁娶 入宅 作灶 納采 訂盟	嫁娶 開市 入宅 安床 破土 安葬	嫁娶 合帳 入宅 行喪 安葬	入宅 置產 嫁娶 動土 栽種 開市	嫁娶 入宅 出行 動土 破土 安葬	作灶 安葬 祭祀 開市 納采 訂盟
幸運生肖	龍 蛇 鼠	蛇 牛 龍	虎 兔 馬	虎 兔 羊	牛 龍 猴	鼠 雞 蛇	馬 豬 狗
幸運數字	9 4 2	7 4	8 3	6 3 1	0 6 5	0 5	9 8 3
財位	正西	正南	正北	正北	正東	正北	正南
幸運顏色	紅 白	金 紫 紅	啡 青	藍 綠 黑	黑 黃 啡	啡 黃	金 綠 白
財運指數	♥♥♥	♥	♡	♥	♥	♡	♡
是日吉時	子凶丑吉寅凶卯平 辰凶巳吉午平未凶 申吉酉吉戌吉亥吉	子凶丑吉寅平卯凶 辰平巳平午吉未凶 申平酉吉戌平亥吉	子凶丑吉寅凶卯吉 辰凶巳平午吉未凶 申吉酉平戌平亥平	子凶丑凶寅吉卯吉 辰平巳凶午吉未凶 申吉酉平戌平亥凶	子凶丑吉寅平卯平 辰平巳平午凶未凶 申吉酉吉戌凶亥平	子凶丑吉寅吉卯吉 辰平巳吉午吉未凶 申吉酉凶戌平亥吉	子凶丑吉寅吉卯吉 辰平巳平午平未凶 申凶酉平戌吉亥平
沖	虎	兔	龍	蛇	馬	羊	猴

西曆月日	1/24	1/25	1/26	1/27	1/28	1/29	1/30
農曆	十二月十七	十二月十八	十二月十九	十二月二十	十二月廿一	十二月廿二	十二月廿三
星期	日	一	二	三	四	五	六
干支	癸卯	甲辰	乙巳	丙午	丁未	戊申	己酉
宜	起基安床 納財交易 立券嫁娶	平治道塗 餘事勿取	嫁娶訂盟 納采會親友 祭祀	沐浴捕捉 畋獵理髮 整手足甲	祭祀 破屋壞垣 餘事勿取	沐浴開倉 出貨財開市 交易立券	補垣塞穴 斷蟻解除 餘事勿取
忌	掛匾入宅 上樑祈福 詞訟作樑	開光嫁娶 開倉出貨財 造船安葬	開市出行 安葬行喪	納采訂盟 嫁娶上樑 開市齋醮	齋醮嫁娶 開市	祈福嫁娶 安床入宅 造船	造廟入宅 修造安葬 行喪嫁娶
幸運生肖	羊 狗 豬	猴 雞 鼠	雞 猴 牛	虎 狗 羊	兔 豬 馬	龍 蛇 鼠	蛇 牛 龍
幸運數字	9 4	9 5	7 2	9 2 1	0 5 1	9 5 4	0 4
財位	西北	東北	西北	正西	正東	正北	西南
幸運顏色	銀 金 白	啡 紫 紅	紫 紅	紫 藍 紅	黑 啡 黃	黃 金 白	銀 金
財運指數	♥♥	♥♥♥	♡	♥♥♥	♡	♥♥♥	♥
是日吉時	子凶丑平寅吉卯吉 辰平巳平午平未凶 申平酉凶戌吉亥平	子凶丑吉寅平卯平 辰吉巳平午凶未凶 申平酉吉戌凶亥吉	子凶丑吉寅平卯平 辰平巳凶午平未凶 申吉酉吉戌吉亥凶	子凶丑平寅平卯平 辰凶巳吉午吉午凶 申吉酉吉戌吉亥吉	子凶丑凶寅平卯凶 辰平巳吉午吉未凶 申平酉吉戌平亥吉	子凶丑吉寅凶卯平 辰吉巳吉午平未凶 申吉酉平戌平亥平	子凶丑凶寅平卯凶 辰吉巳吉午吉未凶 申吉酉平戌平亥凶
沖	雞	狗	豬	鼠	牛	虎	兔

西曆月日	農曆	星期	干支	宜	忌	幸運生肖	幸運數字	財位	幸運顏色	財運指數	是日吉時	沖
1月31日	十二月廿四	日	庚戌	嫁娶 納采 訂盟 問名 祭祀 冠笄	開市 安床 安葬 修墳	兔 虎 馬	4 5 0	正東	金 銀 黃	♥	子凶丑吉寅平卯平 辰凶巳平午吉未凶 申吉酉平戌凶亥平	龍
2月1日	十二月廿五	一	辛亥	訂盟 納采 會親友 祭祀 齋醮 沐浴	造廟 嫁娶 出行 動土 安葬 行喪	虎 兔 羊	1 4 6	西南	黑 藍 白	♥	子凶丑吉寅吉卯吉 辰平巳凶午吉未凶 申平酉凶戌吉亥平	蛇
2月2日	十二月廿六	二	壬子	交易 立券 納財 安床 裁衣 造畜稠	開光 嫁娶 開市 動土 破土	牛 龍 猴	3 4 6	正南	灰 藍 黑	♥	子凶丑吉寅吉卯吉 辰吉巳吉午凶未凶 申凶酉平戌平亥平	馬
2月3日	十二月廿七	三	癸丑	祭祀 解除 會親友 餘事勿取	破土 動土 安葬	鼠 蛇 雞	3 4 8	東北	青 綠 啡	♡	子凶丑吉寅平卯平 辰吉巳吉午平未凶 申吉酉吉戌吉亥平	羊
2月4日	立春	四	甲寅	裁衣 伐木 作樑 納財 交易 立券	諸事不宜	豬 馬 狗	1 3 8	東北	綠 青 黑	♡	子平丑凶寅吉卯平 辰吉巳平午凶未吉 申凶酉吉戌吉亥平	猴
2月5日	除夕	五	乙卯	嫁娶 祭祀 祈福 求嗣 開光 出行	／	狗 羊 豬	1 3 6	正西	灰 青 藍	♥	子平丑凶寅吉卯吉 辰平巳凶午平未吉 申凶酉凶戌吉亥吉	雞

碧霞老師用心編著，提供一本「三好」好查、好懂、好用、的生活寶典

唐碧霞 2026 馬年運程

作　　者／唐碧霞（碧霞老師）
編輯、封面設計、美術設計：才藝館
攝　　影／DC Chung
化　　妝／Natalie Wong @NAT'S MAKE UP

出　　版／才藝館（匯賢出版）
地址：新界葵涌大連排道144號金豐工業大廈2期14樓L室
Tel : 852-2428 0910
web : https://www.wisdompub.com.hk
email : info@wisdompub.com.hk　　search : wisdompub
出版查詢／Tel : 852-9430 6306《Roy HO》

書店發行／一代匯集
地址：九龍旺角塘尾道64號龍駒企業大廈10樓B&D室
Tel : 852-2783 8102　　Fax : 852-2396 0050
facebook : 一代滙集　　email: gcbookshop@biznetvigator.com

書報發行／青揚發展有限公司
地址：香港九龍觀塘海濱道143號航天科技中心13樓
web : www.great-expect.com　　email : cs@century-china.com.hk
電話 : +852-3443 2211　　傳真 : +852-2707 0308

版　　次／2025年7月初版
2025年11月第二版
定　　價／(平裝) HK$78.00　　(平裝) NT$410.00
國際書號／ISBN 978-988-71075-1-4
圖書類別／風水運程

-文殊菩薩手鈪-

文殊菩薩純銀手鐲玄學上能提升佩戴者的智慧與運勢，還具備強大的保護作用。其主要特點與功效如下：

1.文殊菩薩咒語：手鍊內圈暗藏文殊菩薩的咒語，這些字句能幫助增強佩戴者的運氣，達到逢凶化吉的效果。咒語的意義包括：
- 慈悲與包容：提倡對所有眾生的慈悲心，消除怨恨，增進和諧。
-化解惡緣：面對惡意與輕慢，咒語提醒佩戴者以包容與智慧應對，促進善緣的形成。
-心靈的救贖：願意幫助他人脫離苦海，激勵佩戴者發揮慈悲心，助人自助。
- 智慧的覺醒：幫助佩戴者提升思維的清晰度與判斷力，增強洞察力。

2.保護作用：這款手鐲是一個護身符，能有效抵禦不良能量，破除惡鬼、小人及是非等麻煩事。佩戴者在面對困難與挑戰時，能獲得文殊菩薩的庇護，減少煩惱與不幸，讓生活更加平順。

3.鑽石紋設計：獨特的鑽石紋飾不僅增添手鐲的美觀，還象徵著智慧的光輝，令佩戴者散發自信與魅力。

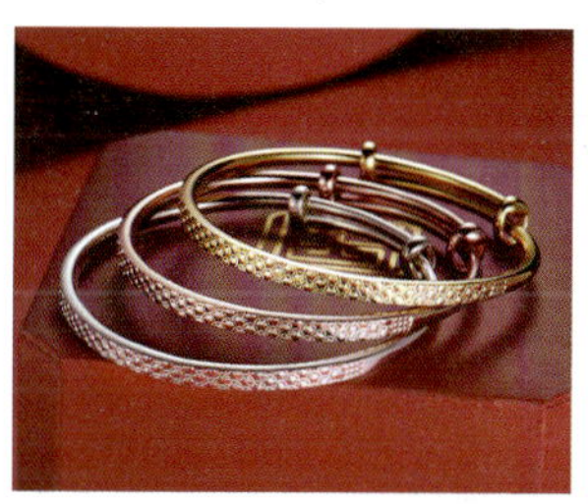

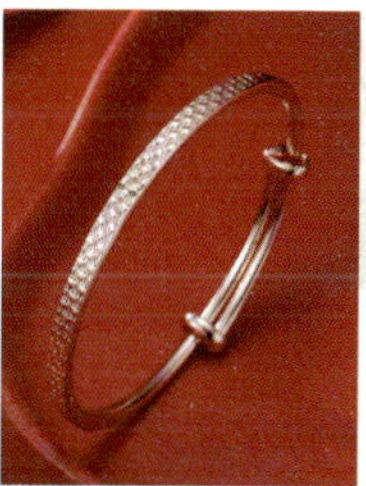
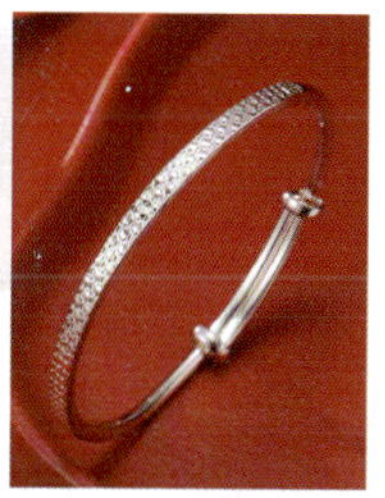

掃描此處
聯絡我們訂購！

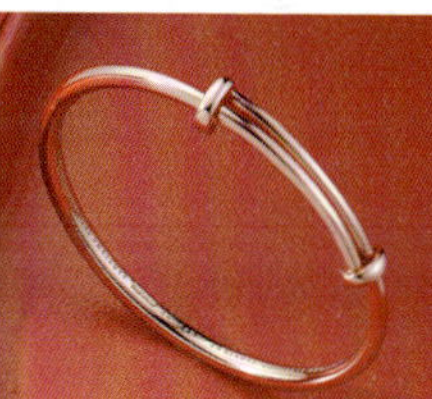
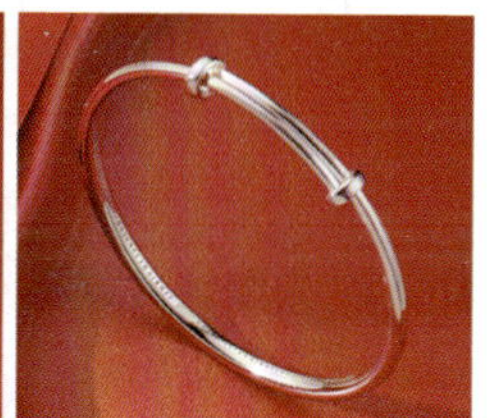

-黃財神旺財手鈪-

黃財神純銀手鈪，在玄學上有承載祝福和保護的象徵，為佩戴者帶來多重正能量。黃財神純銀手鈪結合了多種功效：

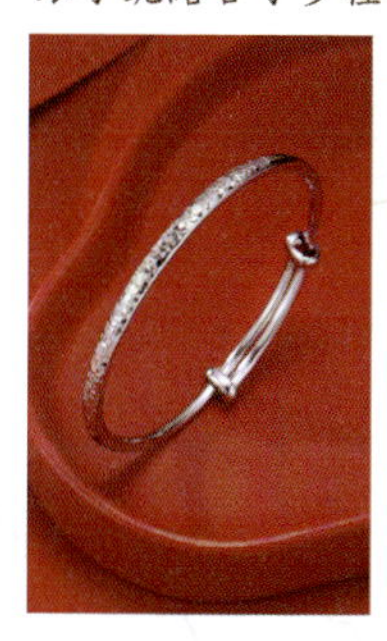
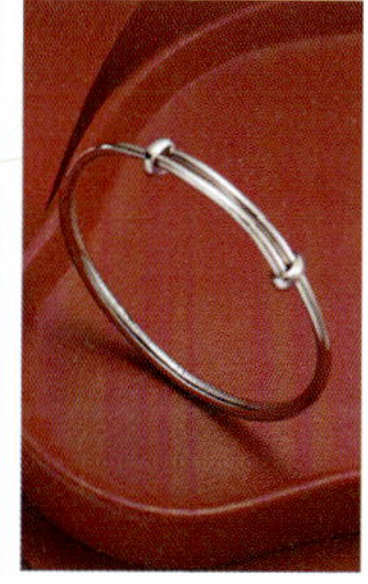

1.材質優越：採用純銀製成，具有良好的抗氧化性和耐用性，可以長時間保持光澤，對皮膚友好。

2.內裏刻有咒語：手鈪內裏刻有黃財神咒語，能夠吸引財運、增強運勢，並為佩戴者帶來財富與好運。此外，咒語還能驅邪避邪，提供平安保護，促進健康。放置或佩戴可增強周圍環境的財氣，吸引正能量，改善運勢，尤其在工作和商業活動中。

3.碎碎冰設計：這一設計象徵錯落有致，寓意對佩戴者的健康和平安祝福，傳遞「歲歲平安」的美好願望。

4.可拉伸款式：手鈪採用可調節設計，方便根據自身手腕尺寸進行調整，確保佩戴舒適合身，適合各種場合。

-密宗吊墜-

這款吊墜融合了出生年十二生肖菩薩的法相，玄學上專為提供佩戴者強大的保護與吉祥而設計。

1.六字真言及法輪，玄學上具備化解自身凶險與災劫的能力，透過與個人生肖及密咒的結合，能有效減少陰靈的侵擾，讓心靈回歸寧靜。

2.外圈環繞的六字真言梵字咒語，蘊含深厚的法力，能破解各種巫蠱、咀咒與禁語，讓佩戴者遠離所有負面影響，保障自身的安全。

3.吊墜的中心法輪象徵著八正道，這不僅是通向覺悟的重要途徑，更是引導佩戴者獲得內心平靜與智慧的關鍵。法輪的存在能消除生活中的障礙，讓佩戴者感受到運勢的順暢，並吸引貴人的支持，有效避免小人的暗算。每當佩戴者遇到挑戰時，法輪都會成為他們的守護者，帶來富貴和吉祥的氣場。

4.佛門八寶中的盤長結象徵著無限的吉祥與富貴。這種結飾圖案沒有開端和結尾，頭尾相連，形成一個完整的循環，寓意著幸福與祥和的永恆流轉。其結構類似於兩個卍字的交叉盤結，展現出佛心的廣大與佛智的圓滿。這種形狀的設計不僅美觀，更代表著對幸福吉祥的世代相傳，讓每一位佩戴者都能感受到佛法的庇佑。

千手觀音菩薩（屬鼠）/阿彌陀如來(屬狗，豬)

虛空藏菩薩（屬牛，虎）

這款佛牌是純銀材質，顏色方面，分為渡白金，渡玫瑰金，渡黃金，這個款式尺寸是20mm，方便日常佩戴。不僅是護身符，更是一個強大的助力，幫助您在生活中獲得富貴與吉祥的能量，為您的生活帶來保護與美好。

文殊菩薩（屬兔）

普賢菩薩（屬龍，蛇）

掃描此處
聯絡我們訂購！

大勢至菩薩（屬馬）

大日如來（屬羊，猴）

不動明王（屬雞）

藥師佛吊墜

*註 千手觀音菩薩及阿彌陀如來梵文寫法相同

- 密宗吊墜 -

掃描此處
聯絡我們訂購！

這款佛牌的材質選用銀#925，耐久且美觀，適合男士佩戴，尺寸為26mm，方便日常佩戴。不僅是護身符，更是一個強大的助力，幫助您在生活中獲得富貴與吉祥的能量，為您的生活帶來保護與美好。

千手觀音菩薩（屬鼠）
阿彌陀如來(屬狗，豬)

文殊菩薩（屬兔）

大勢至菩薩（屬馬）

不動明王（屬雞）

虛空藏菩薩（屬牛，虎）

普賢菩薩（屬龍，蛇）

大日如來（屬羊，猴）

藥師佛吊墜

-五行開光水晶-

五行（水、火、土、金、木）對個人的命運和運勢有著深遠的影響。選擇與自身五行相合的水晶，能夠強化五行能量，促進身心靈的和諧，改善生活中的各種運勢。這些水晶不僅具備美觀，象徵深厚的靈性力量。

1.顯著增強財運：玄學上能吸引正財與偏財，這些水晶能顯著提升您的財運，讓您在事業上獲得更多機會。
2.提升健康運：水晶的能量有助於調和身體內部的能量流動，讓您充滿活力。
3.加強心靈平衡：這些水晶能有效幫助您減輕焦慮與壓力，促進情緒穩定。保持積極的心態。
4.促進人際關係：適合的水晶能改善與他人的互動，增強人際關係。
5.化解負能量的能力：五行水晶能有效吸收和化解生活中的負面能量，幫助您維持良好的心理狀態，增強抵抗負面情緒的能力。

-時來運轉手鏈-

時來運轉法輪手鍊是一款正能量飾品，玄學上能提升佩戴者的運勢與生活質量。材質方面有9k黃金、9k玫瑰金、9k白金及純銀。其主要功效包括：

1.轉運增財：法輪象徵無限能量，幫助打破財務障礙，吸引財運，黑財神咒的力量進一步促進財富流入。
2. 健康提升：內含的六字大明咒能淨化心靈，促進身心靈的自我療癒與平衡。
3.人際關係改善：結合文殊菩薩的智慧，增強思考與交流能力，促進良好的社交互動，使溝通更為順暢。
4. 情緒平衡：消除負面情緒，促進正能量流動，幫助佩戴者保持內心平靜與和諧，增強心理韌性。
5.可轉動配飾：手鍊中的許願環可自由轉動，當運勢不佳或面對官訟、小人、災劫等挑戰時，佩戴者可輕輕轉動法輪，透過六字大明咒以化解困難、避開凶險，提升自身的精神力量。佩戴者可以輕輕轉動許願環，以改善運程，為生活帶來正面的改變。

黃金

白金

玫瑰金

掃描此處
聯絡我們訂購！

-黑財神旺財金元寶-

黑財神旺財元寶是一款專為提升財運而設計，玄學上具有極其強大的招財與保護功效。刻
黑財神的梵文咒語，這些咒語象徵深厚的靈性與能量，能有效強化佩戴者的財運，使財源
滾而來。

對財運有正面幫助，八方來財、增加財運，擺放後容易吸引正能量，整個人變得更精神、
事更積極。

1. 提升財運：放置黑財神旺財元寶能顯著提升您的財運。
2. 消除障礙：這款元寶不僅增強財運，還能有效消除與財富相關的障礙與阻礙。黑財神的梵文咒語能夠清除負能量，讓財運順暢流動，避免因小失大。
3. 增強自信：財神的靈性力量能激勵您在面對財務挑時，勇敢作出明智的決策。
4. 重複使用：這款元寶具有重複使用的特性，持續為您來財運加持。

擺放建議

2025年建議將其放置在家中或辦公室的正南（六粒）或西南（八粒）位置，2026年建議將其放置在家中或辦公室的正北（六粒）或正東（八粒），增強財運。

-文殊菩薩星輝塔-

文殊菩薩星輝塔，又稱文昌塔，玄學上是專為提升名氣、學習運和工作運而設計的靈性
品，象徵文殊菩薩的靈性能量。

1. 提升學習運：文昌塔能顯著增強學習運，特別適合學生和學者，取得更佳的學業成績。
2. 增強名氣與人際關係：擁有文昌塔能提升名氣與社交能力。增強人際關係，助您在社交場合中更容易建立良好的聯繫。
3. 提升工作運：文昌塔對提升工作運的效果明顯。無論是在職場中尋求晉升，容易獲得上司與同事的認可，提高工作表現與效率。
4. 激發創造力與靈感：風水上不僅有助於學習和工作，還能激發創造力，為您的學習、工作與人際關係注入新的活力。

擺放建議

2025年文殊菩薩星輝塔可以放置在家居或辦公室的正西位置，2026年可以放置在家居或辦公室的東北位置，令文昌塔的能量更有效地發揮作用。

-十二生肖佛佑卡-

十二生肖佛佑卡融合了佛教智慧，玄學上能為佩戴者提供多重祝福與支持，促進身心靈的和諧與平衡，心經及六字大明咒，能保護佩戴者免受災禍。金屬材質的選擇更是增強了其靈性效能，使其成為一個強大的護身符。

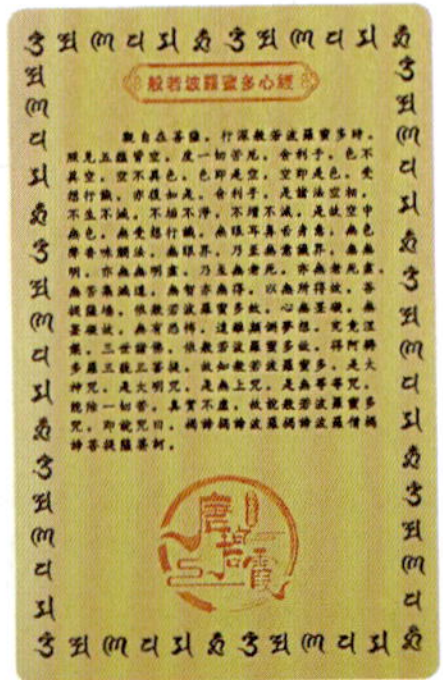

1.外圈六字大明咒：六字大明咒（唵嘛呢叭咪吽）具有強大的能量，能驅邪避煞，增強佩戴者的正能量，促進心靈的平靜與安定。

2.背面心經：心經是佛教的重要經典，蘊含智慧與慈悲的教義，增強佩戴者的覺知，幫助化解生活中的困擾。

3.十二生肖菩薩法相：卡片上的菩薩法相代表不同生肖的能量與祝福，針對性地化解個別生肖的挑戰，提升運勢和保護力。

4.避免災禍：佛佑卡能幫助佩戴者避免災禍，增強防護，讓生活更安全，心中更具平安感。

5.出門時的護身符：建議將佛佑卡放在銀包中，象徵保平安的意義，隨身攜帶能提供心理安慰與實際保護。

6.金屬材質的功效：佛佑卡的金屬材質具有穩定的能量，能夠增強其靈性效果，並提高耐用性。金屬還能有效地傳遞和放大咒語的能量，進一步提升佩戴者的保護與祝福。

7.增強運勢與財運：透過佛佑卡的能量，提升佩戴者的運勢，吸引財運與好運，幫助在事業和人際關係中更為順利。

8.心靈庇佑與安慰：佛佑卡的存在為佩戴者帶來心靈上的支持，增強勇氣與信心，使人在面對困難時感受到力量與希望。

9.能量轉化：此卡片能轉化負能量為正能量，幫助佩戴者克服困難，提升生活質量與滿足感。

(852) 53080488
info@tongpikha.com
香港九龍新蒲崗景福街108號至110號超達工業大廈14字樓 B室
instagramcom/yoki.tong
https://www.facebook.com/yokitph
https://youtube.com/@Yoki.TongPikHa